Marcello Simoni

O LABIRINTO NO FIM DO MUNDO

Tradução
GILSON CÉSAR CARDOSO DE SOUSA

JANGADA

Título do original: *Il Labirinto ai Confini del Mondo*.

Copyright © 2013 Marcello Simoni.

Copyright da edição brasileira © 2015 Editora Pensamento-Cultrix Ltda.

Texto de acordo com as novas regras ortográficas da língua portuguesa.

1ª edição 2015.

Todos os direitos reservados. Nenhuma parte desta obra pode ser reproduzida ou usada de qualquer forma ou por qualquer meio, eletrônico ou mecânico, inclusive fotocópias, gravações ou sistema de armazenamento em banco de dados, sem permissão por escrito, exceto nos casos de trechos curtos citados em resenhas críticas ou artigos de revistas.

A Editora Jangada não se responsabiliza por eventuais mudanças ocorridas nos endereços convencionais ou eletrônicos citados neste livro.

Esta é uma obra de ficção. Todos os personagens, organizações e acontecimentos retratados neste romance são também produtos da imaginação do autor e são usados de modo fictício.

Editor: Adilson Silva Ramachandra
Editora de texto: Denise de Carvalho Rocha
Gerente editorial: Roseli de S. Ferraz
Preparação de originais: Marta Almeida de Sá
Produção editorial: Indiara Faria Kayo
Assistente de produção editorial: Brenda Narciso
Editoração Eletrônica: Fama Editora
Revisão: Nilza Agua

Dados Internacionais de Catalogação na Publicação (CIP)
(Câmara Brasileira do Livro, SP, Brasil)

Simoni, Marcello
    O labirinto no fim do mundo / Marcello Simoni ; tradução Gilson César Cardoso de Sousa. — São Paulo : Jangada, 2015.

    Título original: Il labirinto ai confini del mondo
    ISBN 978-85-5539-020-3
    1. Ficção italiana I. Título.

15-05634   CDD-853

Índices para catálogo sistemático:
1. Ficção : Literatura italiana 853

Jangada é um selo editorial da Pensamento-Cultrix Ltda.

Direitos de tradução para o Brasil adquiridos com exclusividade pela
EDITORA PENSAMENTO-CULTRIX LTDA., que se reserva a
propriedade literária desta tradução.
Rua Dr. Mário Vicente, 368 — 04270-000 — São Paulo, SP
Fone: (11) 2066-9000 — Fax: (11) 2066-9008
http://www.editorajangada.com.br
E-mail: atendimento@editorajangada.com.br
Foi feito o depósito legal.

A Celeste e Alfredo, que olham das estrelas.

PRÓLOGO

Ano de Nosso Senhor Jesus Cristo 1229, 15 de janeiro.
Basilica Minor de Seligenstadt

A aurora tardava, sufocada por uma noite impenetrável. Noite que talvez durasse para sempre. Na basílica carolíngia, num recinto distante do dormitório, Konrad von Marburg, imóvel como um cão de caça que acaba de farejar a presa, contemplava a paisagem coberta de sombras. Esperava qualquer coisa — um sinal, uma visão — e, no íntimo, não sabia se esta se manifestaria diante de seus olhos ou no fundo de sua alma. No entanto ele já havia adivinhado o que era. Depois de trinta anos de preces e exorcismos, não podia enganar-se. Percebera-o como um som saído das trevas, como o relincho de um cavalo. E estava pronto para lutar.

Semicerrou as pálpebras, indiferente ao ar frio que lhe fustigava o rosto. O vento norte sibilava furioso pelos campos e estradas. Afagos de uma natureza inclemente, dons de um inverno que comprimia a Turíngia e a Renânia num abraço gelado. Aquilo era quase uma advertência, uma antecipação do que lhe esperava. Porque ele, Konrad von Marburg, tinha sido capaz de desvendar a trama do Maligno nos acontecimentos humanos.

"*Fiat voluntas tua*",* ruminou, inclinando levemente a cabeça.

Fechou a janela e voltou para a penumbra do quarto. Sobre uma escrivaninha, havia duas cartas, uma em alemão, a outra em latim.

---

* "Seja feita a tua vontade." Em latim no original. (N.T.)

Havia escrito as suas de uma vez, durante a noite, deixando ali para que a tinta secasse. A situação era muito grave. Dentro de algumas horas, um mensageiro sairia para entregá-las.

A primeira tinha por destinatário o conde da Turíngia, dono daquelas terras; a segunda, Sua Santidade em pessoa, o papa Gregório IX. O conteúdo de ambas era mais ou menos o mesmo, com ligeiras variantes quanto às formas de tratamento e aos encômios.

Konrad sentou-se à escrivaninha e apanhou a carta escrita em latim para relê-la à luz de uma vela. Tinha certeza de que a havia contaminado com alguns germanismos, o que, porém, não devia preocupá-lo. Quando ainda não era papa e atendia pelo nome de Ugolino di Anagni, Gregório IX tinha viajado como legado apostólico pela Alemanha e podia entender perfeitamente a língua daquele país.

O texto dizia:

In nomine Domini Jesus Christi. *A Sua Santidade, papa Gregório, bispo da Igreja Católica e servo dos servos de Deus, o signatário Konradus de Marburc, pregador* verbi Dei, *relata os resultados de suas investigações sobre a corrupção herética que infesta a Alemanha.*

No mês de janeiro do corrente ano, dirigi-me à diocese da Mogúncia para visitar a casa de um clérigo chamado Wilfridus, já suspeito de heresia, e ali me deparei com sinais inequívocos da evocação do Maligno. Registrei os muitos indícios de necromancia que pude identificar, mandei prender o clérigo e o submeti a interrogatório. Embora estivesse diante de um religioso e não de um simples leigo, ative-me com firmeza ao meu ofício.

O interrogado começou por mentir, como fazem aqueles que procuram esconder a própria culpa, mas depois confessou adorar uma trindade herética mais antiga que a cristã, a qual suspeito ser Lúcifer no ato de se antepor à Santíssima Trindade. Corroborando essas suspeitas, Wilfridus ostentava na mão direita a marca do pacto com o Maligno, que por decência e temor a Deus evito descrever a Vossa Santidade.

Ainda mais grave, o prisioneiro confessou ter sido iniciado nesse culto blasfemo por um magister *de Toledo. Descreveu-o como um homem alto, magro, trajado de preto, cujo nome jurou desconhecer. Porém eu, com base em investigações anteriores, sei bem quem é este homem. É o* Homo Niger, *o Homem Negro que com frequência se apresenta aos hereges durante seus vis conciliábulos.*

Diante de tamanhas evidências, solicito permissão para estender as pesquisas ao sul dos Alpes, onde, segundo o interrogado, se oculta a seita mais importante fundada pelo magister *de Toledo. E uma vez que os membros da tal seita se entregam às mais aberrantes heresias, isto é, ao culto de Lúcifer, sugiro que esses luciferianos sejam fulminados por anátema e punidos pela vara da Santa Igreja Romana.*

Ouviu-se um ruído, um arrastar de sandálias no corredor próximo. Konrad ergueu os olhos do papel e apurou o ouvido até que um homem apareceu na soleira. Era um franciscano com uma larga tonsura rodeada de cabelos hirsutos, o rosto iluminado por dois olhos de asceta.

— Meu amigo Gerhard von Lützelkolb! — Von Marburg pôs-se de pé, abrindo os braços. — Estava agora mesmo me perguntando por que demorava tanto.

O frade fez uma leve reverência e inspirou profundamente, várias vezes. Viera correndo.

— Fui retido, *magister.* Perdoe-me.

*Magister.** Era assim que Konrad era chamado nos últimos dois anos, desde quando o Santo Padre o havia incumbido de uma missão de grande importância, sinal indubitável de predileção, mas também um fardo pesadíssimo. A ninguém antes tinha sido conferido o encar-

---

* Mestre (N.T.)

go de investigar a heresia com a finalidade declarada de extirpá-la a todo custo. Esse poder o colocava acima de qualquer bispo, prior ou abade e suscitava em todos um temor reverente.

Gerhard von Lützelkolb olhou em volta, aconchegando-se no manto de lã que trazia sobre o hábito. Parecia buscar uma fonte de calor, que, no entanto, não encontrou.

— Estou ficando gelado neste quarto.

— O gelo purifica — retrucou o religioso, em tom de censura.

O frade mordeu os lábios. O rigor de Von Marburg era bem conhecido.

— Bem, *magister*... O que ordena?

Konrad lhe fez sinal para esperar. Deu uma última olhada nas cartas e lacrou-as.

— Devem ser enviadas imediatamente — recomendou, entregando-as ao franciscano.

— Os mensageiros estão prontos para partir. — Gerhard sopesou os dois rolos, hesitante. As mãos lhe tremiam e uma luz estranha se projetava de seus olhos.

Konrad observou-o atentamente. Não deixava escapar nada, nem o mínimo detalhe.

— Alguma coisa o perturba?

Antes de responder, o franciscano emitiu uma espécie de grunhido.

— Aconteceu uma coisa terrível, *magister*.

— Explique-se.

— Tem a ver com o clérigo Wilfridus, o herege que o senhor acabou de interrogar.

— O que foi? Ordenei que permanecesse na cela até ser enforcado.

— Isso não será necessário. — A boca de Gerhard se contorceu. — Ele já está morto.

Konrad cerrou os punhos contra o peito. — Mas como...

— Os guardas o encontraram todo queimado. Por isso me atrasei. Queimaduras horríveis, causadas por... *alguma coisa* cravada em suas costas. A cela está tomada pelo cheiro de enxofre.

— Ninguém viu nada?

— Não, mas... Como isso teria acontecido? Era impossível entrar naquela cela. A janela é estreita demais para dar passagem a...

— Um *homem*? — Konrad pousou-lhe as mãos nos ombros, o rosto descontraído por um sorriso. Ali estava, pensou, o tão esperado sinal. Antes de falar, saboreou as palavras. — Não receie dar voz a seus pensamentos, meu amigo. À noite, o Maligno cavalga por estas terras.

Gerhard fez o sinal da cruz, como que para se proteger de uma maldição.

— Vamos, encaminhe logo estas cartas — apressou-o Konrad. — E ore ao Senhor para que nos dê forças.

Em seguida, apesar do frio intenso, Konrad aproximou-se de novo da janela e abriu-a. Precisava olhar para fora, procurar na escuridão. O vento entrou assobiando no quarto, apagando a vela. E as trevas da noite, densas como breu, invadiram tudo.

Primeira Parte
O SIGNO DE SAGITÁRIO

Nem o diabo se deve temer. Ele é, na verdade, o Sagitário armado de setas inflamadas que, a qualquer momento, infunde o terror nos corações do gênero humano.
— Zenone di Verona, *De duodecim signis ad neophytos*

1

Paris, noite de 26 de fevereiro

Suger olhou de novo para trás. Alguém o seguia. Uma figura imponente, envolta num manto esfarrapado. Ele a notara havia poucos minutos, enquanto descia da colina de Sainte-Geneviève em direção à Cité, e, temendo uma agressão, tinha apressado o passo. Além daquele estranho, não havia nada na rua, exceto ratos e lixo. Sujeira por todo lado, em grande parte vestígio dos festejos do Carnaval.

Ele cobriu a cabeça com o capuz para se proteger do frio e, após alguns passos, olhou de novo para trás. O homem do manto esfarrapado se aproximava cada vez mais... Antes o abade de Saint-Victor não o tivesse chamado! Suger era *magister medicinae* no *Studium*, mas não rico o suficiente para se recusar a uma visita depois do anoitecer, sobretudo quando os pacientes pagavam bem. Além da infusão de segurelha e do cataplasma para os pés inchados, o ancião exigia uma boa dose de paciência. Suger detestava as queixas do velho e, toda vez que atendia a pessoas assim, lamentava não ter escolhido a profissão do pai, fabricante de vitrais de igrejas por quarenta anos.

O homem do manto esfarrapado não desistia, continuava a se arrastar insistentemente, puxando a perna direita. O médico achou que ele estivesse ferido, mas depois percebeu que lhe fazia sinal para parar e receou o pior. Assustado, virou à esquerda e entrou num beco lamacento que conduzia a um vinhedo.

Esgueirou-se por entre os renques de arbustos até achar que havia despistado o homem e, saindo para o espaço aberto, pôs-se a correr na direção da Grande Rue. Conhecia bem aquele bairro. Os teólogos do convento de Saint-Jacques o ajudariam, se necessário. Mas, quando chegou perto da edificação, percebeu que estava fora de perigo.

O estranho havia desaparecido.

Diminuiu o passo e apoiou-se num muro, mal conseguindo respirar. Tinha a fronte suada e os joelhos doloridos; fazia tempo que não corria. Olhou várias vezes para trás, receoso de ter-se enganado. Mas não, havia mesmo iludido seu perseguidor. Agora podia voltar tranquilo para casa.

Respirou fundo e percorreu a Grande Rue na direção da margem do Sena, tropeçando ao clarão das tochas fixadas nas paredes, enquanto a rua ia se tornando mais larga e desimpedida. Porém continuava ansioso. Quem seria aquele homem? Que quereria dele? Tentou distrair-se pensando nos compromissos do dia seguinte. Seria terça-feira gorda, mas mesmo assim ele daria aulas e encontraria seu aluno predileto, Bernard, que aspirava ao cargo de bacharel.

Imerso nesses pensamentos, chegou à *rive gauche*. O Sena corria logo adiante, depois de uma fileira de casebres erguidos numa ponte de pedra, o Petit-Pont. Suger percorreu-a até a metade, ouvindo o marulho da água, e parou diante de uma porta corroída pela umidade. Finalmente estava em casa.

Antes de entrar, olhou para a Île de la Cité, estendida como um grande barco no meio do rio. O coração de Paris. Lá se erguiam a Catedral de Notre-Dame e a Escola do *Capitolo*. Ali se recebiam personalidades de nomes altissonantes como Rolando de Cremona, o teólogo dominicano vindo da Itália. Catedráticos ilustres, que para sobreviver não recorriam certamente a expedientes escusos...

No entanto ele também era *magister*! E não inferior só porque havia se recusado a ser padre ou ensinasse uma matéria malvista pelos teólogos. Aqueles beatos podiam desprezá-lo, mas a verdade era que a salvação da humanidade dependia do estudo de Avicena, não de Santo Agostinho. Assim, mandando-os todos ao diabo com um gesto de desdém, ele entrou. Estava cansado e só o que queria era dormir; mas, ao voltar-se, a porta foi sacudida por um golpe inesperado.

A ponta de um calçado se insinuara entre o batente e a ombreira.

Suger, por instinto, tentou esmagá-la contra o portal, mas, antes que percebesse o que estava acontecendo, uma mão enorme se meteu pela fresta e opôs resistência. Continuou empurrando, valendo-se de todo o seu peso, mas o intruso era mais forte e conseguiu abrir um espaço suficiente para entrar. Então Suger o reconheceu. Era o homem do manto esfarrapado!

Incapaz de detê-lo, viu-o cruzar a soleira.

— O que quer de mim? — perguntou, entre furioso e amedrontado.

— Não vou lhe fazer mal — assegurou-lhe o desconhecido, com forte sotaque alemão. Era alto e bem proporcionado, mas parecia a ponto de perder as forças. Com a mão direita, ajeitava um alforje que lhe pendia do ombro e, com a esquerda erguida, fazia um gesto amistoso.

— Preciso de você.

— De mim ou do meu dinheiro? — murmurou Suger, recuando. Às suas costas, num ambiente bem modesto, havia uma cama, uma mesa e um banco, cercados por estantes de livros. Procurou entre os objetos alguma coisa para usar como arma e encontrou uma mão de pilão que brandiu com um gesto ameaçador. Por pouco, não riu de si mesmo.

O estranho, com ar circunspecto, deu um passo à frente.

— Não sou um ladrão.

Suger notou o punhal que ele trazia no cinto e, mais embaixo, uma mancha de sangue na perna esquerda da calça. A ferida devia estar mais acima e provocava forte hemorragia.

— Preciso de um médico... — explicou o homem, em resposta ao olhar de Suger. — Ia pedir ajuda em Saint-Victor quando o vi sair da

abadia. O monge porteiro me disse quem você era e resolvi segui-lo.
— Sem pedir licença, puxou uma cadeira e acomodou-se, colocando
o alforje no colo. — Lamento tê-lo assustado...

Não sabendo o que dizer, Suger observou suas feições. As linhas
do rosto podiam revelar muito sobre o estado de saúde, o temperamento e até o destino das pessoas. Havia aprendido aquela arte ainda
muito jovem, com um curador judeu, e ela se tornara para ele uma
pequena obsessão. O estrangeiro tinha traços nórdicos e aristocráti-
cos, quase dóceis. As rugas da testa denotavam um caráter forte, de
soldado, mas convergiam sobre o olho esquerdo formando uma espécie de cruz. Mau sinal, pensou Suger. Prenunciava morte violenta.

O homem dirigiu-lhe um meio sorriso.

— Você me olha como se eu já fosse um cadáver.

— O modo como o observo não é da sua conta — replicou o médico, em tom hostil. — Você me seguiu e entrou à força em minha
casa. Agredir um *magister* da *Universitas* é falta grave, punida com
severidade!

O homem fingiu se encolher na cadeira, como se reagisse à ameaça
de um menino.

— Não tenho medo da morte e sim do fracasso a minha missão
— revelou ele. — Se devo perecer, é meu desejo que outro lhe dê
prosseguimento.

— Nesse caso, melhor seria se procurasse os monges de Saint-
-Victor. — Suger mostrou-lhe a porta. — Ainda tem tempo.

— Não, você é a pessoa certa. — Levou a mão à fronte, num esforço para se manter lúcido. — Um leigo e, ainda por cima, erudito...
Por isso não hesitei em segui-lo.

— Pensei que queria ser medicado.

— Não só isso. Sou um peregrino em terra estranha... Preciso de...
— Parou de repente, dobrando-se para a frente num acesso de tosse.

Suger largou a mão de pilão e ajudou-o a recompor-se.

— Está delirando, meu caro. Não percebe?

O homem parecia muito mal, ia se tornando cada vez mais pálido e ardia em febre. Devia ter exaurido as últimas forças ao seguir o médico.

— Não... A minha missão... — Meneou a cabeça e pegou o alforje que trazia no colo. — É necessário entregar isto a um amigo meu que está na cidade de Milão... — E continuou a tossir.

O médico deixou escapar um risinho nervoso.

— Em Milão? Está louco? Entregue você este saco imundo.

— Farei o possível para isso, esteja certo... Mas receio não viver o suficiente...

Suger interrompeu-o com um gesto de impaciência. O homem devia estar sofrendo de confusão mental, talvez por causa da dor ou da perda de sangue. Mas também parecia desesperado.

— Não tenha medo — tranquilizou-o, seguindo a ética em prejuízo da prudência —, deite-se no chão para que eu possa examiná-lo.

Na verdade, deveria mandar que se deitasse em sua cama, mas o homem estava sujo e ele não suportava a imundície.

— Se esta ferida não me matar — gemeu o desconhecido, estendendo-se no chão —, o Cavaleiro o fará... Como já fez com o bom Wilfridus...

— Cale-se! — ordenou o médico, inclinando-se sobre ele e abrindo-lhe o manto, descobrindo uma túnica ensanguentada e queimada em vários pontos. Afrouxou o cinto, afastando o punhal, e descobriu o tórax. Como tinha previsto, a ferida se encontrava no flanco esquerdo, sob as costelas. Era uma laceração larga, de quase dez centímetros, e muito profunda. A carne em volta exalava cheiro de enxofre.

— Ao que parece, tentaram pôr você no espeto.

— Estou vivo por milagre — suspirou o homem.

— Fique calmo, vai sobreviver. — Suger levantou-se, apanhou da mesa um frasco de cerâmica e inclinou-se de novo sobre o paciente.

Destampou o frasco com os dentes e derramou um líquido vermelho sobre a ferida, limpando-a depois com um pano.

— Isso queima... O que é?

— Vinho. Para limpar a ferida. — Depois de limpá-la, Suger podia ver-lhe os contornos. Não lhe pareceu difícil de curar, mas tinha um aspecto estranho. Em volta da perfuração, a pele estava dilacerada e queimada, como também os tecidos internos.

A voz do desconhecido interrompeu-lhe as reflexões:

— Se você fizer o que lhe pedi, será generosamente recompensado...

— Recompensado? — Por um instante, Suger ignorou a hipótese da confusão mental e se perguntou se aquele homem não estaria mais lúcido do que lhe parecera. Observou bem seu rosto, mas viu que ele estava prestes a perder os sentidos; calou então todos os pensamentos e, com agulha e linha, concentrou-se na tarefa.

Ao sentir sua carne perfurada, o estranho se contorceu todo, arqueando a boca num esgar espasmódico.

— Tenha paciência — pediu o médico, procurando mantê-lo quieto. — Estou costurando a ferida.

— Remendando-me como um hábito velho? Sem cauterizar?

— A cauterização é boa para marcar vacas, não para curar seres humanos. — Suger, de lábios cerrados e olhos fixos no trabalho, exibia uma destreza de fazer inveja à melhor das costureiras. Terminada a sutura, percebeu que o paciente voltara a si e aproveitou-se disso para continuar a conversa.

— Você mencionou uma recompensa. Falava sério?

O rosto do homem era uma máscara de sofrimento, mas ainda assim ele teve forças para levantar-se e inspecionar o serviço do médico. Em seguida, concordou:

— Se você entregar o objeto contido neste alforje... receberá como recompensa uma pedra preciosa. — A voz era fraca, mas audível.

— Uma pedra preciosa?

— Foi o que eu disse... — O desconhecido tentou sentar-se, mas a dor obrigou-o a continuar estirado no chão. — Uma pedra de draconita.

Draconita. Suger repetiu a palavra em voz baixa. Não era comum ouvi-la; isso só acontecia em ambientes eruditos. O homem devia ter lido a *Historia Naturalis* de Plínio, o Velho, ou viajado a países distantes; do contrário, não saberia da existência daquela pedra.

Sua perplexidade não passou despercebida, pois o desconhecido encarou-o com insistência e voltou continuou:

— Tem ideia do que é?

— Existem pedras extraídas das entranhas de animais, pedras especialíssimas, com propriedades curativas — respondeu Suger, tornando-se sério. — A draconita, ou *draconitide*, é a mais rara. Diz-se que vem da cabeça do *draco*, uma serpente monstruosa. — Apontou o dedo para o interlocutor. — Mas só um tolo acreditaria no que você está dizendo.

O homem olhou-o com desdém.

— Estou dizendo a verdade, juro... E, como prova disso, vou recompensá-lo com algo do gênero, por ter me tratado. — Abriu um saquinho de pele que trazia pendurado no pescoço e entregou-lhe um objeto estranho.

— Pegue... e examine.

A princípio, Suger acreditou ter em mãos um animalzinho morto, mas logo percebeu que era outra coisa: uma pedra semelhante à raiz da mandrágora, mas revestida por uma espécie de pelúcia. Sentiu cheiro de mofo, mas não conseguiu determinar de que material era composta. Mesmo assim, reconheceu-a.

— Esta é uma pedra medicinal chamada *caprius* — disse ele. — Proveio das vísceras de uma cabra.

— Está a par do valor dela?

— Como todo médico que se preze, embora eu nunca tivesse visto uma antes. Cura as secreções oculares, as úlceras de estômago e as febres agudas.

O estranho concordou. — Pois a draconita vale mil vezes mais. Tem propriedades miraculosas.

— Está bem, mas poupe o seu fôlego. — Suger estava curioso, porém não tanto. Tinha mais em que pensar e não se sentia disposto a dar ouvidos àquele estranho. — Vai sarar da ferida, dou-lhe minha palavra. O resto é com você.

— Provavelmente tem razão, mas... O Cavaleiro! O Cavaleiro já me encontrou uma vez, embora eu estivesse escondido em Paris. Vai me encontrar de novo...

— O que quer que esteja dizendo, é problema seu.

— Você não entende, a missão é de importância capital...

— Você é que não entende, senhor. Está pedindo o impossível — interrompeu-o Suger. Depois, notou que o estranho demorava a acalmar-se e resolveu dar-lhe corda até que a fadiga o vencesse. — Além disso — continuou, fingindo interesse apenas para fazê-lo falar —, como reconhecerei seu amigo numa cidade tão grande?

— Chama-se Gebeard von Querfurt... Um teutão... Procure-o na Basílica de Santo Stefano Maggiore... Ele trafica relíquias e... tem os mesmos sinais que eu.

Ao dizer isso, o homem mostrou o dorso da mão direita. Estava recoberto de tatuagens que até então Suger não havia notado. Sob os nós dos dedos indicador e médio via-se a imagem de um cavaleiro armado de arco. Uma serpente subia por seu dedo mínimo, apontando o focinho para uma taça sobre a última falange do anular.

Depois de lhe mostrar aqueles sinais, o homem fechou a mão num gesto de bênção, como se quisesse representar o número três. Então Suger percebeu em sua palma a imagem de uma Madona com o Menino sob as asas estendidas de uma pomba.

Símbolos cristãos misturados a símbolos pagãos. O médico esboçou um gesto de repulsa. Sabia da existência de amuletos ilustrados com aquelas figuras, de origem judaica ou frígia, e não os temia. Mas mesmo um simples feitiço, se descoberto por um homem da igreja, poderia provocar consequências terríveis.

— Cuidado! — advertiu. — Não sei quem você é, mas se um dominicano visse esses sinais, seu fim seria dos piores. E o meu também, por tê-lo acolhido.

— Deixe-me explicar... — implorou o ferido, que agora parecia à beira do delírio.

— Já tenho os meus problemas — prosseguiu o médico. — Fique calado, se não quiser que o apanhem.

O desconhecido continuou deitado no chão, fitando-o com olhar de súplica. — Logo o Cavaleiro me encontrará... E desta vez...

Suger ignorou-o. Já havia feito muito por ele. Tinha curado sua ferida e lhe dado abrigo. Seria demais continuar suportando sua tagarelice. Ainda não o mandara embora porque a conversa sobre a draconita o havia fascinado. Contudo Milão era longe e deixar Paris lhe custaria a carreira.

Deitou-se na cama e examinou com cuidado a pedra aveludada, enquanto o estranho finalmente adormecia.

Por fim, ele também adormeceu. Mal havia fechado os olhos, sonhou que estava rodeado pelos membros do colégio da escola de Notre-Dame, exibindo com orgulho uma pedra de draconita a uma multidão de interessados.

Todos os *magistri* o cercavam perplexos.

2

Ao amanhecer, a corrente do Sena apresentava uma tonalidade cristalina. A água jorrava ao longo das margens, entoando louvores à débil luz solar. Na penumbra de sua casa, Suger não se sentia disposto a desfrutar tais amenidades. Tinha dormido muito pouco e estava de mau humor. O hóspede indesejado havia começado a delirar como um possesso logo aos primeiros clarões da manhã. O médico se vira obrigado a saltar da cama para examiná-lo, sem deixar de amaldiçoá-lo entre dentes. Nada de grave, porém. A febre tinha subido, mas a ferida parecia reagir bem ao tratamento.

Sentou-se à beira do leito, esfregando os olhos. O estranho continuava deitado, mergulhado numa inconsciência inquieta. O suevo. Assim o chamava, por ignorar seu nome. A julgar pelo sotaque, devia ser alemão, o que pouco importava a Suger. Não sentia nada por aquele sujeito — nem simpatia nem compaixão. Continuava curioso com respeito à draconita, isso sim, mas, pessoalmente, o suevo não era problema dele. Aliás, Suger não podia se considerar um homem piedoso. Pensamentos de caridade e altruísmo apenas deslizavam sobre seu coração, sem deixar traços.

Na juventude tinha sido diferente, mas, depois da morte do pai, passou a não se importar com ninguém, só consigo próprio. E nunca mais olhara com os mesmos olhos para um vitral de igreja.

O vozerio lá fora cortou seus pensamentos. Era hora de partir. Os compromissos do dia reclamavam sua presença.

Vestiu o hábito vermelho e o chapéu de *magister medicinae*, apanhou um par de volumes que usava em classe e dirigiu-se para a porta. Após breve hesitação, decidiu deixar o suevo lá mesmo onde estava. Segundo seus cálculos, ele permaneceria inconsciente até a tarde e não causaria problemas. A tentação de colocá-lo para fora de casa ainda era forte, mas o receio de que aquelas tatuagens necromânticas chamassem a atenção de alguém convenceu-o a agir com cautela.

Mal chegou à rua, viu-se envolvido na balbúrdia da terça-feira gorda. Uma turba de jovens corria para todos os lados, entre gritos e risos, em busca de vítimas para suas brincadeiras. Aborrecido com tanto barulho, Suger caminhou rente às paredes para escapar do tumulto. Tinha pressa, e a ideia de atravessar meia cidade para dar aulas aguçava seu mau humor.

Depois dos recentes conflitos entre o bispo de Paris e a *Universitas Magistrorum*, a maior parte dos docentes se afastara da Cité, elegendo a abadia de Sainte Geneviève como sede provisória do *Studium*. Os únicos professores que ainda ensinavam em Notre-Dame eram os religiosos.

Andando de cabeça baixa sob um sol curiosamente tépido, Suger tentou espantar o mau humor pensando em algo agradável. Mas, a seu pesar, a única coisa que lhe veio à mente foi a pedra de draconita. Como poderia ignorá-la? Todo médico conhecia bem suas propriedades terapêuticas. Ele tinha lido vários livros sobre o assunto, entre os quais a obra concisa de Michele Psello e a de Marbodo de Rennes. Há tempos, um beneditino de Oxford chegara a lhe mostrar sua coleção de pedras curativas, em sua maioria, procedentes de corpos de animais: a *chelidonia*, retirada da cabeça das andorinhas e excelente para combater inflamações dos olhos; a *liguriena*, extraída da bexiga dos linces, ótimo remédio para as dores de estômago e a icterícia; a *heyena*, proveniente dos glóbulos oculares da hiena, capaz de promover benefícios quando mantida sob a língua; enfim, a *margarita*, oriunda das conchas, e o *panthero*, tirado das vísceras dos felinos de grande porte.

Nenhuma dessas pedras, porém, podia se comparar à draconita. Se Suger obtivesse uma e escrevesse um tratado médico sobre suas virtudes curativas, só por isso conquistaria uma posição de prestígio na Escola do *Capitolo*.

Apressou-se a expulsar essas fantasias, desviou-se com maus modos de um grupo de peregrinos e entrou no Bairro Latino. Ali, os festejos de Carnaval haviam assumido proporções surreais. Viam-se por toda parte rapazes travestidos de mulheres, ursos e selvagens. Alguns dançavam, outros zombavam das autoridades montados em mulas ou carros grotescos, alvejando os passantes com frutas e legumes podres.

Não se podia esperar outra coisa. Naquele bairro vivia a maior parte dos estudantes que acorriam a Paris para frequentar o *Studium*. O fato de estarem sob a proteção do *Capitolo*, portanto imunes às sanções civis, tornava-os ainda mais petulantes na transgressão das normas.

O médico atravessou a multidão sem ser molestado, pois o hábito de *magister* impedia que fosse alvo de pilhérias. Ao contrário, fizeram-lhe diversas mesuras e saudações respeitosas, até que por fim ele avistou um grupo de rapazes em volta de um jovem alto e de bela aparência. Era Bernard, seu melhor aluno. Pressentindo algo de errado, apressou o passo em sua direção.

O estudante esboçou um cumprimento tímido, enquanto seus companheiros se afastavam apressadamente.

Aproximando-se, Suger notou que o rapaz tinha um olho inchado e o lábio ferido.

— Meu jovem, eu posso saber o que lhe aconteceu?

Bernard sacudiu a cabeleira negra e espessa. Era um dos poucos estudantes não tonsurados. Ao contrário dos colegas, que exibiam a tonsura como sinal de proteção do *Capitolo*, ele a considerava humilhante.

— Nada de grave, *magister.*

— Nada de grave, você diz? — recriminou o médico. — A Quaresma vem aí, e com ela, a *determinatio*. Lembra-se? E o exame para se tornar bacharel? Fará uma bela figura apresentando-se com essa cara! E eu também, visto que sou seu *magister.*

— Perdoe-me, por favor — implorou o jovem. — Não pretendia lhe causar problemas.

— Mas causou. Qualquer ato seu me afeta, entende? — Suger sentia vontade de bater-lhe, de tão nervoso que estava. Bernard era um aluno brilhante e poderia fazer bela carreira aplicando-se mais aos estudos; mas não conseguia controlar o temperamento fogoso, que o impelia a procurar brigas e a correr atrás de mulheres.

Nesse momento, um rapazinho magro com o rosto avermelhado abriu caminho por entre os passantes e postou-se ao lado de Bernard, como se quisesse defendê-lo. Suger mal lhe deu atenção, para não encorajá-lo. Conhecia-o de vista. Chamava-se Ramón; os olhos argutos e os lábios grossos lhe conferiam a expressão típica do desordeiro.

Ramón pigarreou e encarou o *magister* com um sorriso atrevido.

— Esta noite o nosso Bernard se desentendeu com um taberneiro de Saint-Marcel. — Embora fosse aragonês, expressava-se em latim, como todos os estudantes estrangeiros em Paris.

— E por qual motivo? — quis saber o médico.

— Culpa daquele malandro! — Ramón abriu os braços num gesto dramático. — Queria que pagássemos o vinho a peso de ouro! E nós...

Suger calou-o com um aceno de mão e voltou-se para seu aluno.

— Bernard, fiz a pergunta para você. Quer explicar-me?

O jovem concordou constrangido. — Ramón discutiu com o taberneiro por causa do preço do vinho. Não quis pagar, e o homem começou a esmurrá-lo...

— Oito denários! — interrompeu Ramón, batendo na testa com ar de mártir. — Oito denários por quatro canecas de vinho! Isso é roubo!

— O taberneiro era mais forte que ele — explicou Bernard —, e por isso o defendi.

Seu colega pôs-se a bradar:

— Está vendo, *magister*? Está vendo que briga?

Sempre de rosto sombrio, o médico censurou Bernard:

— Já lhe disse mil vezes para evitar os bairros distantes, principalmente o de Saint-Marcel. Ali só se pode achar encrenca.

Ramón começou a rir.

— Se por "encrenca" o senhor entende vinho e prostitutas...

Suger já estava farto daquele impertinente. Se continuasse tolerando-o, logo perderia as estribeiras. Por isso, agarrou-o pela gola e atirou-o dentro de uma carroça que passava por ali justamente naquele momento.

Ramón acomodou-se no banco e afastou-se, abatido como um rei destronado.

— Quanto a você — disse o médico, puxando Bernard pelo braço —, siga-me já para a aula.

3

Bernard caminhava melancólico ao lado do *magister*, chutando as pedras da calçada. A algazarra do Carnaval tinha ficado para trás. A rua, quase deserta, descia por uma colina ladeada de mato e antigas ruínas, as termas romanas e a arena de Lutécia. O jovem contemplou-as indiferente. Rugas de velhice no rosto de Paris.

A abadia de Sainte-Geneviève estava próxima, mas Suger havia diminuído o passo de propósito. Já quase não se lembrava dos acontecimentos da noite anterior. A ansiedade e o medo que experimentara durante a perseguição pareciam ecos de um sonho antigo. A imagem do suevo deixado inconsciente em sua casa não suscitava nele a mínima apreensão. Só o que queria, no momento, era pôr no bom caminho o rapaz que o acompanhava.

— Você não se tornará bacharel apenas alardeando sapiência — instigou-o. — Deve se comportar melhor.

Bernard fitou-o contrariado. — Achava que essa fosse uma prerrogativa dos padres.

— Esqueça os padres. Se quiser ser respeitado, terá de agir com dignidade. E esta se apoia em três regras fundamentais: severidade, pudor e maturidade. — Ao enumerá-las, Suger não pôde se impedir de reconhecer que ele próprio, muitas vezes, as infringira. Mas essa era outra história. Ele sabia disfarçar suas torpezas com um ar respeitável. Bernard, ao contrário, era sincero e leal, mas se deixava levar pelo entusiasmo.

O jovem assentiu, chutando a enésima pedra na calçada.

— Está me escutando? — irritou-se o médico. — Quer, por favor, prestar atenção?

Por única resposta, Bernard lançou-lhe um olhar tão profundo que ele se sentiu abalado.

— Preciso confessar uma coisa, *magister.*

O médico observou-o curioso.

— A respeito de quê?

— Viu os rapazes com quem eu conversava quando o senhor chegou?

— Sim, eram muitos. O que tem?

— Vieram saber o que me aconteceu ontem à noite. Querem se vingar do comerciante de Saint-Marcel e foram direto para a taberna dele.

— Você não tem nada com isso

— Mas, *magister*! — insistiu Bernard. — Temo que façam mal àquele malandro! Vou me sentir responsável.

Com um gesto exasperado, Suger postou-se à frente do rapaz. — Pela última vez, Bernard. Deve aprender a não se envolver nesses negócios. — Pousou-lhe o indicador na fronte. — Você é um jovem inteligente, tem mais em que pensar. Depois da Quaresma, se Deus quiser, será bacharel. Se trabalhar com afinco, em poucos anos se tornará *magister*. Entendeu? Chega de brigas! Chega de tolices!

— Mas eu...

— E chega de "mas"! Não o atrai o título de bacharel?

Os olhos de Bernard brilharam de ambição. — É claro que me atrai, *magister*. E como!

— Então me obedeça.

Duas horas depois, Suger estava dando suas aulas no claustro de Sainte-Geneviève. Um grande número de alunos o escutava quase sem respirar, tomando notas em tabuinhas de cera. Em sua maioria, eram rapazes que não tinham livros próprios e se viam, portanto, obrigados a confiar na memória e na esperança de que o professor lhes distribuísse notas escritas no fim da aula. Bernard se sentava na primeira fila.

Aquela seria uma manhã como qualquer outra se não fosse pelos dois frades dominicanos infiltrados na turma. Haviam se postado sob as arcadas do claustro como dois corvos e ouviam a lição com ar de censura, farejando nas palavras do *magister* alusões sacrílegas.

Suger ignorou-os por todo o tempo e, como costumava fazer no final das aulas, promoveu uma discussão entre os alunos para que absorvessem bem os temas tratados. O debate versava sobre a hipótese de a moléstia ser consequência de uma causa desencadeadora, sem a qual o mal físico não poderia se manifestar. Depois de uma troca inicial de opiniões, um aluno objetou que, se Deus quisesse, a doença apareceria de qualquer modo, sem precisar de uma causa. Suger não concordou, explicando que nem Deus poderia subverter as leis da natureza criadas por Ele mesmo. Um princípio divino, esclareceu, nunca se contradiz.

Essas palavras bastaram para provocar um tumulto.

Um dos dominicanos levantou-se de um salto, atravessou o claustro rapidamente e aproximou-se do *magister*. Os alunos lhe deram passagem, olhando-o assustados. Raramente alguém ousava interromper uma aula.

Irritado com tamanha afronta, Suger se preparou para enfrentar o frade impertinente. Tinha prontos alguns insultos que fariam o cabelo dele se eriçar como o pelo de um gato, mas, ao reconhecê-lo, mordeu os lábios. Não era um religioso qualquer. Era Rolando de Cremona, o teólogo italiano!

Frei Rolando parou a poucos passos do *magister*. Feições duras, olhos de cor metálica, sinais de uma raiva mal contida. Com a petulância de um cavaleiro que atira a luva em desafio, pronunciou uma única palavra:

— Aristóteles!

Tanto bastou para emudecer a todos.

Em meio àquele silêncio amedrontado, uma voz se elevou na primeira fila:

— Irmão, como ousa?

Todos se voltaram para Bernard, que tinha o rosto congestionado e os olhos fixos no dominicano.

— Vá embora! — continuou o rapaz. — A ciência médica não compete aos homens da Igreja.

Suger ordenou-lhe que se calasse, mas a voz e a imponência de frei Rolando se impuseram.

— É verdade — confirmou o dominicano, sem se dirigir a ninguém em particular. — Nós, homens da Igreja, não praticamos a ciência médica. Não podemos derramar sangue humano, nem mesmo para fins curativos. — Sua voz tinha algo de tenebroso, como o sopro do vento numa árvore oca. — Mas é nosso dever extirpar das mentes a sombra da dúvida.

Desobedecendo pela segunda vez ao mestre, Bernard continuou a discutir:

— Que sombra? Que dúvida? Mesmo os teólogos estudam Aristóteles.

Frei Rolando parecia ter esperado aquela pergunta. — Aristóteles escreveu coisas maravilhosas, mas sua mente pagã levou-o a cometer erros. — Olhou para Suger. — Erros que o nosso *magister* ensina como verdades absolutas. Erros que saem da sua boca como blasfêmias.

Suger cerrou os punhos, tentando encontrar um argumento qualquer para se defender. A acusação que o frade lhe lançava era gravíssima: a Igreja proibia ensinar o aristotelismo. E a agressiva dialética daquele hábil dominicano poderia fazer com que qualquer desculpa se voltasse contra o interlocutor.

— E então, *magister*, não diz nada? — desafiou-o Rolando. — Prefere que seus discípulos continuem defendendo-o?

Suger abriu os braços, fingindo-se desarmado. — Reverendo padre, se nós fôssemos discutir matéria teológica, o senhor sem dúvida levaria a melhor. Mas eu não sou teólogo, sou médico. Se quiser mover alguma acusação contra o meu ensino, faça-o diante de uma autoridade competente: a corporação dos professores de Paris.

— Corporação? — Frei Rolando meneou a cabeça. — Não reconheço a autoridade de nenhuma corporação, apenas a do padre Philippus de Noyon, o chanceler do *Capitolo*. Ele é o único e verdadeiro tutor do *Studium*.

Suger agora não tinha saída. — Está bem — respondeu num tom arrogante.

— Apressemo-nos, então — disse o dominicano, sorrindo e virando-se para seu confrade. — Vamos procurar sem demora Philippus Cancellarius. Ainda há tempo para que ele nos conceda audiência.

Suger atravessou Paris seguido pelos dois dominicanos como um condenado se dirigindo ao patíbulo. Sabia que tinha a consciência pesada e sabia também que não seria nada fácil escondê-la. Entretanto o que mais o perturbava era a suspeita de que Rolando de Cremona houvesse agido com premeditação. Quanto mais pensava nisso, mais tinha certeza de que era verdade. Aquele dominicano sem dúvida havia ido a Sainte-Geneviève apenas para provocá-lo e, pronunciando o nome do chanceler, encostara-o na parede. Philippus Cancellarius nutria grande antipatia por qualquer *magister* leigo, quanto mais se acusado por um frade!

Muito deprimido, Suger caminhava sem conseguir ter uma ideia precisa da situação. Por um instante, pensou em fugir, disparar pela

rua como havia feito na noite anterior. Mas devia avaliar as consequências. Além disso, que exemplo daria a Bernard? Aquele teimoso
o tinha ofendido como um touro enfurecido, sem lógica nem prudência. Suger não o aprovava, embora apreciasse seu gesto. Bernard
morava sozinho em Paris, sem parentes nem amigos íntimos. Suger
representava para ele o único ponto de referência e a única fonte de
conselho. Não se envergonhava de admitir que aquele rapaz havia
conseguido abrir uma brecha na muralha de seu cinismo.

O caminho para o *Capitolo* passava pelo Bairro Latino, onde os
festejos da terça-feira gorda chegavam ao auge. Frei Rolando e seu
confrade observavam aquilo com repugnância, os olhos lançando
maldições mudas contra todos os foliões.

— Há poucos dias, o Carro dos Loucos desfilava por estas ruas, e
aqui estamos de novo no meio da balbúrdia e da devassidão — ponti-
ficou frei Rolando, com o rosto sombrio. — Não é engraçado?

Suger não replicou. Ele também detestava confusões e, além disso,
percebia algo de preocupante na multidão. O burburinho era excessi-
vo. A guarda urbana havia ocorrido em peso. Soldados e esbirros em
cada esquina... Alguma coisa devia ter acontecido.

Os três se afastaram do tumulto e alcançaram a Île de la Cité, onde
se festejava com mais moderação. Diante das construções nobres do
Marché-Palu, o ir e vir era animado com música e dança, enquanto na
praça de Notre-Dame um grupo de homens jogava a *soule*, chutando
uma bola.

A sede da chancelaria era próxima.

Caminharam ao longo do lado sul da catedral, ainda em construção depois de sessenta anos, e entraram no palácio do *Capitolo*. Pros-
seguiram até chegar à entrada de um recinto espaçoso, com janelas
duplas e *armaria*. A sala da chancelaria.

Lá dentro, dois religiosos confabulavam, um diante do outro. Suger reconheceu o corpulento Philippus Cancellarius e o pároco do

subúrbio de Saint-Marcel. Este último, um padre baixo e mirrado, que aparecia sempre no *Studium* para se queixar dos desmandos dos estudantes em sua paróquia. Já o chanceler, velho e gordo, não tinha nada da imponência pela qual era tão temido. Com aquele ar distante e aquela papada frouxa, ninguém acreditaria que anos antes, como *magister theologiae*, houvesse escrito tratados de certo peso.

A conversa entre os dois religiosos parecia estar terminando.

— São apenas rapazolas — insistia o pároco de Saint-Marcel. — A intervenção da guarda é excessiva. Um exagero.

— É o que penso também — concordou o chanceler. — Mas a Coroa não me ouve. Já acionou os esbirros do reitor.

— Ah, o reitor! Todos conhecem sua brutalidade.

— Não sei o que dizer, padre — suspirou o chanceler. — Desta vez, parece que os estudantes passaram dos limites.

O diálogo prosseguiu ainda por alguns minutos e em seguida o pároco de Saint-Marcel se afastou amargurado. Assim que se viu sozinho, Philippus Cancellarius convidou os três homens a entrar.

Frei Rolando foi o primeiro e saudou-o com uma reverência. — Desculpe-me, vossa paternidade, mas não pude deixar de ouvir — começou. — Problemas graves?

— Problemas gravíssimos — respondeu o chanceler, aproximando-se de uma grande mesa. — Parece que esta manhã um bando de estudantes destruiu uma taberna em Saint-Marcel. Não satisfeitos, os desgraçados vieram para a cidade criando confusão.

Ao ouvir isso, Suger se lembrou do que havia lhe contado Bernard e não pôde deixar de perguntar:

— Estou enganado ou o senhor mencionou a intervenção dos esbirros?

— Não, não está enganado — respondeu o chanceler. — A Coroa resolveu convocar o reitor.

— Mas não são cidadãos comuns — objetou o médico. — A punição dos estudantes é assunto do *Capitolo* da catedral, não da Coroa. Assim diz a lei.

Assentindo com ar de desânimo, Philippus deu a volta à mesa e sentou-se numa cadeira de espaldar alto. — Há mais de uma hora que um legado pontifício tenta explicar isso a Sua Majestade a rainha Branca — comentou, sempre olhando para Suger. — Se acha que pode fazer melhor, vá em frente.

O médico se calou. Já tinha problemas demais e não costumava lutar por causas alheias. Percebeu então que os outros se consultavam trocando olhares e não pôde deixar de sentir-se incomodado.

O chanceler rompeu então o silêncio, interpelando frei Rolando:

— Pois bem, padre, o que o levou a abandonar o claustro de Saint--Jacques num dia tão movimentado?

— Um assunto para submeter ao seu exame — respondeu o frade.

— Espero que não seja outra dor de cabeça.

— Infelizmente, sim. — O dominicano apontou Suger. — Este é o *magister medicinae* no *Studium*...

— Conheço-o, como a todos que ocupam uma cátedra em Paris — cortou Philippus. — Por que o trouxe aqui?

— Ele infringiu as proibições relativas a Aristóteles. Está ensinando filosofia natural.*

O chanceler virou-se para o acusado:

— É uma acusação bem grave, *magister*. Que tem a dizer em sua defesa?

— Trata-se de um mal-entendido, reverendo padre — minimizou Suger. — Ensino medicina, não filosofia natural. Frei Rolando deve ter se enganado.

---

* Na Idade Média, o ensino da "filosofia natural" baseava-se quase todo nos textos aristotélicos, que explicavam os princípios e o funcionamento do universo.

— Mentira! — rugiu Rolando de Cremona. — Eu e meu confrade ouvimos tudo muito bem. Ele admitiu que Deus não pode modificar as leis da natureza, pondo assim em dúvida Sua onipotência. Como se sabe, essa é uma afirmação de Aristóteles.

— Foi apenas um expediente para forçar o raciocínio de meus alunos — justificou-se o médico, a fim de acalmar a tempestade. — Todo fenômeno depende de uma causa, eis, em síntese, o que eu estava ensinando. — Uma defesa frágil, pensou Suger. Mas ele não podia fazer muita coisa. Na impossibilidade de negar a acusação, recorria à clemência do chanceler. Este, diante da resposta, balançou a cabeça.

— Está divagando, *magister*. — O rosto de Philippus revelava uma irritação crescente. Agora, sim, ele intimidava. — Frei Rolando apresentou uma acusação precisa. Por acaso você é lento para compreender?

Palavras pesadas, quase ofensivas. Suger sentiu-se ferido em seu orgulho e deixou de lado a moderação. — Frei Rolando não entende nada de ciência médica — disparou, mandando ao diabo qualquer possibilidade de acomodação. — Como ele ousa interferir em minha área?

— Fale baixo, *magister*, não estamos no mercado — recriminou- -o o homem da poltrona com um gesto autoritário. — E deixe-me refrescar-lhe a memória. O sínodo de Sens, de 1210, vetou a leitura e o comentário de Aristóteles, proibição renovada pelos Estatutos de 1215 e, mais recentemente, expressa com a maior clareza por nosso pontífice...

Enquanto o chanceler desfiava aquele rosário de proibições, Suger se sentia assar a fogo lento. Um começo de náusea atormentava-lhe o estômago enquanto as paredes da sala pareciam se fechar sobre ele. A situação não prometia nada de bom. Poucos anos antes, tolerava- -se que os professores ensinassem a filosofia natural e apelassem para Aristóteles. Isso ainda acontecia em Toulouse. Mas não em Paris, onde o tradicionalismo reinante continuava vendo na filosofia a serva da teologia, pronta a ser sacrificada quando se revelasse incômoda.

— Em virtude do meu cargo — concluiu Philippus —, não posso tolerar, em hipótese alguma, que um docente de Paris divulgue o aristotelismo. Você sabe muito bem que, se isso chegasse aos ouvidos do papa...

— Reverendo padre, eu compreendo perfeitamente — contemporizou o médico. — Mas, com franqueza, acho que estamos fazendo tempestade em copo d'água.

Rolando de Cremona atacou-o furioso:

— Antepor Aristóteles à Bíblia é coisa insignificante para você? Admiro-me de que lhe tenha sido concedida a *facultas docendi*.

— Mas você não pode me tirar, padre — desafiou Suger, ardendo no desejo de torcer-lhe o pescoço.

— Mas eu, sim — advertiu-o o chanceler. — Se mostrasse clemência para com você, daria a impressão de apoiar quem divulga a filosofia natural. Já me omiti muitas vezes, fingindo que não via nada!

O médico não sabia o que dizer. Nunca havia se sentido tão humilhado. Seu título e sua competência acabavam de ser despidos de qualquer valor; sua opinião tinha sido ridicularizada. Pensou no pai e nos sacrifícios que ele havia feito para pagar-lhe os estudos. Avaliou as dificuldades superadas durante todos aqueles anos... Não, disse para si mesmo; não iria aceitar aquelas acusações sem ao menos se defender. E, apertando o ventre na tentativa de conter a indisposição, apontou o dedo para o chanceler:

— Desafiará a corporação dos mestres com base numa calúnia?

— Calúnia? — repetiu Philippus em tom sarcástico. — Não diga tolices, *magister*. Suas alusões a Aristóteles não se limitam ao episódio de hoje, sabemos muito bem. E sabemos igualmente que você tem livros de filosofia natural. *Libri proibiti*.

Suger mal continha a raiva e a vergonha. Já não tinha dúvidas: haviam lhe preparado uma armadilha. — Exatamente, por qual motivo estou aqui? Querem humilhar-me? Querem confirmar o primado da teologia sobre a ciência médica?

— Não, essa é apenas a premissa. — O chanceler se permitiu um leve sorriso, exibindo uma nova faceta de sua personalidade. Rolando de Cremona, perto dele, era um gatinho indefeso. — O motivo é informá-lo de que suas infrações podem valer-lhe a excomunhão.

— Isso é demais, vossa paternidade! — protestou Suger. — Uma medida excessiva!

— Não direi excessiva, mas evitável. — Philippus balançou-se na cadeira. Uma manobra divertida, sem dúvida. — Temos uma solução indolor.

— O exílio — acudiu Rolando, rápido como uma punhalada.

Suger estremeceu. — Não podem pedir-me que deixe o *Studium* de Paris... — balbuciou. Só de pensar naquilo sentiu-se precipitado num poço sem fundo e por pouco não caiu de joelhos. — A ciência médica é a minha vida! É tudo para mim! Não entendem? Se eu deixasse esta cidade...

— Não adianta choramingar — advertiu Philippus, impassível.

— Tem razão, mas se eu jurasse não divulgar mais a filosofia natural...

— Já jurou uma vez, quando obteve a cátedra. Ao que parece, isso de nada valeu.

— Todavia, como podem querer que eu me vá sem um aviso prévio razoável, depois de anos de trabalho duro?

— Pense bem no assunto — interrompeu-o o chanceler. — Excomungado, não encontraria jamais um emprego digno de sua capacidade, nem em Paris nem em lugar algum.

Era verdade, reconheceu Suger. Nenhuma escola aceitaria um *magister* fulminado pelo anátema, mesmo que fosse o mais genial de todos. Estava abalado, mas insistir só pioraria as coisas. Porque a acusação não era infundada. Ele sabia muitíssimo bem que os decretos eclesiásticos proibiam categoricamente a leitura e os comentários de livros de filosofia natural, em público e em particular, sob pena de excomunhão. Muitos outros professores, antes dele, tinham sido obrigados a transferir-se para Toulouse a fim de continuar ensinando Aristóteles sem o receio da perseguição. Mas Suger não se conformava com a ideia de curvar a cabeça diante de Philippus Cancellarius e seus bajuladores. A frustração pungia-lhe o estômago e alimentava em seu íntimo uma raiva desdenhosa, mas o que mais lhe apertava o coração era o desespero. Que faria dali em diante? Para onde iria? Colhido num torvelinho de sentimentos, deu um passo à frente e esmurrou o tampo da escrivaninha. — Não pensem que isto acaba aqui! — gritou. De repente, lembrou-se de outro problema e mordeu os lábios. — Além disso — prosseguiu —, não pararei de lecionar antes que um de meus discípulos esteja pronto para o bacharelado, fiquem certos disso.

— Esqueça — disse Rolando entre dentes. — Seu discípulo será confiado a professores bem mais competentes. Você deve partir sem demora.

— Ora, vamos, padre, seja caridoso — pediu o chanceler, com fingida bonomia. — Deixemos ao nosso *magister* esta singela consolação. Afinal, em breve não haverá mais em Paris lugar para quem ensina as mentiras de Aristóteles. — Um sorriso se desenhou entre suas gordas bochechas. — Suger de Petit-Pont é apenas o primeiro de uma longa lista.

O médico, no limite da paciência, por pouco não se lançou contra seus acusadores. Mas percebeu a tempo a presença de dois guardas às suas costas.

E eles o arrastaram para fora, intensificando ainda mais sua humilhação.

4

As ruas do Bairro Latino haviam se transformado num rio transbordante. Oscilando entre a euforia e a violência, a multidão se agitava como um rebanho assustado. Nos pontos de maior confusão, destacamentos de soldados interrogavam os transeuntes e detinham quantos rapazes podiam. Perguntavam, gritavam, espancavam. Por todo lado se falava do subúrbio de Saint-Marcel e de uma agressão por parte de um grupo de estudantes. Uma taberna havia sido destruída. Vários estalajadeiros alegavam ter sido maltratados e ameaçados. Tudo culpa dos estudantes, era o comentário geral. Difícil atestar a veracidade daquelas notícias. Difícil diferenciar a verdade da mentira.

Os homens do reitor procuravam os responsáveis entre os estudantes. Sua brutalidade, acirrada pelo temperamento rebelde dos jovens, transformou a tentativa de restabelecer a ordem num pequeno motim. Chegou-se assim às ofensas e à pancadaria. E às espadas.

Ao fundo de uma travessa da *rive gauche*, Bernard desafiava com o olhar três esbirros. Por trás dele se escondia Ramón, assustado e trêmulo.

— E então, canalhas — grunhiu um dos esbirros —, foram vocês que provocaram o desastre em Saint-Marcel?

Bernard tentou explicar:

— Tivemos uma discussão ontem à noite, é verdade, mas não provocamos danos. Não somos as pessoas que estão procurando.

— Para mim, foi você o responsável — sentenciou um dos soldados. — Esse olho preto fala por si. Como o arranjou?

— Não é da sua conta — retrucou o rapaz. — Explicarei tudo ao chanceler.

— Escutem só o espertinho! — zombou o soldado, virando-se para os companheiros. — Então quer ir chorar no colo do chanceler?

Outro soldado se adiantou. Barriga proeminente, olhos bovinos. — Acho melhor baixar a crista, rapazinho. Se não é o culpado, prove--o. Diga quem é.

Bernard sabia os nomes dos responsáveis ou pelo menos tinha ideia de quem fossem: seus colegas de classe. Um bando de desordeiros, sem dúvida, mas não pessoas más. Tinham sonhos e projetos para o futuro, como ele próprio. Jamais os denunciaria aos esbirros do reitor como delinquentes comuns, mas não queria deixar as coisas como estavam. Assim que saísse daquela enrascada, iria falar com o *magister* Suger. Ele saberia o que fazer.

Manteve-se, pois, firme nessa decisão e faria suas reivindicações. — Não converso com esbirros. — Ergueu a voz, escandindo as sílabas. — Sou um aluno do *Studium*, não um cidadão comum. Darei os nomes dos responsáveis a quem de direito.

— Chega! O culpado é você! Você e seu amiguinho! — O soldado de barriga proeminente cerrou os punhos, fazendo estalar as articulações. — Pediremos confirmação a ele. Parece mais maleável. Vai falar.

O homem avançou na direção de Ramón, mas Bernard se pôs entre os dois.

— Afaste-se! — E empurrou o agressor, jogando-o na lama.

O soldado se levantou, atarantado.

— O que está fazendo? — rugiu, mostrando os punhos.

— Velhaco! — O jovem fulminou-o com o olhar. — Velhaco do batalhão dos velhacos!

Foram as últimas palavras dele que os soldados toleraram ouvir. Agrediram-no por todos os lados com golpes, insultos, pancadas de couro e metal. E enquanto isso Bernard pensava que seria bacharel, depois médico, depois *magister...*

Como Suger, a pessoa que mais estimava na vida.

5

Expulso de Paris!

Suger afastou-se do *Capitolo* com o rabo entre as pernas. Mais de uma vez pensou em voltar e suplicar, se necessário, a clemência do bispo. Desistiu, porém. Tinha lá seu orgulho, mas não era nenhum coração de leão. Philippus Cancellarius gozava de enorme poder e de influência ainda maior. Ao ouvir novo protesto, mandaria sem dúvida prendê-lo.

Estava tão abatido que, em vez de ir à corporação dos professores, procurou uma taberna. No caminho, no entanto, percebeu que anoitecia e lembrou-se do suevo. Este já devia estar recuperado. Era melhor ir para casa.

As ruas agora estavam silenciosas. Não havia mais a agitação de pouco antes. Ao chegar à *rive gauche*, notou um grupo de rapazes e, antes que eles parassem de rir, sentiu-se agarrado pelo braço.

Farto de tantas desventuras, virou-se rápido, com a pior das intenções, mas para sua surpresa deparou-se com Ramón.

— E então, o que quer? — perguntou irritado.

O rapaz chorava. — *Magister... Magister...* Aconteceu uma coisa horrível...

— Uma coisa horrível? — repetiu o médico, tomando distância.

— Bernard...

Suger estremeceu. Agarrou Ramón pelos ombros e sacudiu-o repetidamente.

— O que lhe aconteceu?

— Está morto — soluçou o rapaz. — Morto, assassinado!

O médico empurrou-o. — Não é verdade.

— É, sim! — Ramón caiu de joelhos desesperado. — Morreu para me defender... E eu escapei, como um covarde... — Esmurrou o chão. — Fugi enquanto o espancavam!

Suger supôs, por um instante, que estava tendo um pesadelo. — Mas como... quem...

— Os soldados... Foram os soldados.

— Os homens do reitor... — adivinhou Suger, lembrando-se das palavras do chanceler.

— Eles mesmos.

Tomado de vertigem, o médico apoiou a mão na cabeça de Ramón. Como se não quisesse perder contato com a realidade, agarrou aqueles cabelos cacheados e crespos. — Tem certeza de que...

O rapaz anuiu. Não conseguia mais falar.

Suger deixou-o ali, de joelhos, sacudindo-se em ânsias de vômito. Caminhou como um sonâmbulo, tentando compreender o que estava lhe acontecendo. Não sentia dor, como havia ocorrido por ocasião da morte do pai, e sim algo inexplicável. Percebeu que tinha o rosto banhado em lágrimas e procurou enxugá-las com as mãos, mas sem conseguir detê-las. Sentia-se vazio. Primeiro, arrebatavam-lhe as ambições; depois, os afetos. E com Bernard perdia também uma parte de si mesmo. Aquele "eu" que gostaria de ter sido. Pois, na verdade, Suger tinha aprendido com Bernard muito mais do que lhe ensinara.

Enquanto a aflição o esmagava, uma rede de pensamentos se estendia em sua mente. Era o egoísmo que espreitava na sombra, induzindo-o a descobrir se, de algum modo, não poderia se beneficiar do acontecido. A morte de um estudante não passaria despercebida. Sem dúvida, procurariam o seu *magister.* A corporação se alvoroçaria, com a notícia se espalhando por toda a Paris...

Tinha de cuidar de si mesmo, pensou. E se sentiu um verme. O mais certo seria voltar ao *Capitolo*, comunicar o fato e sair em busca dos responsáveis. Além disso, sentia uma necessidade quase física de ajoelhar-se diante do corpo de Bernard para lhe dar a derradeira saudação e agradecer-lhe por tê-lo feito provar, ao menos uma vez, a alegria de depositar suas esperanças em alguém mais. Pois, toda vez que pensava na velhice, Suger se via abandonado por todos, menos por aquele rapaz... Bernard teria podido tornar-se um *magister* mais brilhante do que ele próprio jamais conseguiria, deixando-o orgulhoso como um pai.

"O meu Bernard", pensou ainda. E o deixou ir, imaginando-o a deslizar nas águas do Sena para longe, cada vez mais longe...

Quando chegou em casa, um torpor doentio havia se apossado dele. Até os sentidos do tato e da visão estavam amortecidos, e seus ouvidos zumbiam.

A porta não havia sido trancada, apenas encostada. Suger entrou, achando que o suevo já tivesse partido. Não que isso lhe importasse. Sua vida havia terminado, ao menos tal qual a conhecia. A vergonha do exílio e a dor por Bernard o tinham mergulhado num abismo tenebroso. A saúde de um pobre-diabo decerto não faria nenhuma diferença. Contudo a draconita... Ainda débil, renasceu nele a chama da ambição. A esperança diante do nada. Deu alguns passos pela rua, olhando em volta. Com aquela ferida, o suevo não poderia ter ido longe.

Viu então um menino se aproximar. Era o filho do açougueiro, seu vizinho.

— Senhor, está procurando o homem que saiu da sua casa? — perguntou-lhe o garoto, esfregando o nariz.

Suger respondeu que sim.

— Que estranho! Ele saltou da ponte como um gato!

O médico se limitou a interrogá-lo com o olhar.

— Pulou em uma das barcas que levam madeira para o Porto dos Troncos — explicou o menino. — Pouco antes de o senhor chegar.

O Porto dos Troncos não era longe. Suger se dirigiu para lá, andando sem pensar, temendo que, se o fizesse, seria tomado por uma crise de choro. Por ora, disse a si mesmo, só queria encontrar o suevo. Tinha necessidade de que, no fim do dia, pelo menos aquele empreendimento desse certo.

O Porto dos Troncos era um enorme depósito de madeira. Barcos de todos os tamanhos estavam atracados na margem, enquanto uma dezena de homens carregava para bordo feixes de lenha e troncos de árvore.

A penumbra emprestava uma tonalidade de ébano à água e uma leve neblina se estendia sobre o cais. Suger se aproximou dos operários para perguntar-lhes se haviam notado alguém suspeito, mas, antes de abrir a boca, ele próprio o avistou. Estava na outra margem do rio. Ia chamá-lo, mas calou-se: percebeu imediatamente que ele fugia de alguém.

O suevo rolou ribanceira abaixo, depois continuou a correr ao longo do cais. Mas não corria muito, por causa da ferida. Talvez planejasse saltar para uma das barcas atracadas a pouca distância, mas Suger não conseguiu entender o motivo disso. Viu então o cavaleiro que o perseguia. Não podia distingui-lo bem por causa da neblina. Reparou apenas que usava um elmo e uma armadura coberta por uma peliça.

O cavaleiro parou em cima da ribanceira, desistindo de alcançar o fugitivo. Brandiu uma lança não muito longa e apontou-a na direção dele, como para adverti-lo ou ameaçá-lo. O médico, que acompanhava a cena sem entender nada, ouviu então um estampido. Uma labareda se projetou da lança. O suevo gritou de dor e caiu por terra com as costas em chamas.

O cavaleiro observou por um instante a vítima, enquanto espirais de fumaça negra saíam de sua lança, transformando-o numa espécie de miragem.

Suger, imóvel, tinha ainda o revérbero do fogo em seus olhos. Nunca tinha visto coisa semelhante.

Por fim, empinando o cavalo, o homem desapareceu do outro lado da ribanceira.

Procurando retomar o controle dos nervos, o médico pediu para ser levado à outra margem para que pudesse socorrer o infeliz; mas, quando chegou, percebeu que não podia fazer mais nada por ele. As costas do suevo estavam dilaceradas, como se algo tivesse explodido de dentro para fora, deixando fragmentos sólidos enegrecidos pelo fogo.

Suger voltou para casa com a imagem do cavaleiro impressa na mente. Aquele havia sido, de longe, o dia mais trágico da sua vida. Deixou-se cair no leito, incapaz de pensar e cansado demais para dormir. A ansiedade e a humilhação não lhe davam descanso, a ponto de ele se desfazer novamente em lágrimas e implorar ao Senhor que pusesse fim ao seu martírio. Ali ficou, rodeado por uma escuridão que parecia emanar de sua alma, até que, como já lhe acontecera horas antes, veio-lhe o desejo de fugir. Esse desejo era agora mais forte, era quase uma necessidade. Fugir do sofrimento. Fugir do fracasso... Lembrou-se da noite anterior, quando havia corrido em direção à Cité perseguido pelo estranho. Tinha sentido medo, sim; mas também uma sensação de euforia. Na verdade, sentira-se vivo como não lhe acontecia havia muito tempo. E, sobretudo, livre.

Talvez deixar Paris não fosse uma má ideia, pensou. Para que implorar ajuda à corporação dos professores e nutrir falsas esperanças quando poderia começar tudo de novo? Enfrentar o chanceler lhe custaria mais humilhações, sem contar as consequências da morte de

Bernard... Entretanto, ir embora não seria tarefa fácil. Não se iludia. Fora de Paris não conhecia ninguém e ignorava até as dificuldades de viajar dias seguidos para um destino envolto em sombras.

Todavia, desde jovem cultivava um sonho. Ele o tinha posto de lado, mas tinha havido um tempo em que não passava um dia sem alimentar a sua fantasia: ir para a cidade de Salerno, sede da escola de medicina mais famosa do mundo. Era menino quando ouvira falar da lenda de Constantino Africano, o sábio fundador do *Studium* de Salerno — e nunca a esquecera. Esta não seria então a melhor hora de ir para lá? Talvez, em Salerno, suas qualidades fossem mais apreciadas. Talvez, em Salerno, conquistasse a fama e o respeito que tanto desejava. Haveria ainda a vantagem de exercer a ciência médica bem longe do tradicionalismo parisiense...

Mas Suger não era ingênuo. Salerno ficava longe, ele precisaria de dinheiro. Muito dinheiro. A viagem consumiria todas as suas economias...

Foi neste momento que ele o viu.

O alforje do suevo.

Continuava no chão, perto da mesa.

Seguindo uma linha de pensamento sedutora demais para ser ignorada, o médico saltou do leito e abriu-o.

Para sua grande surpresa, descobriu que continha um único objeto. Aquele que devia levar a Milão. Um manto semelhante ao dos imperadores. Sobre o tecido azul-escuro, talvez de seda, reluzia uma série de bordados dourados representando símbolos em forma geométrica. No centro, via-se um cavaleiro armado de arco parecido com o que o suevo trazia tatuado na mão, mas figurado no ato de levar o indicador à boca.

Uma ordem para fazer silêncio.

6

Suger partiu de Paris sem se despedir de ninguém, montado num burro de pernas robustas. Apenas deu adeus ao túmulo do pai, que só visitara ocasionalmente e sempre de má vontade. Chegando a Troyes, tomou o desvio para a via Francigena e prosseguiu em direção a Bar-sur-Aube, Besançon e Lausanne. Nunca tinha viajado, e a convicção de que não nascera para a vida de estrada foi se reforçando nele dia após dia. No entanto o cansaço da jornada era o mal menor. Os momentos mais assustadores, ele vivia em sonhos, quando revia o rosto de Bernard, do suevo, do chanceler e de frei Rolando, que sempre se manifestava na forma de um diabo grotesco. Mas pior ainda era quando sonhava com o cavaleiro e sua lança flamejante. A bem da verdade, aquele homem ocupava seus pensamentos até nas horas de vigília. Não era impossível que, após matar o suevo, se tivesse posto em seu encalço. Suger temia que o cavaleiro pudesse estar interessado no objeto misterioso que ele transportava.

Durante as paradas, abria o alforje e tirava o manto para analisar as figuras de seus bordados. A princípio, elas não haviam despertado seu interesse, mas aos poucos ele percebeu que estava interessado tanto na recompensa quanto no significado daquela roupa bizarra. A habilidade de um artesão comum não bastaria para confeccioná-la. Imagens assim deviam ter brotado da sabedoria de um astrólogo ou talvez de um cabalista, mas Suger ignorava seu significado. Eram muito detalhadas, muito minuciosas para corresponder a meras decorações. E inquietantes. Pareciam fundir constelações celestes, símbolos ocultistas e fórmulas matemáticas, mas traçavam geometrias de tal modo intrincadas que não podiam provir do engenho de um ser humano qualquer. Se é que provinham de um ser humano...

Bem depressa, Suger constatou também que viajar sozinho era perigoso e resolveu buscar companhia. Cobriu boa parte do trajeto com um monge errante chamado Heudo, um robusto normando que se apoiava num bordão ao qual havia amarrado uma perna de porco defumada. Ia para a Sicília, para a catedral de Monreale, e, no momento de despedir-se, ensinou-lhe o caminho para Salerno. Depois de atravessar os Alpes, eles se separaram nas margens do Ticino. Enquanto Heudo saía em busca de um barco para Piacenza, Suger tomou a direção leste, pela estrada de Milão.

Prosseguiu sozinho por três dias, sempre temendo perder-se. Foi o pior momento, pois se viu presa do medo e do desconforto. A lembrança de Bernard o atormentava continuamente, como se o espírito do rapaz não conseguisse encontrar a paz e se encarniçasse contra ele numa espécie de vingança. Afinal, Suger se julgava responsável por sua morte. Se tivesse sabido aconselhá-lo e chamá-lo à razão, quem sabe... O senso de culpa tornou-se um pensamento constante, tanto quanto o medo de encontrar o assassino do suevo. Pareceu-lhe mesmo entrevê-lo, numa noite nevoenta, no alto de uma colina.

Mas estava no caminho certo e, ao chegar a Milão, sentiu-se reconfortado. Subiu o aterro que rodeava a cidade e atravessou as portas, avistando além delas um grande fosso alimentado por canais vindos de várias direções. A água e a presença de vários barcos pequenos deram-lhe a impressão de ter voltado ao Petit-Pont. Perturbado por essa impressão, procurou detalhes que o fizessem se sentir longe do teatro de suas derrotas.

Embora tivesse ouvido apenas uma vez as indicações do suevo, lembrava-se bem delas. Devia se dirigir a um tal Gebeard von Querfurt, perto da basílica de Santo Stefano Maggiore. Em troca do manto, receberia uma pedra de draconita, e depois disso deixaria para trás esse episódio absurdo e retomaria o caminho para Salerno. Por isso, procurou logo saber onde ficava a basílica. Mas, ao ouvir seu sotaque, as pessoas o olhavam desconfiadas e lhe respondiam num jargão incompreensível.

Por fim, encontrou um barqueiro cujas palavras ele conseguiu entender. — *Kella ke te disî ill'è la ggesa 'd Sancti Steven in Brolo* — entoou o homem, enquanto atracava uma embarcação na margem do fosso. — *'Lla se ste' appressu la basilega 'd Sancte Marie.*

O médico fez sinal que havia entendido: a igreja que procurava era chamada de Santo Stefano in Brolo, perto da basílica de Santa Maria. Encaminhou-se para lá, atravessando um emaranhado de becos e canais de água esverdeada. Parou na barraca de um vendedor de tecidos para obter mais informações e ouviu que devia seguir ladeando um velho muro de tijolos até chegar a uma *pusterla*, uma abertura no próprio muro que dava para o Brolo, um pomar. Era ali a basílica de Santo Stefano.

Quando chegou ao seu destino, entardecia. Perguntou logo por Gebeard von Querfurt e recomendaram-lhe que procurasse o padre Landolfo. O guardião do ossuário.

O ossuário erguia-se ao lado do Brolo, diante da basílica de Santo Stefano. Um ambiente tétrico, rodeado por figueiras. Suger fez o sinal da cruz e subiu a escada do pórtico, mas, antes de entrar, notou um homem que saía das sombras do bosque. Era alto e magro, tinha um olhar inteligente — um religioso. Limpava a boca, provavelmente por ter saboreado alguns figos.

— Padre Landolfo, eu suponho? — perguntou Suger em latim.

— Em pessoa. Quer ir ao cemitério ou ao ossuário?

— A nenhum dos dois. Procuro Gebeard von Querfurt.

Landolfo observou-o com mais atenção. — O que quer dele?

— Preciso entregar-lhe uma coisa. É assunto muito importante.

— Pode até ser. — O monge fitou-o da cabeça aos pés. Em seguida, num tom confidencial, disse:

— O problema é que Gebeard não mora mais aqui.

— Mas me disseram... — começou Suger, contrariado.

— De qualquer modo, ele esperava um alemão, não um francês.

— O alemão está morto. Vim no lugar dele.

Landolfo fez sinal de que compreendia. — O manto. Posso vê-lo?

O médico não conseguiu disfarçar a surpresa. — Como sabe que devo entregar um manto a Gebeard?

— Isso não importa. Mostre-me o manto e pronto.

Suger não gostava de ser tratado com arrogância, mas queria resolver logo aquela questão. Tirou o alforje da sela do burro e abriu-o.

Landolfo examinou o manto com interesse. — Sim, não há dúvida. — E, olhando de novo para o médico, disse:

— É realmente o manto do Sagitário.

— O manto do Sagitário?

— É como Gebeard o chamava.

— Posso entregá-lo a você?

— De modo algum. — O religioso fez-lhe sinal para fechar o alforje e olhou em volta preocupado. — Já faço muito ao conversar com você sobre este assunto.

— Devo ter entendido mal, desculpe-me... — contemporizou Suger diante daquele imprevisto. — É amigo do homem que procuro?

— Gente como Gebeard von Querfurt não tem amigos. Digamos antes que fizemos alguns negócios. Estava interessado no ossuário, ou melhor, em seu conteúdo. Por isso me procurou.

A princípio, Suger não compreendeu; depois se lembrou do que o suevo lhe havia dito sobre as atividades de Gebeard. Negociava com relíquias. E, a julgar pelas palavras de Landolfo, recorria a métodos um tanto discutíveis para obtê-las.

— Se, antes de partir, me falou do manto, foi por uma única razão — prosseguiu o religioso. — Sabia que alguém o procuraria aqui e não lhe importava quem recebesse a encomenda. O manto deve voltar de qualquer maneira para suas mãos. Foi o que me disse.

— Mas, se estava tão ansioso, por que ele foi embora?

Landolfo hesitou por um momento e respondeu:

— Estava com medo.

O médico se lembrou da morte do suevo. Talvez Von Querfurt receasse que o mesmo lhe acontecesse. — Explique-se melhor — ele disse.

— Não sei mais nada, acredite em mim. Só o que posso fazer é arranjar-lhe um encontro com alguns amigos dele, moradores desta cidade. Pessoas bastante reservadas, se é que entende...

— Você é que não entende — insistiu Suger, aproximando-se mais. — Já me expus além do que devia. Estou aqui apenas por causa da recompensa...

— Não diga tolices — cortou Landolfo. — Agora você está envolvido tanto quanto eu. Vá amanhã ao meio-dia ao campo da Vetra, atrás da igreja de San Lorenzo. Alguém o procurará, pegará o manto e se encarregará de entregá-lo.

— Você não poderia ir em meu lugar?

O religioso franziu o cenho. — Nesse caso, a recompensa seria minha.

Suger deu um passo atrás. Havia se metido numa situação mais complicada do que o previsto. O suevo e Gebeard von Querfurt deviam pertencer a uma organização mais complexa do que tinha imaginado. E não conseguia adivinhar qual fosse. Hereges? Necromantes? Não, devia ser outra coisa. O manto do Sagitário estava sem dúvida associado a mistérios mais impenetráveis e, por isso, ele desejava descobrir o significado de seus símbolos. Por outro lado, não queria de modo algum renunciar à pedra de draconita.

— Está bem — suspirou. — Encontrarei essas pessoas. Mas como poderei confiar nelas?

— Vão lhe mostrar o sinal que já deve conhecer — respondeu Landolfo, erguendo significativamente a mão direita.

— Amanhã ao meio-dia?

— Sim. Na Vetra, atrás da igreja de San Lorenzo. — O religioso levantou o dedo num gesto peremptório. — E cuidado para não revelar a ninguém o conteúdo desta nossa conversa, nem mesmo aos meus confrades. Pessoa alguma poderá saber do manto e, aos olhos de todos, Gebeard von Querfurt deve continuar sendo um mercador comum de relíquias.

No dia seguinte, enquanto os sinos de Milão batiam as 12 horas, Suger andava pelo campo da Vetra à sombra da igreja de San Lorenzo. Depois de aprender a orientar-se, chegara ali sem dificuldade. Todavia não tinha sido tão fácil, na noite anterior, arranjar uma cama no abrigo de Santo Stefano in Brolo. Os padres da basílica começaram por se recusar a acolhê-lo, mas, ao saber que ele era um *magister medicinae*, logo lhe ofereceram um leito em troca de meia jornada dedicada ao tratamento de seus doentes. Suger aceitara, embora não estivesse com o ânimo solidário.

A certa altura, um homem vestindo uma túnica saiu da basílica e caminhou para ele de braços cruzados. Logo que chegou perto, arregaçou a manga para abençoá-lo. — Estou aqui a pedido do padre Landolfo, da igreja de Santo Stefano — disse em francês perfeito. — Trouxe o manto?

— Primeiro, mostre-me os sinais — exigiu Suger, desconfiado.

— Vai vê-los em seguida — retrucou o desconhecido. — Mas antes me garanta: você está mesmo com o manto?

— Sim — respondeu Suger, fazendo menção de abrir o alforje.

— Aqui, não.

Suger interrogou-o com o olhar, mas o homem lhe voltou rapidamente as costas e convidou-o a segui-lo.

— Aonde vai me levar?

— A um lugar seguro.

Entraram na basílica por uma colunata de mármore que lhe conferia o aspecto de um templo antigo e avançaram pela nave. Suger admirou, de passagem, a vastidão daquela construção e, sobretudo, a cúpula que a recobria. Quando baixou os olhos, viu o desconhecido virar à direita e entrar numa capela lateral. Apressou-se a segui-lo, antes que desaparecesse por uma porta estreita oculta atrás da estátua de um santo. Dali em diante, precisou descer uma rampa bastante íngreme.

A luz foi diminuindo aos poucos, até impedi-lo de prosseguir. Avistou então uma fagulha, de onde em seguida brotou uma chama. O homem da túnica emergiu da escuridão empunhando uma tocha e continuou a caminhar.

Suger o seguiu. A princípio, achou que estava numa cripta, mas logo percebeu que aquele subterrâneo se estendia muito além dos alicerces da igreja. As paredes eram baixas e estreitas, cobertas de velhos mosaicos e aberturas escavadas na rocha. A chama dissipava a escuridão, iluminando filas de esqueletos envoltos em trapos.

Pouco a pouco a catacumba foi se alargando num corredor de tijolos coberto por arcadas plenas e desembocou numa espécie de antecâmara onde os únicos elementos dignos de nota eram dois bancos de pedra sob um nicho. Num deles estava sentado um homem. Por um instante Suger o confundiu com um cadáver, mas logo percebeu que ele movia os olhos. Era um velho de barba comprida e branca, vestido com um hábito de frade dominicano.

O ancião fez sinal para que Suger se aproximasse e, após observá-lo com atenção, mostrou-lhe a mão direita. Estava totalmente envolta em tiras de lã que, uma vez removidas, descobriram as tatuagens ocultas.

Eis aí os sinais, pensou Suger. Os mesmos da mão do suevo. Reconheceu a Madona com o Menino, a pomba sobre a palma, a serpente sobre o dedo mínimo e o cálice sobre o anular. E pela primeira vez notou, sob a imagem do cavaleiro, uma curta inscrição. Tentou lê-la, mas estava traçada em caracteres que ele não conhecia.

O velho percebeu sua curiosidade, pois disse:

— Muitos acreditam que seja o nome de Satanás. Enganam-se, pobres tolos. Esta palavra esconde o segredo do poder divino.

— Não conheço seu significado — murmurou Suger, ansioso por sabê-lo.

— *"Eritis sicut Deus, scientes bonum et malum"** — citou o velho, cujo olhar desaparecia sob as grossas sobrancelhas. — E agora, senhor, mostre-me o manto do Sagitário.

O médico obedeceu. Pousou o alforje no chão e retirou o objeto de dentro dele. Enquanto isso, o homem da tocha se mantinha em guarda. Suger tinha quase certeza de que ele não era um monge e de que, sob aquela túnica, se ocultava uma lâmina afiada.

O velho estendeu o manto no colo e examinou-o demoradamente, analisando cada figura do bordado. De vez em quando se detinha numa delas, balançando várias vezes a cabeça como se estivesse diante de uma grande verdade. Aguardando sua resposta, Suger repassou mentalmente as palavras que ele havia dito pouco antes.

---

* "E sereis como Deus, conhecedores do bem e do mal." (Gên., 3:5) (N.T.)

Citava Satanás, depois a frase pronunciada pela Serpente diante da árvore do bem e do mal. A frase que havia levado ao pecado original e à danação eterna. Inquieto com tais pensamentos, já não se sentia tão impaciente por conhecer os segredos do manto. No momento, só tinha um desejo: sair daquele subterrâneo.

— É o manto verdadeiro, tenho certeza — disse o velho finalmente. Em seguida, com voz grave, ele falou:

— Agora lhe direi aonde irá levá-lo.

— Deve haver um engano — objetou Suger. — Eu achei que deveria apenas vir aqui para entregá-lo.

— Na verdade, é o que esperávamos — esclareceu o velho. — Mas ocorreu um imprevisto. As circunstâncias exigem outras medidas.

— Um imprevisto?

— Parece que um homem do Norte chegou a Milão para indagar sobre mim e meus confrades. Por isso Gebeard von Querfurt fugiu.

— Um homem do Norte? — gaguejou o médico. — Seria por acaso um cavaleiro com uma lança estranha?

O velho observou-o com curiosidade. — Não, senhor, refiro-me a um homem da igreja. Vem da diocese da Mogúncia.

Suger engoliu em seco e, obedecendo aos seus instintos, olhou em volta, procurando uma via de fuga. O homem da tocha lançou-lhe um olhar ameaçador, como se quisesse dizer que dali não havia como escapar. Só galerias e nichos cheios de esqueletos, prontos a acolhê-lo também.

O velho bateu as mãos nos joelhos, reclamando sua atenção. — O homem de quem lhe falo age em nome do papa, entende? Se o manto permanecer em Milão, em poder de nossa fraternidade, correrá perigo. Você, porém, é um forasteiro, um desconhecido sem nenhum vínculo conosco. Não sabe sequer quem somos. Por isso, irá entregar o manto a Gebeard von Querfurt.

O médico meneou a cabeça. — Não sou a pessoa indicada para isso.

— O fato de tê-lo trazido até aqui prova o contrário — replicou o velho, com um sorriso de cumplicidade. — E, pode acreditar, não somos ingratos para com quem nos ajuda. — Assim dizendo, tirou do bolso do hábito uma pedra e ofereceu-a a Suger.

Depois de pegá-la, o médico examinou-a avidamente à luz da tocha e reconheceu nela os reflexos verdes raiados de vermelho: era uma *heliotrópia*, uma pedra medicinal valiosíssima originária da África ou talvez de Chipre. Dizia-se que estancava hemorragias e anulava o efeito dos venenos. O *Livro das Gemas*, de Marbodo, atribuía-lhe ainda propriedades extraordinárias, como propiciar o conhecimento do futuro e — usando-se as fórmulas certas — tornar invisível seu possuidor.

Suger guardou a pedra com ar de quem não a achava grande coisa. — Prometeram-me também uma draconita — atreveu-se a dizer.

Irritado com tamanha ousadia, o homem da tocha enfiou a mão livre sob a túnica e ameaçou sacar uma arma. O velho deteve-o com um gesto brusco. — Esta, Gebeard von Querfurt lhe entregará pessoalmente — garantiu. — Vai encontrá-lo em Montecassino, na fortaleza de San Germano. É para lá que você deve ir.

Suger não soube mais o que dizer.

Depois de fazer o acordo com Suger de Petit-Pont, o velho da barba branca agradeceu-lhe de novo pela missão que ia empreender e dispensou-o com um abraço. Uma vez sozinho, deixou o recinto do encontro e entrou por uma galeria que o conduziu ao claustro de Sant'Eustorgio e daí a um deambulatório onde frades dominicanos iam e vinham com o breviário na mão, meditando e ruminando preces. Todos ignoravam o que acontecia nas catacumbas, embaixo.

E poucos conheciam a passagem secreta que ligava aquela igreja à basílica de San Lorenzo.

Havia anos que o velho não saía de Sant'Eustorgio, mas tivera dezenas de encontros na privacidade daqueles subterrâneos com o objetivo de que o culto da Verdadeira Trindade se difundisse pelo mundo no devido tempo. Agora faltava pouco, e o Antigo Caçador seria venerado por todos como o maior dos deuses. Essa era a vontade do *magister* de Toledo, o único a conhecer o segredo mais profundo do manto do Sagitário. O único que descobrira, após séculos de ignorância, o esplendor da verdade.

No entanto o *magister* de Toledo tinha um único contato, Gebeard von Querfurt, motivo pelo qual era imprescindível que Suger de Petit-Pont chegasse até ele o mais breve possível.

— Frei Beniamino — ouviu chamar.

Virando-se de sobressalto, o velho se viu diante de um estranho.

— Sim, sou eu — disse. — Com quem tenho o prazer de falar?

O desconhecido era sem dúvida um religioso. O peito erguido e os ombros largos lhe conferiam o aspecto de um veterano de infantaria, mas o olhar afável e o rosto perfeitamente barbeado contradiziam a primeira impressão.

— Meu nome é Konrad von Marburg. — Esboçou uma leve reverência, amistosa, mas contida. — E gostaria de ouvir seu conselho sobre certa questão.

— Meu conselho? — O velho se fingiu perplexo. Depois de anos levando uma vida dupla, podia reconhecer uma armadilha à primeira vista. Aquele devia ser o inimigo tão temido, o homem vindo do Norte por ordem do papa.

— Sou apenas um pobre frade, não sei como servi-lo.

— Não é nada de complicado, reverendo padre — insistiu Konrad, enquanto seus olhos astutos se abaixavam de súbito, atraídos por alguma coisa. — Mas talvez eu esteja sendo importuno, pois vejo que tem uma mão enfaixada. Está ferido?

— As dores nos ossos me obrigam a aplicar estas bandagens — mentiu o velho, inquieto. — Não é nada grave.

Konrad reagiu como se houvesse sido ultrajado. — Pelo contrário, padre Beniamino, o seu mal é gravíssimo. — Com um gesto repentino, travou-lhe o pulso, arrancou as bandagens e exibiu à luz os sinais ocultos. — Gravíssimo a ponto de ter infectado sua alma!

A mão do inquisidor aferrava-o como as garras de uma águia; e o velho se viu obrigado a contar a verdade. Não pelo temor da acusação de heresia ou da tortura, mas para escapar logo à pressão daquele alemão terrível, que se alteava diante dele como uma sombra gigantesca, pronta a envolvê-lo e devorá-lo. Frei Beniamino acolheu quase com alívio a ideia do sacrifício. Morrer para ocultar o segredo do Caçador. Poderia fazer isso... sabia como... Mas não conseguiu evitar falar do manto do Sagitário e do *magister* de Toledo.

Nem de Suger de Petit-Pont.

7

Fortaleza de San Germano, 17 de março

Como gafanhotos, os soldados do papa chegaram às portas de Monte-cassino. Clavígeros é seu nome, pois trazem no estandarte a imagem das chaves de São Pedro. Mas não têm nada em comum com o primeiro apóstolo. São mercenários a soldo de um pontífice ambicioso e cruel, que espalhou a aflição pelas terras de São Benedito. E eu, que tudo observo desta fortaleza, peço ao Senhor Deus que o imperador Frederico II não tenha sucumbido às mãos dos sarracenos, como muitos propalam. Imploro por sua volta, pois ele é a última esperança contra o invasor. Depois de corajosa resistência, as nossas milícias capitularam. O Grande Justiceiro, o conde Raone de Balbano e Adenulfo de Aquino, filho do senhor de Acerra, encontraram refúgio dentro destes muros. Nem guerreiros como eles puderam se opor aos Clavígeros...

Riccardo di San Germano suspendeu a pena do pergaminho e sacudiu a cabeça, insatisfeito com o que acabara de escrever. Tinha prometido a si mesmo fazer um relato fiel dos acontecimentos, mas acabara dando livre curso às emoções. O problema era o seu coração bondoso. Não conseguia se mostrar frio diante de eventos que o envolviam pessoalmente; entretanto, se desejava compor uma crônica, deveria esforçar-se para mudar de atitude. O melhor seria apagar tudo e recomeçar, num tom mais imparcial. Nada, para começar, de gafanhotos. Nada também de esperanças depositadas no imperador e, sobretudo, de censuras ao papa. Só a Deus cabia julgar. A Deus e a quem, no futuro, estudasse o episódio com rigor histórico.

Enquanto procurava reformular os pensamentos, ouviu um barulho e correu em direção à janela. Olhou para o acampamento sob as muralhas de San Germano e viu que um homem havia sido capturado. Outro espião dos Clavígeros, provavelmente. Os soldados o levavam para a fortaleza Janula, o centro da defesa da aldeia, onde o interrogariam e torturariam.

No entanto, pensou, aquele prisioneiro não lembrava em nada um espião. Não era o costumeiro soldado disfarçado de pastor, mas um homem de vestes escuras montado num burro. E, embora tivesse um aspecto inofensivo, parecia indignado. A atitude típica de doutos nas mãos de ignorantes.

Muito curioso, resolveu descer para observar a cena de perto.

Suger sentia uma grande vontade de romper em lágrimas, mas duvidava que isso despertasse a piedade de algum daqueles soldados. Assim, continuou a avançar de queixo erguido, cheio de dignidade e maldizendo a sorte que continuava a persegui-lo. Nos dias anteriores, havia se deslocado de Milão para Roma sem incidentes e se juntado a uma companhia de atores errantes, percorrendo a costa da Campânia até as colinas latinas, nas imediações de Montecassino. No caminho, tinha sido informado de que a aldeia de San Germano se localizava aos pés da célebre abadia, perto do rio Rápido. Mas, a poucos passos de seu destino, havia caído prisioneiro de uma patrulha.

Por ironia da sorte, os soldados o tinham escoltado ao próprio lugar onde devia procurar Gebeard von Querfurt. Infelizmente, aqueles camponeses de armadura se recusavam a ouvir explicações, acusando-o de espião.

Depois de entrar em San Germano, vira-se numa fortaleza dominada por uma torre de base pentagonal e outras duas menores. Era um acampamento militar em pleno alvoroço. Os soldados corriam de cá para lá, atarefadíssimos, com o uniforme manchado de sangue e lama. Pareciam vir de um combate violento.

Suger foi conduzido à presença de um homem muito alto, de longos cabelos louros e barba trançada. Como soube depois, chamava-se Raone di Balbano, tinha sangue normando e era da estirpe dos Dragões. Tinha herdado do pai o condado de Conza e a senhoria de Apice, além da ferocidade dos guerreiros bárbaros. Inteiramente armado, apoiava-se num escudo de formato gótico, pousado no chão.

— Desta vez os porcos Clavígeros nos mandaram um padre — comentou irônico, como se acabasse de receber um presente.

— Não sou padre, meu senhor — disse Suger, que durante a viagem aprendera bem os falares itálicos —, e sim um *magister medicinae*.

— Pior ainda — retrucou Raone, provocando uma explosão de risos em seus camaradas.

— Ouvi as acusações de seus homens — prosseguiu o médico. — Não sou espião. Não tenho nada a ver com os tais Clavígeros, sejam eles quem forem. Ignoro até que guerra é essa que vocês estão travando. Venho do *Studium* de Paris e...

— Bem, nunca nos mandariam um sapo francês, não é? — disse o guerreiro, acariciando as tranças da barba loura e untada de gordura. — Mas diga-me, *magister medicinae*, o que está fazendo aqui?

— Procuro um homem.

Raone arqueou as sobrancelhas com fingida malícia. — Seu noivo? — Os soldados riram de novo, mas ele os fez calar com um gesto.

— Devo entregar-lhe um manto — esclareceu Suger, banhado em suor.

— Decida-se. — Embora Balbano usasse um tom burlesco, parecia na iminência de um acesso de cólera. — Você é médico, alfaiate... ou espião do papa? Fale, estou perdendo a paciência!

—É uma situação complicada, meu senhor. Se me deixar explicar...

— Não tenho tempo para brincadeiras. — Raone deixou cair o escudo e sacou um punhal. — Quero a verdade, por Satanás! E agora!

Suger fez menção de recuar, mas foi contido por dois soldados. Estava em maus lençóis, pensou, sentindo a ponta da arma no ventre. "Zás!", sussurrou-lhe alguém ao ouvido.

Depois, tudo cessou.

Raone recolheu o punhal e engoliu uma praga ao ser chamado à ordem. Por um monge, um simples monge saído da torre da fortaleza Janula. Os soldados deixaram-no passar, esmerando-se em reverências.

— Padre Riccardo, que faz aqui? — As palavras de Balbano ressoaram em tom de protesto, embora cheias de respeito.

O religioso aparentava ter uns 60 anos; andava com agilidade e tinha um olhar sagaz. — Cumpro o meu dever, conde. Como você — respondeu ele, encarando sem medo o guerreiro. — Contenha-se. Se este aí é realmente médico, foi mandado pelo Senhor. — E, voltando-se para o prisioneiro, disse:

— Um dos nossos recebeu um ferimento no braço. É o nobre Adenulfo de Aquino, filho do senhor de Acerra. Parece que o único remédio é a amputação, mas talvez você possa evitá-la.

— Leve-me até ele — prontificou-se Suger, aliviado — e provarei que sou quem afirmo ser.

— Confie desconfiando, padre — protestou Raone, brandindo o punhal. — Não sabemos que relação tem esse gaulês com os Clavígeros.

— Acalme-se, conde — recomendou o monge. — Pode vir conosco para vigiá-lo de perto. — E, virando-se de novo para o prisioneiro, apresentou-se:

— Sou Riccardo di San Germano, *notarius* do imperador Frederico II. Venha comigo, *magister*, antes que seja tarde demais.

Adenulfo de Aquino, um jovem vigoroso de cerca de 20 anos, havia sido levado para uma torre da fortaleza Janula e posto num cubículo do pavimento térreo. Jazia num catre, empapado de sangue, e lutava contra a dor, apertando ao peito o braço direito. A ferida se abria abaixo do cotovelo; um golpe de madeira havia estraçalhado a carne e despedaçado o osso.

Ao vê-lo, Suger sentiu um aperto no coração. A menos que a fadiga e o medo estivessem lhe pregando uma peça, julgou ver no rosto de Adenulfo os traços de Bernard. E, num gesto brusco, afastou o cirurgião que estava prestes a amputar-lhe o braço, passando a examinar o ferido diante dos olhos atentos do padre Riccardo e do conde Raone.

Esconder as emoções custou-lhe um enorme esforço, mas não queria demonstrar fraqueza. Já não sabia o que estava sentindo, se tristeza ou gratidão por poder cuidar de um jovem tão parecido com o seu Bernard.

Apalpou-lhe o braço e pediu a um criado que lhe trouxesse *consolida*, uma planta medicinal de folhas longas como orelhas de burro; e, enquanto esperava, explicou o que faria. Colocaria talas no osso quebrado e suturaria o corte, mas antes precisava limpar a ferida e ajustar a fratura. O paciente sofreria muito, por isso seria melhor embriagá-lo. Adenulfo sorveu meia caneca de vinho de um trago e o resto aos poucos.

Quando a *consolida* lhe foi entregue, Suger ordenou que suas raízes fossem maceradas num almofariz, cozidas e diluídas em água. Colocou a pedra de heliotrópia perto da ferida, esperando que talvez proporcionasse algum benefício, e por fim pediu a alguns homens que imobilizassem Adenulfo, enquanto outros mantinham sob tração o membro fraturado. Diante disso, o jovem emitiu um grito lancinante.

— Deve suportar a dor, meu jovem — exortou Suger, abrindo as bordas da ferida para examinar a fratura e extraindo os coágulos do fundo com um pano embebido em vinagre. Notou que os ossos partidos haviam se deslocado e recolocou-os no lugar com um puxão. Adenulfo gritava como se estivesse sendo torturado e, debatendo-se, praguejava contra os presentes.

Um criado trouxe-lhe então uma tigela com a poção de *consolida*. O médico retirou uma pequena quantidade com uma colher de madeira e espalhou o líquido por cima e por dentro da fratura, depois sobre a carne viva, explicando que aquela substância favoreceria a cicatrização dos tecidos e, principalmente, a reconstituição dos ossos quebrados. Agora, só lhe restava fazer a sutura e colocar talas no membro.

Estava para concluir o procedimento quando Riccardo di San Germano se aproximou. Os outros haviam se afastado. Quanto a Adenulfo de Aquino, vencido pela dor, havia perdido os sentidos.

Suger direcionou ao monge um gesto respeitoso. Agradavam-lhe suas maneiras expeditas, mas gentis. E, sobretudo, o seu carisma.

— Obrigado pela confiança, reverendo.

— Obrigado a você por ter se mostrado à altura — respondeu Riccardo. — Além da destreza, pude admirar a grande humanidade que se espelhava em seu rosto. É uma boa pessoa.

— Não se iluda, padre. Certas recordações me atormentavam, apenas isso.

O monge deu de ombros e, aproximando-se de uma janela, mudou de assunto:

— Deve ter se perguntado o que está acontecendo por aqui.

Suger anuiu.

— Mesmo vindo de longe — explicou Riccardo —, imagino que saiba dos conflitos entre o papa e o imperador. Frederico II partiu para a Cruzada e, em vez de destruir os sarracenos, firmou um armistício com o sultão do Egito. Uma ótima solução, a meu ver, mas não segundo a Sé Apostólica. O pontífice o acusa de simpatizar com os sarracenos e de ser a encarnação do Mal, o Anticristo... Percebe? Falamos do mesmo homem que os bizantinos chamam de *Soter*, o Salvador. — Riu baixinho. — De qualquer modo, o papa se aproveitou da ausência do imperador para invadir territórios sujeitos a ele. Os castelos de Pastena e San Giovanni estão já nas mãos dos Clavígeros. Agora é a vez de assediarem Montecassino e San Germano.

Suger se limitou a um leve gesto de cabeça, terminou de aplicar as bandagens e lavou as mãos numa bacia. Um assédio. Não conseguia sequer imaginar a devastação que isso pudesse provocar em termos de mortos e feridos.

— Os soldados imperiais se opuseram aos mercenários do papa — continuou o monge —, mas levaram a pior e refugiaram-se aqui, em San Germano. — Percebendo que o médico não dizia nada, aproximou-se com a desculpa de examinar o braço de Adenulfo. — Excelente trabalho. Ele vai se recuperar?

— Completamente — respondeu Suger, com uma pontinha de desânimo. — Eu, porém, só o que faço é ir de uma desgraça a outra.

Riccardo observou-o curioso.

— Ainda não sei por que está em San Germano.

— Como tentei explicar antes de quase ser apunhalado, procuro um homem. Seu nome é Gebeard von Querfurt.

O rosto do religioso se contraiu de estupor. — Eu o conheço. — Suger olhou-o esperançoso, mas o monge sacudiu a cabeça. — Não está mais aqui, acredite em mim. Partiu há alguns dias, temendo a chegada dos Clavígeros. Foi para Nápoles.

Suger socou com força a palma da mão. Gebeard von Querfurt continuava a escapar-lhe, como se brincasse com ele.

— Como o conheceu?

— Conversamos um pouco durante sua estada em San Germano. É um tipo estranho, mas inteligente. Vendeu-me uma relíquia.

— Ossos de Milão, eu suponho — disse Suger.

— Como sabe? Paguei-lhe uma fortuna, cinquenta tarins...

O médico não respondeu. Começava a fazer uma ideia vaga de Gebeard von Querfurt. Um homem imparcial, que provavelmente comercializava relíquias para manter-se em movimento. Hábil em conquistar a confiança de estranhos e em desaparecer na hora certa. Quase o invejava.

A voz de Riccardo chamou-o de volta à conversa:

— Imagino que tenha pressa em encontrá-lo.

— É o que farei se tiver sorte. Além disso, Nápoles está no caminho de Salerno, meu destino final. Mas se, como o senhor diz, o assédio dos Clavígeros é iminente, tentar sair destas muralhas seria uma loucura.

— De fato. Mas mesmo ficando aqui você não estaria seguro.

— Tenho alguma alternativa?

Riccardo fez que sim e, pondo-lhe a mão no ombro, disse em voz baixa:

— Poderia sair esta noite, junto com alguns soldados que também pretendem deixar San Germano antes do assédio. São homens confiáveis, que não pretendem cair nas mãos do inimigo. Fugirão por um caminho secreto se favorecendo com a noite. Se quiser, pode juntar-se a eles.

Suger sentiu-se tomado por uma onda de excitação. — O senhor iria conosco?

— Não, eu ficarei. Quero ser testemunha dos acontecimentos.

— Não entendo. Por que está me ajudando?

— Em recompensa de seus préstimos. — O monge apontou para Adenulfo, estendido no catre e ainda inconsciente. — E porque, devo ser franco, quero lhe pedir um favor em troca: que acompanhe uma criança a Nápoles.

— Uma criança?

— O nome dele é Tomás de Aquino, filho do senhor de Roccasecca, outro inimigo dos Clavígeros. O pai o confiou aos monges de Montecassino para que o instruíssem e o iniciassem na vida monástica. Mas, dadas as circunstâncias, prefiro que vá para Nápoles, para junto de seus parentes. Ficarei tranquilo se, até lá, ele ficar sob sua proteção e não aos cuidados de um soldado qualquer.

— Se me confia esse menino, então é porque considera a fuga segura.

— Sem dúvida nenhuma. Vocês terão a companhia de homens corajosos.

— Então, eu aceito.

Quando Suger soube que fugiria juntamente com Raone de Balbano, quase recusou a oferta. Aquele homem o assustava, embora sua têmpera de bárbaro despertasse confiança. Quanto a Tomás de Aquino, com apenas 5 anos, nunca ficava calado e era inteligente a ponto de irritar.

Deixaram San Germano protegidos pela noite. Eram cerca de 20 homens, que Raone guiou por uma abertura secreta nas muralhas até uma trilha oculta na vegetação. Avançava imperturbável por entre os arbustos, puxando pela rédea um cavalo que levava suas armas e a armadura.

Despistaram várias vezes a vigilância dos Clavígeros e desceram para um vale, na direção da igreja das Cinco Torres, em território cortado por fossos e lodaçais. Lugar ideal para se esconderem.

Suger seguia atrás do destacamento, estremecendo ao ruído de cada folha que caía, com o pequeno Tomás caminhando a seu lado como se nada estivesse acontecendo. O médico odiava aquela tranquilidade que chegava ao limite do ascetismo, mas não podia negar que ela, de certa forma, o reconfortava. Ao menos, o suficiente para se dedicar a outros pensamentos.

Antes de se despedir de Riccardo, havia obtido informações precisas sobre como encontrar Gebeard von Querfurt quando chegasse ao seu destino. O monge tinha se referido também a um negócio importante que envolvia relíquias. O sangue de um santo. O interessado na aquisição era um cônego da catedral de Nápoles. Gebeard deveria intermediar o negócio, tratando com o possuidor da relíquia: um mercador de Toledo com fama de necromante.

Segunda Parte
O CÍRCULO DO MALIGNO

Se estenderes uma parte qualquer de teus membros para fora desse círculo, morrerás, pois os demônios imediatamente te arrancarão de dentro dele. E será o teu fim.
— Cesario di Heisterbach, *De Daemonibus*, II

8

Nápoles, 13 de abril

Ignazio de Toledo expôs o frasco à luz do fogo. Segurando-o firme, friccionou-o levemente, enquanto o conteúdo avermelhado começava a dissolver-se, ficando cada vez mais fluido. Embora esperasse aquela reação, Ignazio não conseguiu dominar um frêmito de entusiasmo.

— Sangue! — exclamou o cônego Alfano Imperato, como se anunciasse um milagre.

A palavra ecoou na obscuridade da catacumba, enquanto a chama da única tocha emprestava contornos diabólicos às três pessoas presentes. Lá em cima, sobre as escarpas de Capodimonte, uma multidão de fiéis se comprimia diante da basílica dos santos Genaro e Agripino. No subterrâneo, porém, reinava um silêncio de além-túmulo. Da luz e da vida, aquelas paredes de tufo não conservavam a mínima recordação.

— Parece sangue, mas não é. — O olhar de Ignazio, ao mesmo tempo racional e astuto, era o de um homem avesso a solucionar enigmas apenas para criar outros. — É um composto especial. Submetido a calor moderado, passa do estado sólido ao líquido.

— Um composto? Explique melhor, por obséquio.

O pedido vinha de um terceiro homem, o único que até então havia permanecido em silêncio. Era um alemão de ar experiente, um padre errante chamado Gebeard von Querfurt. Estava em Nápoles de passagem, acompanhado na ocasião pelo cônego Alfano, e agora fazia suas perguntas. Ignazio lançou-lhe um olhar de esguelha. Conhecia aquele tipo de homem, que se julgava conhecedor de relíquias e costumava ganhar crédito falando sem parar. Esses profissionais do sagrado tinham como patrono um modelo lendário, Deusdona, profanador de catacumbas pago por prelados carolíngios.

E lá estava ele também, Ignazio, dentro de uma catacumba, não muito contente por regatear por um objeto que evocava a pior aberração da fé: a superstição. No fundo, porém, não se importava com isso, pois sempre tinha sido indiferente às opiniões tanto de seus fregueses quanto dos homens em geral. Sendo igualmente um mercador de relíquias, havia aprendido a manter a boca fechada para salvar a pele — embora nem sempre a tempo de evitar ser acusado de necromancia e levantar as suspeitas de prelados em quase toda parte.

Não era tão esperto quanto pensavam seus inimigos, disse para si.

Foi na esteira dessa reflexão que respondeu à pergunta com voz um pouco cavernosa:

— Um composto, segundo a alquimia, é uma mistura de diversos elementos. — Sacudiu o frasco. — Em nosso caso, o ingrediente básico é um mineral extraído do Vesúvio e posteriormente calcinado.

— Está sendo um tanto vago — reclamou Gebeard von Querfurt.

— Como o preço que pretende pagar-me — replicou o espanhol, mas não em tom descortês. — Se deixasse o cônego Alfano falar em seu lugar...

— Você se aproveitaria da generosidade dele — disse o alemão, girando à sua volta com passos medidos. — Teria a bondade de revelar como entrou na posse desta... substância?

— Ganhei-a de um alquimista, que a achava inútil.

— Inútil? Ao contrário — interveio Alfano Imperato. — Essa porcaria ajudará a reforçar a devoção do povo a São Genaro, nosso patrono. Pode passar por seu sangue milagroso.

— Muito bem dito, reverendo — acudiu Gebeard. — O prodígio do sangue suscita imenso clamor nos dias que correm. E, considerando-se que daqui a três dias é a Páscoa...

— O que vão fazer com ela não me interessa — advertiu Ignazio. Mesmo antes de participar daquele encontro, adivinhara as intenções de Alfano Imperato e Von Querfurt. Estavam em busca de relíquias falsas, principalmente as que fossem capazes de simular prodígios. Por isso lhe haviam exigido que descesse sozinho àquele subterrâneo. Até seu filho Uberto havia sido intimado a não se intrometer e a esperar do lado de fora a conclusão do negócio. O mercador de Toledo não via a hora de voltar para junto dele, pois lugares fechados eram uma das poucas coisas capazes de perturbá-lo. A ideia de se achar preso, com camadas de terra e rocha por cima, quase lhe tolhia a respiração. Além disso, os subterrâneos lhe traziam má sorte, não podia negar. Onze anos antes, fora aprisionado na cripta da basílica de Veneza, e a simples lembrança desse episódio fazia-o tremer. Mais recentemente, em 1227, tinha explorado os labirintos subterrâneos de um castelo das Cevenas, arriscando-se a não sair vivo de lá.

Aquele medo remontava a um momento preciso de sua infância, quando havia se perdido do irmão mais velho, Leandro, numa tumba subterrânea. Tudo acontecera numa tarde de verão, aos pés dos Pireneus. Correndo por entre as árvores, os dois haviam chegado juntos a um monte, onde encontraram a entrada de uma tumba antiga. Levados pela curiosidade, entraram para brincar lá dentro e Leandro desapareceu. Ignazio procurou-o por um tempo interminável, seguindo pelos corredores o eco de seus gritos, mas sem êxito. Ele mesmo tinha se perdido, ficando preso no subterrâneo por quase dois dias, até o pai encontrá-lo, pondo-o a salvo. De Leandro, porém, não havia traços. Depois daquela desgraça, Ignazio havia permanecido em estado de inconsciência por mais de uma semana, ouvindo em sonhos os gritos de terror do irmão.

Às vezes ainda julgava ouvi-los e acordava no meio da noite chorando desesperado. Eram esses os raros momentos em que o mercador de Toledo não conseguia esconder suas emoções por trás de uma máscara de impassibilidade.

— Cem tarins. — A oferta de Gebeard von Querfurt despertou-o de suas divagações.

— Está brincando — reagiu Ignazio, fingindo-se ofendido. — Vale pelo menos o dobro.

— Cento e cinquenta — interveio o cônego.

O mercador de Toledo sorriu para ele com complacência.

— Eu aceitaria, reverendo, se o senhor acrescentasse as despesas de uma viagem direta para a Espanha. Desse modo, concluiríamos logo o negócio.

O cônego concordou e estendeu a mão para pegar o frasco. Ignazio o fitou bem nos olhos e se deu conta de que ele não era nada ingênuo. Sob aquela máscara de cupidez, Alfano devia ser muito astuto. Talvez mesmo sábio. Porém o mercador não teve tempo de chegar a uma conclusão.

Ouviu-se um estampido e uma labareda se projetou do fundo da catacumba, apanhando Gebeard pelas costas. Ignazio virou-se rapidamente para ele e percebeu que alguma coisa escaldante lhe perfurara a nuca, enchendo-lhe a boca de fragmentos e líquidos que chiavam.

Seguiu-se outro barulho, mais agudo e prolongado: o grito do cônego. Alfano Imperato apertava ao peito o frasco do sangue falso, como se aquele objeto tivesse o poder de protegê-lo, e apontava para a entrada da catacumba, onde se desenhava a silhueta de um homem de capacete e peliça.

Enquanto o corpo de Gebeard von Querfurt se estatelava no chão, Ignazio viu o intruso virar-se e correr para fora. Mas, antes que desaparecesse, notou a lança que ele empunhava. Era curta e da extremidade saíam fagulhas e espirais de fumaça.

Uberto não despregava os olhos de um amuleto de ágata exposto numa barraca do mercado. Pensava na esposa, Moira, que o esperava em Castela, em sua casa de Mansilla de las Mulas. E pensava, sobretudo, em Sancha, sua filhinha de poucos meses, de quem tinha precisado se separar para ir a Nápoles com o pai. A saudade das duas era intensa e, quando julgava ter superado a melancolia, deparava-se com alguma coisa que a trazia de volta. Por exemplo, aquele amuleto de ágata. Vira-o de passagem ao percorrer o mercado diante da basílica dos santos Genaro e Agripino, e imediatamente concluíra que seria um presente perfeito para Moira. Combinava com a cor de seus olhos e de sua pele — embora, é claro, nada pudesse torná-la mais bonita do que já era. Antes de conhecê-la, nunca havia imaginado poder experimentar sentimentos tão intensos, e, no entanto, amava-a a cada dia mais. Depois, quando Sancha nasceu, sentiu o coração se dilatar. Não perdia a oportunidade de estar junto da pequena, abraçá-la, brincar com ela. Tinha prometido a si mesmo que, quando Sancha crescesse um pouco mais, lhe daria um daqueles cavalinhos dos montes bascos, atarracados e robustos, para que ela aprendesse a cavalgar. Mesmo que com isso ficasse muito mimada e parecida com um homenzinho.

— O amuleto lhe agrada, senhor? — perguntou-lhe a velha da barraca.

Uberto voltou à realidade. A mulher lhe falava com respeito exagerado, como se ele fosse um aristocrata. Entretanto, não podia se considerar um homem comum. Graças ao ofício do pai, pudera receber boa instrução e a oportunidade de conhecer homens doutos, além de tratar com nobres e prelados sem precisar baixar a cabeça. Não tinha patrão nem obrigações para com ninguém, sendo até mais rico que a maior parte das pessoas que conhecia. E agora, diante daquela barraca, percebeu que seu manto de veludo, seus sapatos novos em folha e seu chapéu pontudo eram interpretados como sinais de alta linhagem. Além disso, Uberto era bem apessoado: seus olhos cor de âmbar, seus cabelos negros e seus ombros largos já suscitavam o interesse de algumas mulheres sentadas sob o pórtico.

Sentiu-se pouco à vontade naquela situação e desejou estar vestido como um simples peregrino, a fim de passar despercebido. Se dissesse aquilo ao pai, ele o chamaria de tolo. Ignazio era um homem a seu modo e tinha talentos que Uberto não sabia se admirava ou desprezava. Pouco antes, por exemplo, havia concordado em seguir Alfano Imperato e Gebeard von Querfurt às catacumbas de São Genaro. Sem dúvida, os dois eram homens da Igreja, mas não inspiravam muita confiança; no entanto Ignazio não hesitara um instante em aceitar o convite. Uberto se opusera veementemente e teria preferido ir com ele; ninguém, contudo, o ouvira. O pai dera de ombros, acompanhando despreocupadamente os dois compradores.

— O amuleto, meu senhor! — repetiu a velha com um sorriso servil.

Mas Uberto já olhava para outro lado. Entrava na praça uma carroça que transportava a estátua de um santo, seguida por um cortejo de fiéis. Cânticos e preces eram abafados pelas invocações de algumas mulheres de véu negro, que lamuriavam como se estivessem tendo visões místicas.

A procissão, que sem dúvida celebrava a Sexta-Feira Santa, desfilou ao longo do pórtico de Capodimonte e da fachada de um mosteiro, rumando em seguida para a basílica. Ali, algumas pessoas, repentinamente inquietas, se destacaram do cortejo e se dispersaram pela praça.

O tumulto parecia ter se originado bem diante da entrada das catacumbas.

Temendo que algo houvesse acontecido com seu pai, Uberto correu para o meio da confusão e foi abrindo caminho até não conseguir avançar mais. Viu então emergir daquele mar de corpos um cavaleiro montado num enorme corcel. O animal empinou, fazendo recuar quem estava pela frente. Uberto caiu no chão, tomado de pânico, e por pouco não foi pisoteado pelos cascos do cavalo. Rolou para um lado e, com muita dificuldade, conseguiu se levantar em meio ao tropel dos que fugiam.

Num instante, aquele dia calmo de abril havia se transformado num caos.

Escapando como uma fúria do pandemônio que tinha criado, o homem esporeou o cavalo e se afastou a galope.

Deixando o cônego sozinho e no escuro, Ignazio de Toledo agarrou a única tocha disponível e correu para a saída da catacumba. A visão do assassino despertara nele uma emoção violenta e descontrolada. Não era medo e muito menos espanto, mas desejo de saber. Sentia que acabara de assistir a algo de excepcional e, enquanto a chama da tocha diluía as sombras do subterrâneo, ele avançava o mais rápido possível para alcançar o assassino de Von Querfurt. Embaraçavam-lhe os movimentos o manto amplo e a túnica que lhe chegava aos joelhos, mas muito mais os sapatos pontudos. Só não os tirava porque com isso perderia ainda mais tempo.

Continuou correndo o mais velozmente que podia, a curiosidade vencendo a prudência. Não havia nada a temer, ponderou; caso contrário, o assassino o teria matado também juntamente com Alfano Imperato, usando sua lança prodigiosa. O mercador de Toledo estava certo de que o clarão, o estampido e o projétil incandescente haviam saído daquela estranha arma.

Porém, quando já estava perto da saída da catacumba, esbarrou em duas figuras que surgiram repentinamente de um acesso lateral. Um homem e um menino.

— O senhor talvez possa me ajudar — disse o homem com sotaque francês. — Procuro o padre Gebeard von Querfurt.

Ignazio já se inclinava para apanhar uma pedra com a qual se defender quando compreendeu estar diante de uma pessoa inofensiva.

— Chegou tarde — disse, levantando-se já menos desconfiado. — Ele está morto.

O francês levou a mão à boca, escondendo uma expressão incrédula. Tinha aspecto distinto, mas sofrido. Magro e com a barba crescida, parecia chegado de uma longa viagem.

O mercador olhou para a saída, com a intenção de prosseguir.

— Espere — deteve-o o desconhecido.

— Você não entende, estou perseguindo um homem — exclamou Ignazio, mas logo compreendeu que não havia motivo para se apressar. O assassino já devia ter fugido... Amaldiçoou seus sapatos pontudos e sua idade avançada. — Um homem munido de uma lança que arremessa dardos de fogo — murmurou resignado.

A expressão do francês passou de incrédula para perplexa.

— Sei do que está falando!

— Viu-o sair da catacumba?

— Não. Minhas lembranças remontam a mais de um mês, em Paris.

Ignazio franziu o cenho.

— Mas você... Posso saber quem é?

— Chamo-me Suger de Petit-Pont e sou um *magister medicinae*. Devia encontrar Gebeard von Querfurt para lhe entregar um objeto. Percorria estas catacumbas há mais de uma hora e já me julgava perdido quando me deparei com você...

— Como sabia que Von Querfurt estava aqui?

— Deram-me essa informação na igreja de São Genaro *ad spolia morti*, onde ele se alojava.

— E disseram ainda que não era um homem de bem... — completou o menino, assustado.

82

— Cale-se, Tomás — ordenou-lhe Suger. — Você sempre fala na hora errada.

— Esqueça o menino e siga-me — propôs Ignazio, encaminhando-se para a saída.

Suger olhou-o de lado. — Segui-lo? E por que o faria?

— Porque lhe convém, a menos que queira ser acusado de homicídio — replicou o espanhol. — Logo os policiais de Nápoles estarão aqui e, quando se depararem com o corpo de Gebeard von Querfurt, sairão em busca do responsável. É bom que você não esteja por perto.

9

Embora Uberto conhecesse bem as esquisitices do pai, nem sempre conseguia entender seu modo de agir. Foi, pois, com certo espanto que o viu sair das catacumbas de São Genaro acompanhado de dois completos desconhecidos, um homem e um menino. Nem sinal de Alfano Imperato e Gebeard von Querfurt. Alguma coisa tinha dado errado, pensou, talvez por causa da interferência do cavaleiro misterioso. Além disso, continuava intrigado com aquela aparição e não conseguia concatenar os pensamentos, principalmente em meio a tamanha balbúrdia. Por toda parte, só o que via eram pessoas alarmadas, matronas a ponto de desmaiar e soldados de prontidão. Até os bois do carro do cortejo tinham sido contagiados pelo pânico e disparavam por Capodimonte com a estátua do patrono, aumentando a confusão.

Com andar decidido, Ignazio atravessou aquele caos e se aproximou do filho.

— Vamos embora — disse, pegando-o pelo braço.

Uberto tinha pelo menos uma dúzia de perguntas em mente, mas, ao abrir a boca, percebeu que não conseguiria fazer nenhuma. Limitou-se a opor resistência, recusando-se a acompanhá-lo antes de obter explicações.

O pai fitou-o com olhar severo. — Viu um homem com uma lança esquisita?

— Um cavaleiro — completou Suger.

— *Todos* o viram — respondeu Uberto, readquirindo o autocontrole. — Irrompeu das catacumbas há pouco e fugiu a galope. Mas não antes de criar todo este pânico.

— Fez pior — comentou o mercador.

Uberto apontou com o queixo os dois desconhecidos.

— Quem são eles?

— Irão conosco — disse Ignazio. — Devem-me explicações.

Deixaram Capodimonte e cruzaram as muralhas da cidade pela Porta de São Genaro, enveredando pelos becos de Nápoles em meio a fileiras de casas desbotadas pelo sol. A luz da tarde envolvia tudo numa sonolência doentia. Nápoles era um fluxo de sons, rostos e movimentos arrastados, que davam a impressão de pertencer a um ciclo eterno. A cidade da espera, pensou Uberto. A cidade do tédio.

Depois de passar pelo beco da Judaica, encontraram um grupo de meretrizes. Foi questão de segundos para uma delas lançar um olhar interessado a Ignazio. Morena e sensual, não mais na flor dos anos, mas ainda assim de uma beleza extremamente voluptuosa, ela fez um leve gesto de saudação. Uberto achou que seu pai havia correspondido àquele olhar e não conseguiu disfarçar uma expressão de desdém. No entanto a cena foi rápida demais para que ele pudesse dizer alguma coisa.

Entraram numa taverna do Borgo delle Vergini, onde se sentaram a um canto, mas de modo a poder ter uma boa visão da rua, e pediram logo a refeição para não serem interrompidos depois. O taverneiro trouxe uma garrafa de vinho branco e uma sopa de peixe com vinagre, que Tomás começou a sorver imediatamente, complementando-a com uma fatia de pão.

Já Suger se mostrou indiferente à comida. Parecia nervoso e abatido, mas também ansioso por falar. Uberto interrompeu-o quando estava para abrir a boca e pediu ao pai informações sobre tudo o que tinha acontecido. Soube assim das catacumbas, do sangue falso, do clarão de luz e do assassinato de Gebeard von Querfurt.

— Incrível — comentou.

— E o cônego Alfano, que fim levou?

— Quem sabe? — respondeu Ignazio, dando de ombros.

O filho olhou-o com ar de reprovação. — Não vá me dizer que o deixou lá sem receber o dinheiro!

— O homem estava aterrorizado. Não me pareceu o momento certo para exigir-lhe o pagamento — ironizou o mercador de Toledo, enquanto examinava desconfiado a sopa de peixe.

— E o frasco com o composto?

— Era a única coisa capaz de tranquilizá-lo um pouco. Pobre coitado, seria uma crueldade tirar-lhe esse consolo.

— Queiram me desculpar — disse Suger, interrompendo a discussão.

Uberto virou-se para ele irritado.

— Pode-se saber o que deseja? — perguntou, esmurrando a mesa.

O médico fez um movimento de contrariedade, talvez mesmo de medo.

— Só o que quero são algumas informações, depois irei embora. Com muito prazer, aliás.

— Não antes de explicar a questão da lança do cavaleiro — deixou bem claro Ignazio.

— Sei muito pouco sobre isso.

— Entretanto, sabe mais do que eu.

Seguiu-se uma breve pausa. Os olhos de Tomás iam de um lado ao outro da mesa, perscrutando os rostos dos comensais. Uberto se deu conta de que simpatizava naturalmente com ele. Inclinado para o prato e com os cabelos revoltos, aquele menino ainda assim parecia mais esperto que o normal e desejoso de tomar parte na conversa. Mas continha-se. Uberto conhecia bem aquela sensação incômoda, ele próprio a experimentara durante a infância transcorrida num mosteiro isolado entre lagunas. Adivinhava o estado de espírito do garoto sentado à sua frente. Mas havia outra coisa. Tomás lhe parecia um mongezinho retraído, que irradiava uma força espiritual quase palpável, incomum em crianças de sua idade.

Já Suger não lhe agradava nem um pouco. Orgulhoso e irritadiço, claramente contrariado com a presença do menino, não deixava escapar uma oportunidade de demonstrá-lo. Censurava-o o tempo todo, lembrando os patrões ricos que humilham seus criados para desafogar as próprias frustrações.

Foi o médico que retomou a conversa, depois de beber um gole de vinho.

— Já vi aquele cavaleiro em ação, se é que estamos falando do mesmo, mas não creio saber mais do que você. — Encheu de novo o copo e o colocou diante de si. — Matou um homem usando sua lança. Vi sair dela uma chama que estraçalhou as costas da vítima.

— Dessa lança não sai apenas fogo — disse Ignazio. — No corpo de Von Querfurt havia restos de um projétil alojado na carne. Mas estava muito escuro e, na pressa, não pude investigar melhor.

— Também no caso que presenciei havia fragmentos de um projétil — confirmou Suger. — Mas, ao contrário de você, tive oportunidade de examiná-los. Pareciam pedaços de um objeto oval, feito inteiramente de cerâmica.

— Ovos de cerâmica! — resmungou Uberto. Todavia o assunto o intrigava. Em seguida, virou-se para o pai:

— Afinal, o que está procurando? Essa história não lhe diz respeito.

— Não está curioso? — perguntou-lhe o mercador.

— Curioso? — O rosto de Uberto não escondia uma expressão contrariada. — Estaria, talvez, se não me sentisse lesado por ter perdido o dinheiro. E com muita vontade de voltar para casa, para junto da minha mulher e minha filha.

Ignazio pediu-lhe um pouco de paciência e dirigiu-se novamente a Suger:

— Por qual motivo matou? O cavaleiro, eu quero dizer.

Uma sombra pairou sobre o rosto do médico, que praguejou em voz baixa deixando transparecer um grande cansaço emocional e, também, uma frustração ainda mais intensa. O que quer que estivesse pensando, Suger estava claramente no limite de suas forças e parecia ansioso para se livrar de um fardo. Ansioso e amedrontado. Uberto percebeu nele outra coisa também — uma pontinha de ressentimento, talvez de remorso — e compreendeu tê-lo julgado muito apressadamente. Por fim, o médico pareceu tomar uma decisão e abriu o alforje que trazia a tiracolo. Tirou dali o manto cuidadosamente dobrado e coberto de bordados dourados — sem dúvida, um objeto bastante valioso.

— Acho que o cavaleiro queria isto: o manto do Sagitário — disse o francês.

Ignazio examinou a imagem bordada no centro do manto com crescente interesse. Um homem a cavalo com o dedo nos lábios. "Silêncio", dizia a figura, "façam silêncio ou morrerão". Com a outra mão empunhava um arco, mantido baixo, mas ainda assim ameaçador. Não era um guerreiro: era um caçador. Era perceptível pelo equipamento leve, pela ausência de elmo e escudo e pelo passo gracioso do cavalo. O cabelo e a barba, arranjados em longas tranças, conferiam-lhe um ar de majestade. Porém não de majestade comum: era uma altivez primitiva, quase atávica, como devia ter sido a dos soberanos assírios.

— O bordado é recente, mas reproduz um desenho antigo — concluiu o mercador. — Muito antigo.

Suger deu de ombros.

— Não é um manto comum, certamente — insistiu Ignazio. — A quem era destinado?

— Não faço ideia — respondeu o médico. — Minha tarefa consistia apenas em entregá-lo a Gebeard von Querfurt, em nome de um homem assassinado.

— Aquele que o cavaleiro matou em Paris?

Suger anuiu. — Sim, aquele que o guardava antes de mim.

— Talvez Von Querfurt fosse também um simples intermediário. Não creio que possuísse fortuna suficiente para se permitir um objeto desse valor. Além do mais, uma preciosidade assim tem certamente um objetivo preciso; do contrário, não deixaria em seu rastro tantos cadáveres.

— Admitindo-se — objetou Uberto — que seja a causa dos assassinatos.

O médico sorriu com indiferença. — Pouco importa, agora que Gebeard von Querfurt está morto e não sei mais a quem me dirigir.

Ignazio observou-o atentamente. Ignorava a natureza de sua ligação com o manto, mas Suger parecia farto daquela história. Procurava dissimular, mas estava assustado. Em condições normais, um homem daqueles jamais se abriria com estranhos — e Suger o havia feito de livre e espontânea vontade.

Para obter confirmação dessas suspeitas, o mercador experimentou sugerir-lhe uma alternativa:

— Se eu fosse você, perguntaria ao cônego Alfano, que conhecia bem Gebeard von Querfurt. Talvez ele possa ajudá-lo.

O semblante de Suger se desanuviou. — Agradeço-lhe o conselho, senhor. Onde o encontrarei?

Ignazio sorriu. — Ele mora perto da catedral. Saiu ileso das catacumbas, creio eu, e lá o acharemos. — Levantando-se de repente, pousou a mão no ombro de Uberto. — Meu filho e eu o acompanharemos. O reverendo Alfano nos deve dinheiro por um serviço que lhe prestamos.

Suger não saberia dizer por que confiava naqueles dois espanhóis, mas, depois de tantas viagens, sentia a necessidade de confiar em alguém. De resto, ainda não se recuperara das duas semanas que tinha passado em companhia de Raone de Balbano, o qual, para despistar os Clavígeros, se embrenhara nos bosques dos Apeninos. Uma aventura extenuante, partilhada com soldados grosseiros e violentos, para não falar na presença irritante de Tomás. Um breve descanso perto da fortaleza de Mondragone havia lhe restaurado um pouco as forças, mas agora, no coração de Nápoles, via-se envolvido em mais uma tragédia. A morte de Von Querfurt não tinha sido o único acontecimento a perturbá-lo. Ainda que fosse muito tarde, compreendia que estava diante de um homem perigoso.

Aquele Ignazio de Toledo devia ser o mercador de relíquias que Riccardo de San Germano havia posto em vigilância. Um necromante, segundo o monge, ou suspeito de sê-lo. Infelizmente, Suger demorara a se aperceber disso tendo de fazer boa cara à má sorte, esforçando-se para esconder a surpresa e o máximo de informações possível, embora não pudesse deixar de dizer alguma coisa. Além disso, se não houvesse encontrado uma solução rápida, correria o risco de acabar como o suevo e Von Querfurt. Ora, o mercador de Toledo se mostrara bastante engenhoso ao aconselhá-lo.

Ainda assim, não podia confiar nele. Necromante ou não, aquele espanhol tinha um quê de misterioso. E enquanto caminhava a seu lado rumo à casa de Alfano Imperato, Suger concluiu que não gostava dele. Tentara "ler" seu rosto, mas esbarrava com traços singulares. As rugas da testa, em constante movimento, falavam de longas viagens e pensamentos obscuros, enquanto os olhos cor de esmeralda, sempre móveis, pareciam guardiões astutos. Nada de surpreendente, concluiu. Seu pai o havia aconselhado a desconfiar dos espanhóis, sobretudo os que se pareciam com os mouros. E os traços de Ignazio de Toledo eram inequivocamente mouriscos. Até sua pronúncia era exótica. E que dizer daquele sorriso finório, mais insidioso que a lâmina de um punhal?

Uberto, ao contrário, parecia uma pessoa mais equilibrada. Expressava suas opiniões às claras, quase impulsivamente; mas, embora fosse previsível, era sem dúvida um osso duro de roer. Muito inteligente e muito desconfiado para que Suger pudesse esperar aliciá-lo. Não bastasse isso, tinha certeza de que o rapaz não tinha simpatizado com ele.

Refletindo, concluiu que talvez houvesse agido como um tolo. O que poderia esperar daqueles dois homens? Com Gebeard von Querfurt morto, a esperança de obter a draconita desaparecia. O melhor talvez fosse mandar tudo ao diabo enquanto ainda era tempo.

Devia fugir para Salerno, pensou. Seu futuro estava lá, não nos subúrbios de Nápoles, ao alcance da lança do cavaleiro. E havia outra questão que ainda por resolver. O manto. Inútil tentar se enganar. Transportara-o por léguas e léguas, chegando a cada passo mais perto da verdade. E depois das palavras do suevo, depois da aventura de Milão, Suger tinha ficado obcecado pelo assunto. Talvez ainda pudesse obter alguma vantagem do negócio.

Assim, apesar de ansioso para se livrar daquele Ignazio de Toledo, resolveu suportar mais um pouco sua presença. Só mais um pouco, repetiu para si mesmo.

A casa de Alfano Imperato erguia-se no centro da cidade, perto da basílica de Santa Restituita. De um só andar, tinha paredes de madeira e tufo, como a maior parte das construções próximas. Não muito longe, diante da catedral, um gigantesco cavalo de bronze se empinava sobre um pedestal de mármore, chamando a atenção dos passantes.

Ao chegar a seu destino, Ignazio e seus companheiros foram recebidos por uma mulher de seios enormes e ares de matrona. O mercador fez uma reverência e perguntou pelo cônego, para ressaltar a gravidade das circunstâncias. Na verdade, queria apenas conhecer mais detalhes do caso, principalmente os que Suger de Petit-Pont não tinha revelado. Pois era claro que o médico francês sabia muito mais do que havia contado.

A mulher o encarou com as mãos nos quadris e depois mandou-o entrar juntamente com os demais. Disse que o cônego tinha chegado há pouco e foi atravessando os cômodos, muito sujos e desarrumados.

Chegaram a um cubículo sem janelas e com as paredes cobertas de livros, ícones sagrados e estatuetas. Alfano estava sentado numa cadeira de madeira com um pano na cabeça e os pés de molho numa bacia. Parecia exausto, as mãos caídas, como que sem forças, sobre os braços do assento.

— *Monsignó*, outra visita — anunciou a matrona, entrando no quarto.

O religioso passeou lentamente o olhar pelos recém-chegados. Parecia um moribundo. Mas, ao ver Ignazio, foi tomado por um acesso de raiva. Jogou o pano no chão e pôs-se em pé, apontando-lhe um dedo. — Você... você! — rugiu. — Como ousa aparecer novamente diante de mim?

O mercador abriu os braços, fingindo não entender.

— Bandido! — gritou Alfano. — Deixou-me no escuro, sozinho!

— Reverendíssimo, o senhor não entendeu. Fiz aquilo com a intenção de protegê-lo — mentiu Ignazio. — Persegui o assassino para ter certeza de que não lhe faria mal.

— Que assassino, que nada! Por pouco, não morri de medo! — Alfano sentou-se de novo e esperou que a criada lhe enxugasse os pés.

Depois, calçou uns chinelos e virou-se furioso para o mercador. — Se não fossem os soldados, ainda estaria lá, nas catacumbas! Sabia que, sem luz, é praticamente impossível sair dos subterrâneos de Nápoles?

— Sinto-me contente por não lhe ter acontecido nada de grave — entoou Ignazio, para acalmá-lo.

— O que são catacumbas? — perguntou Tomás, desviando para si a atenção de todos. Uberto acariciou-lhe a cabeça e lhe cochichou a resposta ao ouvido, voltando a acompanhar a conversa.

O cônego continuava a despejar suas acusações, mas cada vez menos indignado. Devia ser um desses homens incapazes de conservar a raiva — não por bondade, mas por preguiça. De modo que, aos poucos, foi se acalmando.

— Pobre Gebeard... — gemeu, batendo na testa. — Como o lamento! Era tão fiel, tão honesto...

O mercador se limitou a arquear as sobrancelhas.

Alfano sem dúvida percebeu naquilo uma ponta de censura, pois mudou logo de assunto, com ar ofendido:

— Pode-se saber o que querem de mim?

— Concluir o negócio — explicou o espanhol. — Vossa paternidade sem dúvida não se esqueceu de trazer o... composto.

— O sangue, é o que quer dizer. — O cônego mostrou o frasco, já suntuosamente exposto sobre uma mesinha. — O sangue milagroso.

— Chame-o como quiser. Mas o fato é que o senhor se *esqueceu* de pagá-lo.

— Verdade? Eu supus...

— Naquela confusão, o senhor ficou desorientado — atalhou Ignazio. — Não, não recebi a soma combinada.

— Você tem razão, agora me lembro. — Alfano se dirigiu a uma mesa coberta de pergaminhos.

— Se não me engano, falamos em cem tarins. — E pegou um pequeno cofre cheio de moedas.

— Cento e cinquenta — corrigiu o mercador, atento aos escudos de ouro postos à sua frente. Negociar na península itálica era muito complicado, em virtude das moedas de diferentes proveniências que circulavam nas cidades. Tarins, denários, mancusos, grossos venezianos... Era preciso conhecer bem todos aqueles valores para não ser ludibriado.

— Além disso, combinamos que o senhor acrescentaria o equivalente a um embarque direto para a Espanha.

Alfano acabou de dispor os tarins em pilhas de dez. — Já está de partida? Por que tanta pressa?

Pergunta estranha, pensou Ignazio.

— Nos dias que correm, não é recomendável permanecer por muito tempo no *Regnum Siciliae* — explicou, embolsando a soma.

— Compreendo a sua posição — disse o cônego. — As desordens provocadas pelos Clavígeros, os boatos sobre a morte do imperador...

Nesse ponto, Suger deu um passo à frente. E, limpando a garganta, disse:

— Se vossa paternidade me permite, tenho algumas perguntas a fazer — declarou.

Alfano examinou-o com curiosidade, como se até então tivesse notado sua presença.

— A respeito do quê, senhor?

— A respeito de Gebeard von Querfurt.

— E quem é você para ter tamanho interesse nele?

— Um *magister medicinae*. Venho do *Studium* de Paris.

— Admirável. Então fale.

— Sou-lhe muito grato — disse Suger, lançando um olhar desconfiado a Ignazio e Uberto. — Mas gostaria que nossa conversa fosse em particular.

10

Ulfus era natural da Tikili Taš, a Floresta do Medo. Havia passado a infância às margens do Danúbio, numa terra entre os confins das línguas latina, grega e eslava, sem jamais saber de qual das três provinha a sua. Na verdade, também não saberia dizer a qual deus orava. Ao da Igreja de Roma, composto de um pai, um filho e um espírito da mesma substância, ou ao de Bizâncio, superior como pai ao filho e ao espírito. Problema de menor importância, afinal de contas, pois Ulfus só conseguia figurar na mente um único deus: o caçador de três cabeças que atravessa a cavalo o céu estrelado. Ouvia lendas sobre seus antepassados, os trácios, e as antigas lápides esquecidas nos limites dos bosques e dos cemitérios. Ulfus sempre se perguntara para que serviam três cabeças e por que um deus precisava dar provas de sua superioridade exibindo um aspecto monstruoso, compreendendo depois. A monstruosidade existia apenas para os mortais, que não conseguiam captar o conceito do poder divino ou infernal. Como naquele canto eslavo que atribuía ao herói Mussa três corações e três peitos. *Vi em Mussa três corações de herói. Vi três peitos, um sobre o outro.*

Em Mussa não havia deformidade, mas sim grandeza. Uma grandeza três vezes maior que a humana. Uma grandeza a que Ulfus aspirava e que só poderia alcançar levando a termo sua missão. Devia recuperar o manto do Sagitário, eliminando quem quer que cruzasse seu caminho. Já havia matado três homens. Para a terceira execução, tinha precisado descer do cavalo e embrenhar-se nas catacumbas de

São Genaro. Não lhe agradava matar daquela maneira, mesmo que as circunstâncias o exigissem. De qualquer modo, o esforço não tinha valido a pena. Do manto, nenhuma pista ainda. Agora tinha pouco tempo para completar o trabalho e receava não estar à altura da tarefa. Se falhasse, o Mago jamais o perdoaria.

O Mago. Ulfus o vira fazer coisas que desafiavam a compreensão. Ouvira-o pronunciar oráculos que em seguida se realizaram. Vira-o curar doenças espantosas e tenazes. Ouvira-o revelar os segredos do céu e do abismo. E recebera dele, como presente, a Lança de Fogo.

Se o Mago lhe ordenasse, Ulfus desceria ao inferno sem hesitar.

Pois, se desobedecesse, seria punido com castigos além da sua imaginação.

11

— Tratante! — resmungou Ignazio, afastando-se da casa do cônego Alfano.

— Do que se queixa? — perguntou-lhe Uberto. — Fomos bem pagos e não nos envolvemos no assassinato de Gebeard von Querfurt.

Nenhuma resposta. Nenhum comentário. O mercador franzia a testa mais e mais, a cada passo. Uberto observava-o com olhares rápidos, à espera de uma palavra, uma palavra que, sabia muito bem, não viria. Ao menos por enquanto. Ignazio costumava torturar as pessoas com seu silêncio.

Calou-se também. Conhecia o motivo de tanta irritação. O projétil de cerâmica, o cavaleiro bordado no manto e o de carne e osso saído das catacumbas... Aquela série de eventos tinha desnorteado o pai, fazendo-o esquecer-se de tudo o que não fosse o canto das sereias. E o tratante em questão era Suger de Petit-Pont, o charlatão petulante que havia preferido conversar a sós com Alfano Imperato, sem a interferência de terceiros. Um direito sagrado, sem dúvida. O assunto era com ele, embora Ignazio não partilhasse essa opinião.

Uberto, de seu lado, queria voltar para a família e tudo o mais não lhe importava. Ou melhor, *quase* tudo. A bem da verdade, não gostaria de deixar o pequeno Tomás nas mãos de Suger. De muito bom grado o levaria consigo para protegê-lo se o menino não lhe houvesse dito que tinha parentes em Nápoles com os quais iria morar.

Ignazio, porém, era diferente dele. A pretexto de comercializar relíquias, passara boa parte da vida desvendando mistérios. Sua *curio-*

sitas o guiava, como o instinto de um lobo, pelas sendas do saber e da aventura, incitando-o a viajar continuamente. Uberto não aprovava semelhante conduta. Se dependesse dele, jamais poria de lado os próprios afetos para perseguir quimeras.

Na esquina da praça Summa com o beco Gurgite, o crepúsculo dourava roupas estendidas em varais ao ar livre. Uberto ajeitou o chapéu e olhou para cima, atraído por um bando de aves marinhas que grasnavam esvoaçando pelo céu. E quando elas desapareceram, o silêncio lhe pareceu insuportável. — Suger de Petit-Pont não é assunto nosso — murmurou, atirando a isca.

O pai lançou-lhe um olhar distraído. — Talvez tenha razão. Porém...

— Eu já esperava esse "porém".

Ignazio se sentiu obrigado a explicar:

— Que motivo é tão forte para induzir um médico de Paris a viajar até Nápoles para entregar um manto?

— Isso é muito estranho, reconheço.

— E o que leva um cavaleiro a matar quem saiba da existência desse manto?

— Parece que já dei minha opinião. Ninguém pode provar que a morte de Von Querfurt esteja associada ao manto.

— No entanto é uma hipótese verossímil. Lembre-se de que Suger está agindo, como ele mesmo confessou, em lugar de um homem morto... Um homem que, antes de Suger, guardava o manto. Duas mortes ligadas à mesma pessoa levantam algumas suspeitas, não acha?

— Creio que tem razão. Mas saber a resposta pode nos mandar fazer companhia àqueles cadáveres, e isso eu evitarei a todo custo. Nem o francês, para ser franco, me pareceu muito propenso a se sacrificar.

— Talvez você esteja mais próximo da verdade do que supõe.

— O que pretende fazer, então? — perguntou Uberto, mas logo se arrependeu da pergunta: o pai havia conseguido despertar sua curiosidade.

— Suger não deve estar agindo por vontade própria. Sem dúvida, se viu envolvido numa encrenca grande demais para seu gosto e procura desesperadamente cair fora, temendo ser assassinado.

— Nesse caso, pior para ele.

— Você não diria isso com tanta convicção se houvesse presenciado a morte de Gebeard von Querfurt. Um espetáculo verdadeiramente de arrepiar. Com toda a sinceridade, não sei o que aconteceria a Suger se o cavaleiro o encontrasse. A Suger e a qualquer outro infeliz que porventura estivesse com ele...

— Jogo sujo — interrompeu-o Uberto.

— Como assim?

— Está insinuando que mesmo Tomás corre perigo. Conheço você e sei como raciocina. Percebeu que gostei do menino e espera induzir-me a segui-lo e a seu tutor para me certificar de que o cavaleiro não os moleste. Em seguida, você se prontificaria a ajudar-me para satisfazer a sua curiosidade.

— Parabéns — sorriu Ignazio. — Está se tornando mais astuto que eu.

— Mesmo assim não quero me envolver. Tomás tem parentes em Nápoles e logo estará em segurança.

O mercador ergueu os braços, fingindo-se satisfeito. — Tudo resolvido, então!

— Estará quando formos embora — retrucou Uberto, apressando o passo. — Não é prudente permanecer dentro destas muralhas, e não só por causa da questão do manto. Dizem que os Clavígeros estão perto, sem falar dos espiões do papa já infiltrados na cidade. Lembro-o de que não somos bem-vistos por aquela gente. E, se Deus quiser, amanhã mesmo tomarei o rumo da Espanha, com você ou...

Deixou o resto da frase em suspenso. Uma mulher, saindo de uma viela, plantara-se diante deles. Uberto reconheceu-a logo: era a meretriz que olhara para seu pai, pouco antes. Mas nem teve tempo de se perguntar o motivo daquela presença: foi logo tomado por uma sensação desagradável.

Ignazio se aproximou dela com expressão desconcertada.

— Ermelina, então é você! — exclamou o mercador. — Há pouco, na rua, pensei estar enganado.

A mulher deu um passo para trás. — Hesitei em cumprimentá-lo, senhor — explicou. — Senti vergonha, não queria que me visse neste estado... Depois, pensei melhor, pois o desejo de lhe falar era grande.

Uberto não disse uma palavra, dividido entre a irritação e a curiosidade.

— Já faz muito tempo — continuou Ignazio, baixando o tom de voz. — O que lhe aconteceu?

— O que me aconteceu? — Um sorriso amargo aflorou no rosto da mulher. Um rosto desgastado e desiludido, que na juventude devia ter encantado muitos homens. No entanto, casara-se com um soldado reles de Nápoles, amante do jogo e da pândega, e ainda por cima violento. Ermelina confessou ter suportado pancadas e humilhações por um ano, incapaz de dar um novo rumo à vida.

— Não sabe o que significa isso, senhor — concluiu. — Um homem bom não pode sabê-lo.

"Eu não sou um homem bom", pareciam responder os olhos do mercador. "Sou um egoísta que não faz caso de uma mulher, um mentiroso acostumado às injustiças do mundo." Depois, aqueles mesmos olhos pousaram no filho, como para dar explicações. Uberto, porém, se recusou a entender, pois aquela mulher não era a sua mãe. Não havia razão, pensou, para tamanho ressentimento.

Ermelina, aparentemente, não percebeu a tensão entre os dois homens e continuou contando suas desventuras. Logo depois das núpcias, o marido já havia esbanjado tudo o que tinham e, para fazer frente à necessidade, obrigara-a a prostituir-se com seus camaradas de armas, na mesma fortaleza onde se aquartelava.

— Foi então que perdi o orgulho — disse ela. — Transformei-me num objeto privado de vontade e amor-próprio.

Em seguida, tudo havia terminado com uma punhalada na barriga. Na barriga do marido, morto numa briga de soldados. De repente, Ermelina estava livre de novo, mas também abandonada a si mesma. Não vislumbrando alguma alternativa, continuou vendendo o corpo.

— Permita-me ajudá-la — ofereceu-se o mercador.

Ermelina meneou a cabeça negativamente.

— Você já fez muito, Ignazio de Toledo. Em outra época, em outra vida. Agora é tarde, não pode me salvar daquilo em que me transformei. — Pousou-lhe a mão no ombro e fitou-o pela última vez, com um olhar profundo. — Foi bom revê-lo.

E afastou-se.

Um segundo antes que ela se voltasse, Uberto juraria tê-la visto chorar.

Ignazio acompanhou-a com o olhar, envolto em seu manto e no mais completo silêncio, e por fim balançou a cabeça, como se quisesse afugentar um sonho mau.

— Você sugeriu que fôssemos dormir — disse ao filho, tornando-se de novo impassível. — Pois bem, parece-me uma ótima ideia.

Uberto não fez comentários. A cena que acabara de presenciar mostrava que ainda não conhecia suficientemente seu pai. Havia fatos cuja existência ignorava, áreas de sombra a tal ponto impenetráveis que o tornavam, a seus olhos, um perfeito desconhecido. Diante de uma espécie de exaustão emotiva, os negócios de Suger de Petit-Pont iam ficando cada vez mais longe, cada vez menos importantes.

Retiraram-se para uma estalagem junto à muralha sul, num bairro das vizinhanças da zona portuária. A intenção era aguardar o primeiro embarque para a Espanha. Embora o lugar lhes houvesse sido recomendado pelo próprio cônego Alfano, tiveram de contentar-se com um quarto já ocupado por sete pessoas e provido de colchões de palha separados apenas por biombos. Impossível achar acomodações melhores, garantiu-lhes o estalajadeiro. O avanço dos Clavígeros havia empurrado para Nápoles centenas de fugitivos, que atulharam todos os albergues e as hospedarias. Por isso, resignados, preparam-se para passar a noite.

Para Uberto, era difícil dormir num ambiente daqueles. Mal cochilou até as primeiras luzes da aurora, num estado entre o sonho e a realidade. Por isso, aconchegado em cobertores que cheiravam a suor alheio, não percebeu imediatamente de onde vinha — e a quem pertencia — a voz que o chamava pelo nome.

Abriu os olhos e viu à sua frente a silhueta de um menino recortada contra a sombra. Sentou-se e apalpou-o, para ter certeza de que não era uma visão. Não era. Era Tomás, trêmulo e assustado.

— Que aconteceu? — perguntou-lhe, notando que ainda era noite alta. — Como nos encontrou?

— Senhor Uberto, graças a Deus está são e salvo! — exclamou o menino, ignorando a pergunta. — Prenderam Suger!

— Por quê?

O biombo ao lado do colchão se abriu, revelando o rosto de Ignazio. O menino recuou, mas Uberto convidou-o a prosseguir com um gesto tranquilizador.

— Foi um padre alemão — disse Tomás. — Apareceu na casa do cônego depois que vocês saíram, enquanto Suger conversava com Alfano Imperato.

— E depois?

— Interrogou os dois sobre uma seita... Não me lembro do nome.

— Continue — pediu Uberto, estimulando-o com um gesto de compreensão.

— No começo, o padre se mostrou bondoso e gentil, mas em seguida acusou Alfano e Suger de necromancia, chamou os soldados e deu-lhes voz de prisão. Aos dois. Por sorte, ninguém prestou atenção em mim e pude fugir.

Uberto estava impressionado com tamanha lucidez. Na verdade, desde o primeiro encontro, percebera que Tomás não era um garoto comum. Entretanto alguma coisa o intrigava.

— Você deveria ter procurado abrigo junto a seus parentes, que disse ter em Nápoles, e não aqui.

— Sei os nomes deles, mas não onde moram. Ao contrário de vocês, não me foi difícil chegar à zona do porto...

— Mas como soube? — perguntou-lhe o mercador. — Só Alfano sabia aonde iríamos nos alojar.

— Ouvi dos próprios lábios dele onde vocês estavam, quando o padre alemão perguntou pelos dois — revelou Tomás. Uberto e Ignazio estremeceram.

— O padre perguntou por nós? — alarmou-se o mercador.

— Sim. E está vindo prendê-los. Com os soldados.

Arrumaram suas coisas apressadamente e saíram correndo da estalagem. A melhor solução seria dirigir-se ao cais e subir a bordo da primeira galera pronta para zarpar, mas Ignazio sabia que nenhum barco abriria velas antes do amanhecer. Propôs então ficarem escondidos até a alvorada, quando então poderiam embarcar sem dar na vista. O medo de cair nas mãos do misterioso padre alemão superava em muito a curiosidade de saber o que era o manto do Sagitário. Além disso, o mercador estava um tanto desiludido de si mesmo. Antes, jamais anteporia o medo à sua sede de conhecimento. Talvez estivesse ficando velho, pensou, mas pressentia que não era isso. Pelo menos, não inteiramente. Invadia-o agora uma sensação de perigo como nunca experimentara antes. Em tantos anos de peregrinação, sempre conseguira escapar a todos os tipos de armadilha; contudo, naquela noite, não tinha sido esperto o bastante para sentir o hálito do Caçador em sua nuca. Se não fosse Tomás, teria tido o mesmo fim que Suger e Alfano. Não ousava sequer imaginar qual seria o destino daqueles dois infelizes... E enquanto caminhava a passo firme em meio à escuridão, continuou a interrogar o menino sobre o acontecido.

Tomás revelou então a conversa que ouvira entre Suger e o cônego da catedral, antes de esta ser interrompida pelo padre alemão. Os dois falaram de Gebeard von Querfurt e do manto do Sagitário, sobre o qual Alfano parecia ter algumas informações. Ao saber que Suger o trazia consigo, pediu-lhe que o mostrasse, mencionando um *magister* de Toledo de quem Suger nunca ouvira falar.

Surpreso, Ignazio concluiu que também o cônego devia estar envolvido no negócio do manto, embora não pudesse prová-lo.

O menino descreveu em seguida o que ocorrera após a entrada do padre alemão. Chamava-se Konrad von Marburg e estava interessado no homicídio das catacumbas. Afirmava ter visto o cadáver de Gebeard von Querfurt e reconhecido certos *sinais* em sua mão. Sinais semelhantes aos encontrados nas outras vítimas. Sim, reafirmou Tomás, Konrad dissera *outras vítimas*, sem especificar quais fossem. Mas suas palavras seguintes é que verdadeiramente perturbaram o mercador.

Konrad declarara conhecer a identidade do terceiro homem presente nas catacumbas de Capodimonte e os dois interrogados logo descreveram, minuciosamente, a figura de Ignazio de Toledo, citando-lhe o nome. Aspecto, nacionalidade, reputação, amigos... O padre alemão queria saber tudo. A seguir, mandou prender Suger e Alfano, revelando estar agindo por ordem do papa.

— Foi exatamente isso o que ele disse? — interrompeu-o Uberto, assustado. — Por ordem do papa?

— Sim — respondeu o menino.

— E o manto do Sagitário? — quis saber o mercador. — O padre o pegou também?

— Sobre isso, nem Suger nem Alfano disseram nada — esclareceu Tomás. — Deve ter ficado na casa do cônego.

— Você, no entanto, escapou — refletiu Ignazio, procurando reconstituir os fatos. — Ora, se o tal Konrad von Marburg está realmente vindo atrás de nós, como você chegou primeiro? Deve ter gastado muito tempo para se orientar.

— Tem razão, senhor — confirmou Tomás. — Consegui me antecipar porque aquele padre queria ir primeiro a outro local.

— Onde?

— Não sei, Konrad von Marburg não disse. Seu tom de voz deixava transparecer que ele estava com muita pressa.

Já haviam saído da rua da estalagem. Ignazio pretendia ir para o cais, para encontrar refúgio em algum casebre de marinheiro ou pescador. Olhava ora para Tomás, ora para a rua, sentindo a ansiedade crescer ao ritmo das batidas do coração. Por que Von Marburg mandara prender Suger e Alfano? E o que quereria dele?

De repente, esqueceu-se de tudo.

No final da rua havia quatro soldados.

— O menino! — exclamou um deles, apontando para Tomás. — Eu o reconheço!

— Devem ser eles! — gritou outro. — Vamos prendê-los!

E lançaram-se a correr na direção dos três companheiros.

Uberto agarrou o menino pelo braço e iniciou a fuga, seguido por Ignazio. Entraram num beco atulhado de caixas de madeira e ânforas, recoberto por poças de água. Os perseguidores gritavam às suas costas.

O beco se abriu num labirinto de casas de portas fechadas, com vielas de calçamento precário. Ignazio escorregou e caiu. Uberto voltou, segurou-o pelas vestes e colocou-o de pé com um puxão. O mercador retomou a corrida, respirando com dificuldade, mas foi contido por um esbirro. Tentou se desvencilhar, mas acabou dominado. Uberto tentou socorrê-lo quando viu um segundo esbirro sair da sombra. Esquivou-se e continuou correndo, mas foi violentamente empurrado. Caiu de costas, dando-se conta de que havia perdido Tomás. Um terceiro soldado avançava, praguejando, e outro se aproximava por trás.

Levantou-se e retomou a corrida. Primeiro com os joelhos e as mãos, depois com os pés, seguido de perto, na escuridão, pelos sabujos. De repente, a rua se fechou diante de seus olhos, revelando-lhe apenas uma porta de madeira podre. Derrubou-a com o ombro e caiu dentro de um armazém. Envolveu-o o cheiro de coisas velhas: redes de pesca, cacos de ânforas e... escadas que desciam! Instintivamente, lançou-se naquela direção. Dez, vinte degraus de pedra saltados em equilíbrio precário. Atrás, ecos de vozes. Desceu desabaladamente até se encontrar numa espécie de cripta.

Por um instante, sentiu-se apanhado numa armadilha, mas logo uma porta em arco se desenhou na sombra.

Entrou, atravessou um corredor, desceu outra escada e embrenhou-se na treva, sempre atormentado pela ideia do que estivesse acontecendo com o pai e o menino. Mas não tinha escolha, não podia parar. Avançou se protegendo com as mãos à frente, tateando paredes rachadas e teias de aranha. Não pare, repetia para si mesmo, metendo-se pela enésima passagem. Não pare ou também será preso — e não voltará nunca para casa.

Encontrava-se já na segunda curva, ou talvez na terceira, atento ao mínimo rumor. Nenhum som, exceto um marulho remoto de água. Talvez os sabujos houvessem desistido da perseguição, talvez estivesse a salvo. Mas não podia se arriscar. Precisava se sentir realmente seguro antes de pensar num modo de resgatar Ignazio e Tomás.

De repente, compreendeu que tinha de resolver antes outro problema. Estava perdido.

12

O Maligno estivera naquele quarto. Percebia-se ainda sua presença, seu cheiro maléfico. Até os objetos — a geometria em que haviam sido dispostos — revelavam um quê de sinistro, para não falar dos *símbolos*... Mas Konrad von Marburg sentia-o sobretudo dentro de si mesmo. Era-lhe bem familiar a sensação que lhe invadia as narinas e o baixo-ventre para depois subir às têmporas num torvelinho de excitação.

Tinha nascido com aquele dom. Desde criança, conseguia farejar o pecado e, com o passar do tempo, aprendera a reconhecê-lo não apenas em pessoas, mas também em ambientes, na forma de uma trilha de mau cheiro deixada por palavras e atos impuros. O estudo da teologia ajudara-o a entender que não tinha um simples talento, mas sim uma *vocação*. Por isso se fizera padre para cultivá-la, aprendendo a discernir a verdade da mentira em meio a gritos de espasmo e estertores de moribundos. A certeza de ter uma profissão divina — uma missão — levara-o a aperfeiçoar-se.

E se tornara um caçador.

Cuja presa favorita era a heresia — o mal mais insidioso do espírito, capaz de insinuar-se na mente humana sorrateiramente, imperceptivelmente, e de corromper pouco a pouco a verdadeira fé, até reduzi-la a uma carcaça pútrida. Quando se manifesta, já é tarde: só se pode extingui-la com a pureza do fogo. Mas há também outro tipo de heresia, ainda mais abominável e assustadora porque se origina de uma escolha voluntária. Nesse caso, os hereges sabem muito bem que contrariam as regras do catolicismo e teimam em ofendê-lo, maculando-o com suas blasfêmias até do alto da fogueira. Cega-os o orgulho. O mesmo orgulho de Eva. O orgulho dos Luciferianos.

Não havia pecado mais grave. O orgulho instigava à desobediência, à ilusão de ser mais sábio que os demais e a repelir as leis divinas para criar leis próprias. E, embora alguns trocassem tudo isso pela liberdade, Konrad von Marburg via aí apenas uma armadilha da Serpente. Não se iludia a respeito disso, sabia que muitos concebiam a liberdade de um modo muito diferente do dele. A verdadeira liberdade era uma só: deixar-se guiar pelo Pastor. Não havia alternativa, pois quem não segue Cristo segue Satanás. *Extra Ecclesiam nulla salus,** gostava de repetir. E se alguém ousasse se separar do rebanho para seguir seu próprio caminho, ele preferiria arrancar-lhe os olhos a permitir que sucumbisse às tramas do Maligno. Por piedade cristã. E com prazer.

— Reverendo padre — disse alguém. Konrad então se lembrou de estar num quarto, no coração da noite, com uma tarefa a cumprir.

Voltou-se para o homem que falara. Galvano Pungilupo, um miliciano do exército dos Clavígeros posto a seu serviço por concessão do papa. Pouco importava que fosse um malfeitor mercenário vomitado por uma cloaca do norte da Itália. Não era sequer um bom soldado, pelo que se comentava, mas tinha notáveis qualidades de sabujo.

Estava acostumado a farejar no lodo desde a mocidade. Ele próprio o confessara desde o primeiro encontro dos dois. Se Konrad procurava alguma coisa, ou alguém, Pungilupo não o decepcionaria. Corriam boatos de que fora ele quem achara o tesouro escondido de Montecassino, graças ao qual o legado apostólico Pelágio pagara o soldo dos Clavígeros. E fora ele também quem descobrira Suger de Petit-Pont depois que Von Marburg lhe ordenara seguir os passos do médico desde Milão. Um ótimo serviço.

---

* "Fora da Igreja, não há salvação." Em latim no original. (N.T.)

Era hora de cerrar o punho de ferro e vencer os inimigos.

Konrad perambulou pelo quarto, repassando mentalmente os sinais do Maligno entrevistos entre aquelas paredes. Examinou-os um por um à luz da lanterna, para não esquecê-los jamais. Logo precisaria encontrar-se com um homem bastante sagaz e não queria deixar nada ao acaso. Só após certificar-se de ter memorizado tudo é que se voltou para o clavígero:

— E então, Galvano, encontrou o espanhol que estávamos procurando?

— Sim, *magister* — respondeu o soldado. — Mas o filho escapou.

— Escapou?

— Desapareceu num subterrâneo. Os homens ficaram com medo de segui-lo.

O religioso torceu o nariz.

— Quatro marmanjos com medo de perseguir um fugitivo?

— São supersticiosos. — Pungilupo expunha os fatos sem deixar transparecer nenhuma emoção em sua máscara de velho predador. — Nos subterrâneos de Nápoles repousam os mortos antigos.

Konrad cruzou os dedos atrás das costas e postou-se à sua frente. Era mais alto e robusto que Galvano. Sobre o hábito negro, o crucifixo metálico reluzia como uma arma pronta a golpear.

— E você, Galvano? Também tem medo de defuntos?

— Há coisas que me assustam mais — disse o soldado.

— Muito bem. — O padre sorriu. — É preciso pegá-lo. O rapaz, quero dizer.

— Deixe isso comigo, reverendo. — Pungilupo bateu no peito. — Peço permissão para agir sozinho, será mais fácil.

— Permissão concedida — disse Konrad. — Mas, antes de ir, faça entrar o espanhol.

Ignazio foi escoltado pelos esbirros na direção oeste, mas sempre dentro das muralhas de Nápoles. A princípio temera por si e por Uberto, mas no caminho pôs de lado a preocupação com o filho para tranquilizar Tomás, que o acompanhava cada vez mais assustado. Então, nas imediações da igreja de San Gennarello *ad spolia morti*, notou nele uma mudança de ânimo, como se aquele local lhe fosse familiar. Nesse momento, lembrou-se das palavras de Suger: Gebeard von Querfurt havia se alojado no albergue daquela igreja. Talvez o menino o reconhecesse, já que estivera ali no dia anterior em companhia do médico francês. Para grande surpresa de Ignazio, os soldados o levaram justamente para dentro daquela edificação.

Ignazio não sabia o que iria enfrentar. Esperava, é claro, um confronto com o homem que mandara prender Alfano e Suger, mas duvidava da legalidade do caso. Se fosse conduzido perante um tribunal espiritual, não saberia dizer até mesmo do que estava sendo acusado.

O albergue de San Gennarello não lembrava em nada uma hospedaria comum, mas sim um *dormitorium* de religiosos, com quartos preparados para acolher peregrinos durante longas permanências. Após entrar, o grupo percorreu um corredor até chegar a uma porta vigiada por um soldado com cara de lobo faminto.

— O clavígero — sussurrou Tomás para Ignazio.

O mercador logo confirmou essa informação ao notar na fivela do talabarte do guarda o brasão ilustrado por duas chaves cruzadas. A insígnia das milícias de São Pedro.

— Faça entrar o espanhol — ordenou uma voz lá de dentro.

O lobo faminto obedeceu e ordenou a um soldado que acompanhasse o prisioneiro ao interior do quarto. Ignazio se viu num pequeno recinto mobiliado unicamente com um armário e uma escrivaninha; e, instintivamente, dirigiu-se para a única fonte de luz que ali havia, uma vela suspensa por um homem de ombros largos, talvez mais alto que ele. Seu inimigo, sem dúvida.

O homem da vela estava no centro do quarto, o rosto banhado num sorriso ao mesmo tempo afável e ameaçador. Os olhos eram dois buracos escuros, inexpressivos como os de um peixe.

— O senhor é Ignazio Alvarez — disse com gentileza excessiva, quase grotesca. — Ignazio de Toledo.

— Quem deseja saber?

— Padre Konrad von Marburg, da Mogúncia. — Os olhos negros se estreitaram ligeiramente. — E não fiz uma pergunta.

O mercador concordou, disposto a não demonstrar emoções.

— Pois bem, reverendo, por que fui trazido à sua presença?

A resposta veio na forma de outra pergunta:

— Sabe que lugar é este?

— Não faço ideia — mentiu Ignazio, fingindo-se aflito.

— O lugar onde se alojava Gebeard von Querfurt — explicou o religioso. — Antes de ser morto.

O mercador abriu os braços. Outro gesto de consternação, outra mentira.

— Peço desculpas, mas isso não me ajuda a compreender a situação em que me encontro.

— Está na defensiva — observou Konrad. — Meus homens foram excessivamente brutais? A prisão o abalou?

— Isto não é uma prisão, é um sequestro — protestou o espanhol com uma pontinha de sarcasmo. E foi pago na mesma moeda.

— Tenha paciência, o burgomestre me concedeu ampla liberdade de ação.

Ignazio nunca vira nada igual. Era como se o homem à sua frente projetasse uma espécie de fluido venenoso que inibia suas defesas. O olhar, disse para si mesmo. Os reflexos tenebrosos daquelas íris amaldiçoadas impediam-no de raciocinar, deixando-o quase sem ação. Contudo seu inimigo agia de maneira cordial, quase amistosa. Entretanto bastava sua presença para amedrontar, pois tamanha mansidão era apenas um disfarce cuidadosamente elaborado para esconder uma terrível ameaça.

Na tentativa de se libertar daquelas garras invisíveis, o mercador olhou em volta. Estava num recinto de paredes escuras. Além da porta de entrada havia outra, que provavelmente levava a um dormitório. As únicas pessoas presentes eram ele, o padre e o guarda que o conduzira. A conta não fechava.

— Onde estão o médico francês e o cônego?

— Tudo a seu tempo, mestre Ignazio. — Konrad enfiou a mão num dos bolsos do hábito e pegou um pequeno frasco de vidro, expondo-o à luz da vela.

— Sabe o que é isto?

O mercador observou com atenção, fingindo desconhecimento. Uma comédia apenas para benefício do interlocutor. Ao primeiro olhar, tinha reconhecido o objeto.

— Um frasco contendo material indefinido — respondeu enfim.

— Já o viu antes?

— Pertence ao monsenhor Alfano Imperato, o cônego da catedral.
— Era inútil continuar disfarçando, concluiu Ignazio. Von Marburg sabia de tudo, não havia dúvida. — Comprou-o de mim hoje mesmo.

Konrad deixou escapar um suspiro de contrição. — Venda de falsas relíquias — advertiu.

— Eu nunca disse que esse frasco continha uma relíquia. Se Alfano pensa o contrário...

— Põe em dúvida a palavra do cônego Alfano? De um homem da Igreja? — irritou-se o padre. — Não sabe que o quarto concílio de Latrão proíbe a compra e a venda de relíquias falsas? Há uma lei específica para isso.

Ignazio tinha pressentido a cilada, sem conseguir evitá-la. Não havia previsto que a conversa iria tomar aquele rumo. Pensava ter sido capturado por envolvimento na morte de Gebeard von Querfurt. E continuava pensando: talvez Konrad tentasse enfraquecer suas defesas com acusações secundárias, antes de chegar à principal. Era uma prova de resistência que estava enfrentando.

— Não foi minha intenção vender esse objeto como relíquia — afirmou com uma segurança que demonstrava certa dose de orgulho. — Se o cônego me entendeu mal, não tenho culpa.

Von Marburg retrucou com um aceno de cabeça. — Ainda assim, o material contido neste frasco tem propriedades singulares. Não concorda?

— Nada de especial. Provém de uma pedra vulcânica e contém o princípio do fogo. Quando estimulado no grau certo de calor, passa ao estado fluido.

— Você não respondeu. Não acha essas propriedades singulares?

— São fora do comum, não se pode negar.

— Então acha também que qualquer coisa fora do comum é... como direi... uma aberração.

— Uma vez compreendida pelo intelecto, uma aberração deixa de sê-lo.

— Opinião fascinante. — Algo brilhou nos olhos de Konrad. — E diga-me, mestre Ignazio, como classifica o homicídio de Gebeard von Querfurt? Como outro fenômeno bizarro?

— Sem dúvida.

A voz do padre se tornou um murmúrio:

— Atribui também a ele o princípio do fogo, como à falsa relíquia contida neste frasco?

— Eis uma hipótese que não se pode descartar. — Temendo ser mal compreendido, o mercador procurou se expressar com a maior clareza possível:

— Talvez seja uma reação explicável segundo o princípio da *sympátheia* aristotélica.

Konrad acariciou o queixo, esboçando um sorriso.

— Conhece a filosofia de Aristóteles?

— Apenas os fundamentos.

— E a alquimia? Conhece-a também?

Ignazio negou-o.

Konrad parecia decepcionado. — O cônego Alfano sustenta o contrário. Disse-me que o ouviu falar em termos muito específicos, como *composto* e *calcinação*. — O mercador tentou explicar-se, mas o cônego o interrompeu. — Por favor, não negue. Seria embaraçoso. E, de qualquer modo, conhecer a alquimia não é proibido pela Igreja... por enquanto. Mas não tema, pergunto por mera curiosidade. Apenas queria saber de onde vem sua cultura.

— Não há segredo. Quando jovem, estudei na Escola de Toledo, com o mestre Gherardo de Cremona. Uma escola católica, surgida no seio da catedral.

— Uma escola de tradutores — completou o religioso.

Ignazio concordou.

— Uma escola onde circulavam traduções do grego, do hebraico e do árabe. — Konrad contou nos dedos e em seguida fechou o punho. — Traduções de textos que, em alguns casos, foram considerados subversivos. Heréticos. Necromânticos.

O mercador escolheu com cuidado as palavras para objetar:

— Muitos daqueles tratados se revelaram esclarecedores para a medicina, a matemática e até para o conhecimento dos astros. Foram úteis não apenas para o mundo leigo, mas também para a Igreja.

— O amigo é um hábil conversador, sabe manter em equilíbrio o fiel da balança — reconheceu o padre. — Aliás, eu não esperava menos de você. — E pousou a vela sobre a escrivaninha.

Foi então que Ignazio notou ali um objeto. Um embrulho em formato oblongo.

— Muito bem — prosseguiu Konrad, colocando a mão sobre o embrulho. — Nos tratados a que se refere, você encontrou símbolos como estes? — E, assim dizendo, abriu-o, revelando seu conteúdo.

Ao ver aquilo, Ignazio estremeceu e tentou recuar, sendo detido pelo guarda às suas costas.

O embrulho continha um membro humano. Mais exatamente, um antebraço amputado com precisão. A mão estava toda coberta de tatuagens. *Símbolos.*

— Queira desculpar-me. — O rosto de Konrad von Marburg se contorceu num esgar impiedoso. — Não pude trazer aqui o cadáver inteiro de Gebeard von Querfurt, por isso retirei a parte que mais interessava.

13

A irmã Clara de Grottaferrata virou-se no leito, embalada pelo frescor das primeiras horas da manhã. O sono, naquele momento, era mais doce, sobretudo pela certeza de poder permanecer ali por mais algum tempo, antes da primeira oração do dia. Embora situado no centro de Nápoles, o convento de São Gregório Armênio era uma ilha de quietude que favorecia a tranquilidade das monjas nele instaladas. Mas o repouso não iria durar muito, conforme a irmã Clara logo percebeu. A voz de Patrícia, sua criada, ressoou no piso inferior, provocando-lhe um sobressalto.

A monja levantou-se da cama, acendeu uma vela e caminhou em direção à escada que conduzia ao andar térreo. Desgrenhada e sonolenta, parou no primeiro degrau e esperou, bocejando, enquanto um rumor de passos subia até ela.

O rosto jovem da criada emergiu da sombra com uma exclamação de medo:

— Deus, Deus... O poço dos mortos!

A irmã Clara fitou-a com os olhos bem abertos, dois lampejos de turquesa diante da chama da vela. Os mesmos olhos de sua avó. Quando os contemplava, voltava à infância e revia aquela anciã que a criara, opondo-se até o último dia à sua vocação do claustro. "Porque você é bonita", repetia-lhe, "e as moças bonitas se casam, não acabam em conventos."

Mas Clara, depois de ver a mãe ser maltratada pelo marido e morrer no parto, havia preferido servir ao Senhor e não a um homem qualquer.

— O poço dos mortos? — perguntou, sem compreender. — Do que está falando?

— A tampa se move! Parece que alguém quer sair lá de baixo.

— Você sonhou. Deixa-se levar facilmente pela fantasia, como seu pai.

Não era uma censura. Patrícia não era uma simples serviçal, mas a filha do único irmão de Clara, falecido de febre, juntamente com a mulher, dois verões antes. E, como toda monja de São Gregório Armênio podia ter uma criada, Clara tomara a sobrinha a seu serviço para tirá-la da rua.

— Não é uma fantasia — insistiu a jovem. — Venha ver, tia, e depressa!

A monja teve de concordar.

Desceram juntas, de mãos dadas, até a cela de Patrícia. Clara chegou à janela e olhou para o jardim, cercado pelos aposentos das outras monjas. Bem no centro, havia um antigo poço. Não era bem um poço, sendo que ninguém se lembrava de ter visto água ali. Chamavam-no "poço dos mortos" porque talvez estivesse ligado às catacumbas ou — na pior das hipóteses — às ruínas de um templo pagão. Assim, era mantido fechado com uma tampa de tábuas de madeira.

Clara saiu para o jardim.

— Cuidado, tia! — recomendou a sobrinha, seguindo-a apreensiva.

Fazendo-lhe sinal para que ficasse atrás, a monja se aproximou do poço, forçada a admitir que, realmente, um barulho parecia subir do fundo. A princípio, julgou que fosse uma corrente de ar ou outro fenômeno natural, mas, chegando mais perto, percebeu que alguém estava forçando a tampa de madeira para sair.

Clara deu um passo para trás assustada. Numa fração de segundo, lembrou-se das muitas lendas em que o demônio atraía homens e mulheres para dentro de cisternas, grutas ou fossos, desaparecendo com eles para sempre — e já imaginava o que se diria da desventura da irmã Clara, caída no poço dos mortos ou raptada por Satanás. Talvez a fizessem santa...

Tolice pura, procurou convencer-se.

Entretanto o ruído no poço persistia.

A monja recobrou o ânimo, debruçando-se sobre as tábuas de madeira.

— Há alguém aí embaixo? — gritou.

O barulho cessou e ela se sentiu quase aliviada. Entretanto logo ouviu a resposta de uma voz masculina que pedia ajuda.

Clara ficou petrificada. É o diabo? — teria desejado perguntar a menina que havia dentro dela. Porém ela venceu o medo e estendeu a mão para as tábuas, que hesitou em tocar até ouvir novamente a voz. Veio-lhe então o desespero.

Voltou-se para Patrícia:

— Ajude-me a abrir!

— Mas, tia, não sabemos quem é...

— Há uma pessoa em dificuldade aí embaixo — insistiu a monja, agarrando a borda da tampa. — Quer me ajudar ou terei de fazer tudo sozinha?

A cobertura era fixada apenas com cordas e, graças ao auxílio da sobrinha, não lhe foi difícil deslocá-la. Em seguida, as duas mulheres recuaram para permitir que o prisioneiro do poço saísse. Viram assim emergir da cavidade um homem totalmente coberto de pó e lama, já no extremo das forças. Clara se debruçou sobre o poço para descobrir como ele pudera chegar até ali e avistou uma escada em caracol que descia às profundezas, desaparecendo nas trevas. Recompôs-se então e olhou para o desconhecido.

— Meu nome é Uberto... — começou ele, caindo exausto sobre a relva. — E, por Deus, serei eternamente grato a vocês.

14

O braço amputado parecia, à luz da vela, um animal morto. As tatuagens que decoravam a mão, inclusive os dedos, tornavam-no mais parecido com uma escultura, pensou Ignazio. Obra de um artista que mesclava o sagrado e o profano, traçando símbolos tão antigos quanto a história do homem. O cavaleiro, a serpente e a taça. Na palma, em contrapartida, viam-se a Madona com o Menino e uma pomba, que permitiam uma única interpretação: magia talismânica, híbrido oriundo de uma superposição de línguas, religiões e filosofias. O mais estranho, porém, era aquilo ser não um amuleto ou um pergaminho, mas uma mão. Uma mão pronta a fechar-se para abençoar. Um *signum*, como nos rituais orgiásticos da antiga Frígia.

Um amontoado de enigmas, diria o mercador. Porém, no olhar de Konrad von Marburg leu uma palavra bem diferente: *aberração*.

— Eu nunca tinha visto coisa igual — admitiu com franqueza. O guarda a seu lado, mudo como um túmulo, continuava a segurá-lo pelo ombro. Apenas por intimidação, pois o prisioneiro não teria como escapar dali.

O rosto de Von Marburg era um mosaico claro-escuro.

— Eu, porém, vejo-a pela terceira vez — revelou. — Três homens diferentes, em lugares muito distantes entre si.

— Não deve ter cortado o braço de todos — ironizou o mercador, sem achar graça alguma no que dizia.

Konrad não se deu por convencido. — Notou a inscrição embaixo da tatuagem do cavaleiro?

Ignazio observou o membro mais atentamente e descobriu sobre o dorso da mão sete hieróglifos:

— Ao primeiro olhar, parecem runas. Mas não são. Sabe o que significam?

O religioso lançou-lhe um olhar frio. — Isso não tem importância.

Claro que não, pensou o mercador. A única coisa realmente importante para Konrad von Marburg era descobrir o grau de seu envolvimento no caso e mantê-lo aprisionado num buraco pelo resto da vida. Certos homens pareciam nascidos unicamente para infligir tormentos em alguns círculos do inferno e esmagar todas as formas de vontade ou pensamento.

— Lamento decepcioná-lo — disse, fingindo não ter ouvido. — Não faço ideia do significado dessa inscrição.

Konrad não se deixou abalar. — Mas pode ser que, de *outros símbolos*, tenha conhecimento. — Havia uma nota de desagrado, ou talvez de impaciência, em sua voz. Pegou a vela da mesa e atravessou a soleira que levava ao ambiente contíguo.

— Permita-me mostrá-los.

Ignazio seguiu-o, sempre escoltado pelo guarda, e, como previsto, viu-se num dormitório.

Os outros símbolos eram reconhecíveis à primeira vista e de uma singeleza surpreendente.

No centro do pavimento, havia um círculo traçado a carvão e grande o suficiente para caber um homem. Dentro, duas letras gregas, um alfa e um ômega. Fora, três poltronas de madeira encimadas por uma pomba degolada, um peixe e uma vela derretida.

— Aqui, alguém tentou fazer uma... — Ignazio refreou a língua. Não queria pronunciar aquela palavra, não diante do homem que estava à sua frente.

— Invocação? — sugeriu Konrad, satisfeito. — Estou de acordo com você, mestre Ignazio, mas com uma reserva. Aqui, alguém não *tentou*, apenas. Aqui, o Maligno manifestou realmente seu poder.

— Você tem provas?

— Provas? E quantas! Vi símbolos idênticos também na Mogúncia, na casa de um herege que teve o mesmo fim de Gebeard von Querfurt e exibia os mesmos sinais tatuados na mão direita.

— São acontecimentos desconcertantes, não há dúvida. Mas ainda assim creio que podemos explicá-los sem invocar como causa o sobrenatural.

— Excluiria então a presença de um *mediador*? A intervenção de uma pessoa graças à qual se verificaram esses fenômenos?

— O senhor quer dizer um *magus*? — arriscou Ignazio, curioso. Não acreditava na magia, mas supunha que certos rituais tivessem o poder de liberar forças desconhecidas, de efeitos prodigiosos, aparentemente inexplicáveis.

— Não um *magus*, mas um *magister* — precisou o religioso. — É conhecido como Homo Niger e toma parte nos conciliábulos dos hereges. Deve ter viajado pela Alemanha, França, Itália e sabe-se lá por onde mais, reunindo à sua volta um círculo de discípulos encarregados de perpetuar seus ensinamentos. Diz-se que vem de Toledo, é alto e magro, sempre vestido de preto. Em suma, um espanhol versado nas filosofias ocultas, como você.

O mercador estremeceu.

— Não está por acaso insinuando que eu...

— Não insinuo nada, mestre Ignazio. *Deduzo*. Você há pouco se gabou de ter estudado em Toledo e de conhecer os livros de necromancia que lá são traduzidos.

— Está distorcendo minhas palavras! Não me gabei de coisa alguma nem confirmei o que o senhor afirmou com respeito à necromancia.

Konrad sorriu com astúcia.

— Mas também não negou.

Ignazio sentiu-se à beira de um abismo. Agora compreendia! Havia pressentido ter caído numa armadilha, mas não imaginava que Von Marburg tivesse a intenção de acusá-lo do homicídio das catacumbas. Contudo, não conseguia reprimir o desdém: as palavras que tinha ouvido beiravam a calúnia.

— Muita gente, em Toledo, fez os mesmos estudos — defendeu-se.

— Você, porém, é que está nesta casa, implicado nos acontecimentos. Acaso não presenciou a morte de Gebeard von Querfurt?

— Isso não quer dizer nada.

— Verdade? E o que fazia nas catacumbas?

— Já lhe expliquei. Concluía um negócio com o cônego da catedral.

— Mentira! — Nada em Von Marburg denunciava um acesso de raiva. Nada, exceto a voz, que se tornara cavernosa e ameaçadora. — Estava corrompendo um homem da Igreja oferecendo-lhe relíquias falsas! Depois, obrigou-o a assistir ao suplício das carnes de Von Querfurt. Um suplício ocorrido por obra do Maligno, com o fogo do inferno! — Seu indicador se ergueu em sinal de acusação. — Foi o sacrifício de um discípulo seu, não é verdade? Admita!

Ignazio conteve as emoções. O medo e o nervosismo só piorariam as coisas.

— O senhor não tem provas — retrucou, enquanto a mão do soldado lhe apertava o ombro como uma garra de ferro. — Antes de ontem, eu nunca tinha visto Gebeard von Querfurt. E não há precedentes que possam me associar a esse delito.

Konrad parecia a ponto de explodir, mas dominou a fúria que o devorava, contentando-se com algumas palavras agressivas. — Sustenta que não há precedentes? — rugiu, andando à volta do círculo sem tirar os olhos de Ignazio. — Em Colônia e outros lugares lembram-se muito bem de você. Sabe-se que viajou muito nos últimos anos. Esteve até no Oriente, entre os sarracenos, e há quem o considere um necromante.

Histórias antigas, disse o mercador para si mesmo, mas que sempre podiam vir à tona. — O caso de Colônia ocorreu há quase trinta anos. E quanto à minha presença em outros lugares, sempre agi de boa-fé. — Agora era a sua voz que exprimia fastio. — O senhor não acusa, mas calunia com base em boatos sem fundamento. Como ousa lançá-los contra mim?

Por um instante, Konrad pareceu impressionado com aquele comportamento. Porém, quando se dispôs a responder, sua voz era firme:

— Além de ser um expediente inútil, negar acusações diante de provas é sinônimo de desfaçatez. Mestre Ignazio, é orgulhoso a ponto de julgar que pode me iludir? Pois saiba que sua fama de necromante provém de fontes muito recentes e confiáveis.

O mercador fitou-o incrédulo. — Que fontes?

— Suger de Petit-Pont. — O padre escandiu as sílabas com mostras do mais intenso prazer. O prazer da aranha que captura a presa ainda viva em sua teia. — Agora entende por que estou convencido do fato de ser você o Homo Niger, o *magister* de Toledo responsável por esse infame episódio. O grão-mestre dos Luciferianos.

— E quem são os Luciferianos? — perguntou Ignazio, incapaz de acreditar no que ouvia. Porém o guarda ao seu lado surpreendeu-o com um soco no ventre, tão violento que o fez dobrar-se para a frente.

Aquilo devia ser apenas o começo, pensou com terror.

E em sua mente se desenhou a imagem de uma fogueira.

15

Galvano Pungilupo gostava de sair à noite. O mau cheiro da ralé não o incomodava. Ao contrário, apurava seus sentidos de cão de caça. O cheiro das ruas servia-lhe de inspiração, indicando-lhe aonde ir, o que procurar. Achava mais estimulante caçar nos bairros infestados de miasmas do que nos bosques e espaços abertos. Pois, se a presa favorita de Von Marburg era a heresia, a dele era o homem.

Pungilupo tinha predileção, acima de tudo, pela fauna noturna das cidades. Ladrões, prostitutas, mendigos, cafetões. Observava com avidez seus movimentos, suas vidas secretas, e convivia sem problemas com a escória da escória. Naquelas criaturas da sombra, descobria mais vitalidade que nas chamadas pessoas de bem. Uma vitalidade primitiva, desagradável como uma fruta azeda, mas intensa a ponto de causar espanto. Por isso aceitava da noite o que desse e viesse, certo de jamais se decepcionar. Quanto maior o mau cheiro, maior o prazer.

E era denso o mau cheiro que exalava dos subterrâneos onde se metera o filho do mercador de Toledo. Mais densa ainda era a treva. Pungilupo desceu e seguiu pelo corredor principal, penetrando no que lhe pareceu uma rede de catacumbas esquecidas havia séculos. Avançou com cautela, examinando à luz da tocha nichos, poças de lama, fragmentos de afrescos esquecidos por Deus e pelos homens. Seriam necessárias semanas para percorrer aquele labirinto.

Receando perder-se, voltou à superfície.

Talvez o espanhol ainda estivesse vagando lá dentro. Ou talvez tivesse morrido, depois de cair numa fenda ou ser atacado por ratos vorazes. Dizia-se que nas cloacas de Nápoles eram enormes e agrediam quaisquer formas de vida que viam pela frente, inclusive seres humanos. Mas Pungilupo recebera ordem de encontrar o fugitivo e por isso não se deu por vencido; continuou a palmilhar os becos vizinhos para o caso de o rapaz ter saído daquele buraco.

Se tinha saído, devia ter deixado traços de sua passagem. Alguém o teria notado e até lhe dirigido a palavra. Seria difícil desaparecer no nada, principalmente em se tratando de um forasteiro, ainda que dos mais espertos. Assim, o clavígero continuou a investigar até que lhe chegaram aos ouvidos vozes femininas. Seguiu aquele som, na curiosidade de saber a quem pertenciam, e, afastando-se da entrada da catacumba, encontrou um grupo de meretrizes — quatro ou cinco, que percorriam o submundo em busca de clientes.

Aproximou-se com cuidado. Se provocadas, aquelas megeras poderiam se revelar mais perigosas que um facínora. Hábeis tanto em dar prazer quanto em brandir lâminas e venenos, nunca se sabia o que ocultavam sob as roupas.

— Saudações, senhoras — cumprimentou ele. — Alguma de vocês viu por acaso um espanhol vagando por aqui?

— Há meses que não pego um espanhol — suspirou uma moça loira, despertando o riso das companheiras.

— Chama-se Uberto Alvarez — prosseguiu o clavígero. Talvez estivesse perdendo tempo, porém valia a pena tentar. Em geral, as prostitutas eram ótimas observadoras e mais de uma vez lhe haviam prestado bons serviços. — Hoje ele andou por aqui na companhia do pai. Não é um plebeu qualquer, destaca-se pelas roupas caras e tem bom aspecto.

— E o que fez esse sujeito? — perguntou a moça loira.

— Quero ajudá-lo — mentiu Pungilupo. — O pai dele foi preso.

Ao ouvir isso, a mais velha do grupo deu um passo à frente. Cabelos negros, seios provocantes, um rosto encantador. — Nosso tempo custa dinheiro, meu caro — disse em tom malicioso. — Está aqui para falar ou para agir?

O clavígero abriu um sorriso de lobo esfomeado. — As duas coisas, é claro.

— Vamos ver, então — provocou a mulher, tomando-lhe as mãos para levá-las ao peito. — Você é soldado, não é? Sei do que os soldados gostam.

Pungilupo apalpou a carne de Ermelina e em seguida a empurrou com uma careta de desgosto.

— Não com você, sua prostituta velha. — E, examinando o grupo, acenou para que a moça loira se aproximasse. Não devia ter nem 15 anos, mas já trazia nos olhos o despudor de uma longa experiência. Pungilupo abaixou-lhe o decote do vestido para ver-lhe os seios. Eram firmes, com mamilos pequenos. O clavígero apalpou-os com força, sem se importar com a dor que pudesse estar infligindo. Carne fresca no fundo de uma cloaca, pensou. Por fim, passou-lhe os dedos pelos lábios e mandou-a ajoelhar-se à sua frente.

Enquanto sentia a excitação aumentar, Pungilupo se lembrou de uma coisa. Um objeto que tinha visto na casa de Alfano Imperato na noite anterior, quando ali havia entrado com Von Marburg. Um objeto que o médico francês segurava até colocá-lo a um canto, onde ninguém lhe prestou mais atenção...

Talvez aquilo lhe pudesse sugerir alguma pista.

E talvez o filho do mercador tivesse ido buscá-lo.

16

Patrícia lamentava vê-lo partir, o belo senhor Uberto.

Depois de sair do poço dos mortos, ele havia se estendido exausto sobre a relva. Tia Clara ordenara que o levasse para um lugar seguro, antes que as outras monjas tomassem ciência do acontecido. Era proibido falar com homens no mosteiro de São Gregório Armênio, sobretudo à noite, e se alguma delas tivesse visto tudo, a confusão seria imensa. No momento, não convinha incomodar a abadessa, que sempre exigia explicações sem fim por qualquer ninharia. Quanto mais por uma situação daquelas! Melhor seria tapar de novo o poço e voltar para o claustro, sem chamar a atenção de ninguém.

Deitado sobre um catre no andar térreo, Uberto tinha adormecido murmurando um último "obrigado". Tremia de febre. Estava cansado, assustado e respirava com dificuldade. Lá embaixo, no subterrâneo, não havia ar puro, a julgar pelas exalações que escapavam do poço nos dias de chuva.

— Cuide dele — ordenara-lhe a tia Clara. — E não conte nada a ninguém até eu lhe dar autorização.

Não precisara repetir. Na clausura de um convento, eram raríssimas as oportunidades para desfrutar da companhia de homens, especialmente os belos como aquele. A primeira coisa que tinha feito foi despi-lo. Suas roupas estavam rasgadas e sujas, agora imprestáveis. Em seguida, limpara-o da cabeça aos pés com um pano molhado. E, enquanto removia a sujeira, devorava-o com os olhos. Como era belo!

Cederia à tentação de beijá-lo se Clara não aparecesse para obter informações. Saber talvez de onde ele vinha e, sobretudo, se era casado.

Uberto despertara pouco antes do amanhecer. Um rápido bater de pálpebras, um sobressalto. Depois, pedira água. Ao trazer-lhe o copo, a jovem ficara encantada com seus olhos cor de âmbar.

Em seguida, ele adormecera de novo.

No outro dia, havia acordado assustado e, sem desperdiçar palavras, queria saber onde estava e por quanto tempo havia dormido. Patrícia pedia-lhe que repousasse um pouco mais, mas ele parecia decidido a partir sem demora. Era gentil, bem educado e chegou a prometer pagar pelo incômodo que causara. Qual incômodo qual nada!, pensou Patrícia. A tia Clara também recusara a oferta, explicando que caridade não exige ressarcimento. Uberto fez então um último pedido: uma muda de roupa, algo simples que não chamasse a atenção.

Foi embora sem dar explicações sobre sua presença no poço dos mortos. E, ao vê-lo partir, Patrícia quase chorou.

Que Deus o abençoasse, a seu belo senhor Uberto.

Carros e pessoas indo e vindo. Donas de casa, mercadores, crianças de pés descalços. Às primeiras luzes da manhã, as ruas de Nápoles eram um caos de imagens e ruídos. Uberto cruzou a passarela entre o mosteiro de São Gregório Armênio e o de São Pantaleão, rumando em seguida pela galeria paralela à praça Summa. Procurou agir com naturalidade, sem se expor ao sol, embora tivesse certeza de que passaria despercebido. Em troca das roupas em farrapos, a irmã Clara de Grottaferrata lhe conseguira um hábito de franciscano, remendado em alguns pontos, mas limpo. Uberto apreciara sobretudo o capuz, amplo o suficiente para esconder seu rosto. Do vestuário anterior só conservava os sapatos, o alforje e a bolsa amarrada com barbante. Além disso, escondida sob o hábito, levava uma faca suspensa do pescoço por uma tira de couro.

Na noite anterior, receara que tudo estivesse perdido. Adeus, Moira, adeus, pequena Sancha, pensara. Adeus, meus pais. Caminhara, tateando, entre poças de água fétida e paredes descascadas, passando a mão por coisas tão repelentes que sua simples lembrança causava asco. Incapaz de encontrar a entrada, tivera de prosseguir no escuro, sufocado pelas exalações pútridas, e, quando já se julgava perdido, sentiu um sopro de ar pelo qual se guiou até uma cisterna que abria para a superfície. Não fosse aquele golpe de sorte, continuaria vagando nas profundezas até morrer.

Agora, porém, devia tentar ajudar o pai, que no momento talvez estivesse fazendo companhia a Alfano e Suger, presos por conta da acusação de necromancia, conforme relatara Tomás. Ainda que o caso estivesse sob a jurisdição de um tribunal episcopal ou de um religioso investido de poderes especiais, eles deveriam se encontrar num cárcere gerido pelas autoridades civis, como de praxe. Mas Uberto não sabia por onde começar.

Estava sozinho em Nápoles. Ignorava a quem recorrer e temia que, fazendo perguntas nos lugares errados, só despertasse suspeitas. Não bastasse isso, era bem possível que os esbirros de Von Marburg ainda estivessem em seu encalço, motivo pelo qual devia usar da máxima discrição. De resto, a pista a seguir era uma só.

Dirigiu-se rapidamente para a casa de Alfano Imperato e, ao chegar, postou-se junto a uma velha coluna de mármore, do outro lado da rua. Tinha um plano, mas precisava esperar. Transcorreram duas horas antes que alguma coisa acontecesse. Enquanto isso, assistiu a uma briga entre rapazes, à exibição de um saltimbanco e até a uma balbúrdia que anunciava a expulsão dos franciscanos de Spoleto, acusados de simpatizar com os Clavígeros.

Por fim, sua paciência foi recompensada. A porta da casa se abriu, dando passagem à criada do cônego com dois baldes nas mãos. Uberto esperou que ela se adiantasse um pouco e, quando teve certeza de que ninguém o tinha visto, seguiu-a.

A criada avançou pela praça Summa, evitando de propósito os olhares dos passantes. Ainda assim, precisou parar pelo menos duas vezes para responder a perguntas de algumas comadres. Perguntas referentes, sem dúvida, à prisão de Alfano, a julgar por sua atitude ao mesmo tempo evasiva e embaraçada. Por fim, retomou seu caminho e chegou a um poço no centro de um largo, encheu os baldes e dirigiu-se novamente para a casa. A carga devia estar pesada, pois teve de parar sob um pórtico, afastando-se da multidão.

Uberto não deixou escapar a oportunidade. Esperou que a mulher recuperasse o fôlego e postou-se de súbito à sua frente. Agarrou-a pelo braço e arrastou-a para a sombra de um beco deserto, sem se fazer notar por ninguém. Não pôde evitar que ela soltasse os baldes, mas impediu-a de gritar, tapando-lhe a boca. Imobilizá-la é que foi mais difícil. A mulher era mais robusta que muitos valentões do submundo e Uberto teve de empregar a força. Não gostava daquilo, mas não lhe restava alternativa.

— Quieta! — sussurrou, descobrindo o rosto. — Você me reconhece?

A serva, paralisada de espanto, anuiu.

— Vou tirar a mão de sua boca, mas não grite... — Mostrou-lhe a faca. — Entendido?

Outro gesto afirmativo.

Uberto não pensou que fosse capaz de uma conduta tão ignóbil e, ao perceber que o fazia com a maior facilidade, aborreceu-se consigo mesmo. Justificou-se, porém, concluindo que aquela era uma situação desesperada. — Ontem seu patrão foi preso — disse. — Para onde o levaram?

A mulher sacudiu a cabeça.

— Não sei...

— Está mentindo! — Uberto aproximou a faca de sua garganta.
— É claro que sabe. É a criada dele. Viu quando o prenderam?

Uberto percebeu o medo que a dominava, mas, embora apiedado, aumentou a pressão da lâmina. — Não me obrigue a fazer o que não quero — ameaçou, movido mais pelo desespero que pela raiva.

— Diga-me para onde o levaram.

A mulher cedeu:

— Para a ilha do Salvador — confessou, esmorecendo como um odre vazio. — Junto com o médico francês.

— Uma ilha?

— Sim. A ilha do Castelo Marino.

Ele afrouxou a pressão da lâmina. — Pois bem, diga-me onde é esse lugar e a deixarei ir.

Depois que a mulher se foi, Uberto enveredou pelo beco deserto. Agora sabia onde o pai estava preso. Esse progresso lhe trouxe um pouco de esperança, mas não muitas ilusões. A informação de nada valeria se ele não descobrisse o motivo da prisão de Ignazio, se não procurasse o tal Konrad von Marburg para ouvir suas razões e dissuadi-lo. Uberto, porém, tinha consciência de que, se fosse tratar diretamente com aquele homem, poderia acabar também atrás das grades. Precisava de um intermediário, de alguém ligado ao ambiente eclesiástico que estivesse disposto a falar em seu lugar. O único nome que lhe veio à mente foi o da irmã Clara de Grottaferrata, mas duvidou que uma simples monja tivesse autoridade suficiente para se fazer ouvir por Von Marburg.

Escutou um rumor de passos. Bem lentos, bem cautelosos.

Voltou-se rapidamente e seu olhar se cruzou com o de um homem. Estatura mediana, com sobretudo militar, punhal na cintura.

O soldado parou no meio do beco deserto e observou-o com atenção, sorrindo complacentemente. Um sorriso de lobo esfomeado. "Eu o conheço", parecia dizer. Pousou no chão o alforje de pano que trazia a tiracolo e correu na direção de Uberto.

O jovem pressentiu o perigo e se pôs a correr também, mas não pôde evitar que o perseguidor o alcançasse. Foi empurrado, caiu de joelhos e viu-se agarrado pelo hábito.

— Fique quieto e deixe-me ver seu rosto! — ordenou o esbirro, baixando-lhe o capuz. — Ah, então é você! O filho do...

Uberto golpeou-o no rosto, desvencilhou-se e tentou fugir. Porém o soldado barrou-lhe o caminho e sacou um punhal numa fração de segundo. A lâmina cortou o vazio.

— Espanhol de merda! — rugiu o homem, o sangue a escorrer do nariz e da boca.

Evitando um segundo golpe, o jovem se agachou e pegou uma pedra para se defender, mas, antes que pudesse fazê-lo, recebeu uma joelhada na virilha e um soco no maxilar. Caiu de bruços, sentindo nas costas outro golpe que lhe tirou a respiração.

— Eu sabia que você iria à casa do cônego. — O soldado esfregou o queixo sujo de sangue e pegou o alforje que pousara no chão. — Para procurar *isto*, não é?

— Não... — balbuciou Uberto, sem compreender o significado daquelas palavras. Ele estendeu a mão a fim de agarrar a pedra, mas percebeu que ela rolara para longe.

Irritado com aquele gesto, o esbirro levantou um pé para atingi-lo no rosto, mas de repente lançou um grito de dor. Alguém lhe acertara uma pedrada. Voltou-se rápido, com ar feroz, e avistou uma mulher de cabelos pretos sair da penumbra.

— Eu a conheço — grunhiu, apontando-lhe o punhal. — Puta velha!

Uberto estava atordoado e ferido, mas, vendo que o inimigo lhe voltava as costas, recobrou o ânimo. Pôs-se em pé, empunhou a faca que trazia pendurada no pescoço e atacou-o por trás.

Com um grito lancinante, o esbirro deixou cair o alforje e o punhal, levando a mão ao lado direito do rosto. A orelha tinha sido amputada rente e o sangue escorria em borbotões para o pescoço. Comprimindo a ferida, ele lançou ao agressor um olhar tão cheio de ódio que beirava a loucura, mas, de repente, recuou. Uberto havia recolhido seu punhal e apontava-o diretamente para ele.

O soldado era uma máscara de sangue e dor.

— Vai me pagar! — ameaçou, espumando pela boca. — Os dois vão me pagar!

Uberto não sabia o que fazer, dividido entre o instinto de matar e o remorso por ter infligido tamanho sofrimento a um semelhante. Observava aquela figura encurvada e trêmula de ira, incapaz de prever como reagiria.

O clavígero se aproveitou de sua hesitação e, derrubando a mulher, fugiu gritando para a praça Summa.

— Chamem os guardas! Chamem os guardas! — bradava Galvano Pungilupo, correndo em meio às pessoas com o rosto banhado em sangue.

— Venha comigo, senhor — disse Ermelina, levantando-se do chão. — Ou terá de se haver com os soldados.

Uberto reconhecera-a à primeira vista. Era a prostituta que um dia antes tinha conversado com seu pai. Antes de responder, pegou o alforje que o esbirro deixara cair e examinou seu conteúdo. Surpreso, encontrou ali o manto do Sagitário. O soldado devia ter ido à casa de Alfano para apanhá-lo, supondo que ele e seu pai fariam o mesmo. Estava enganado! No dia anterior, Uberto não teria hesitado em desfazer-se daquele objeto sem remorsos, mas agora não se sentia capaz disso. O manto podia ser útil. Assim, colocou o alforje a tiracolo e, de má vontade, seguiu a mulher.

Ermelina o conduziu para longe da praça Summa, enveredando por um emaranhado de ruelas, esquinas e arcadas de um mundo à margem que serpenteava em torno das vias principais. Depois de algum tempo, penetrou num corredor que levava a um pátio cercado de casebres.

— Agora estamos a salvo — disse a mulher, parando.

Uberto ia responder, mas ela o deteve com um gesto.

— Ontem o vi com Ignazio de Toledo. Vocês se parecem muito. É o filho dele, não é?

— Sim.

— Recebi notícias de seu pai. O homem que o agrediu... eu sabia que estava em seu encalço. Veio aqui esta noite para procurá-lo. Fez perguntas a mim e às minhas colegas, falou de Ignazio... Quero ajudá-lo.

Uberto cruzou os braços.

— E por quê?

— Isso é comigo. — Ermelina desafiou o olhar do jovem, encarando-o com severidade. — Não confia em mim?

— Defendeu-me e agradeço-lhe por isso — confessou ele. — Mas você não me agrada.

— Não quero agradar a quem precisa da minha ajuda. — A mulher falava com ênfase, mas sem demonstrar emoções. — Precisará de mim se quiser libertar seu pai.

— Não precisarei — rebateu Uberto, apontando para o alforje. — Aí dentro há um objeto que provará nossa inocência. Entregando-o, darei prova de boa-fé.

— Não sei do que está falando, mas, se você for reconhecido, será imediatamente preso e não terá nenhuma oportunidade de dar explicações nem de libertar seu pai.

— Poderei apelar para...

— Ninguém o escutará. — Palavras duras, as de Ermelina. — Não entende? Quem é aprisionado na ilha do Salvador pode se considerar morto.

— Conhece aquele lugar? O Castelo Marino?

— Conheço os soldados que ficam aquartelados lá.

Uberto fez que compreendia. — Estou me lembrando — disse, com desgosto. — Seu marido...

— Sim, meu marido — confirmou ela desdenhosamente. — E muitos outros.

— Acha que algum dos guardas poderá libertar meu pai?

— Os favores de uma prostituta não bastam para conquistar a cumplicidade de um soldado. Será preciso agir de outro modo. Entrar furtivamente no castelo, encontrar Ignazio e tirá-lo de lá.

— Eu preferiria métodos mais discretos e menos arriscados.

Ermelina sacudiu a cabeça.

— Se quer seu pai de volta, não há alternativa. Terá de arrancá-lo das mãos dos carcereiros e fugir de Nápoles.

— Mas seu plano é absurdo — ponderou Uberto. — Como entrar numa fortaleza inexpugnável e sair ileso?

— Um homem já fez isso — respondeu Ermelina, exibindo um sorriso de cumplicidade. — É a ele que você deve recorrer.

Uberto sentiu-se, a contragosto, contagiado por aquele sorriso.

— Começo a ficar curioso. Fale-me desse sujeito.

— Ele vive na zona do Mandracchio. Chama-se Nicolau di Bari, mas todos o conhecem por Cola Peixe.*

---

* Esse nome é uma alusão ao personagem de uma lenda medieval do sul da Itália: Nicola Pesce (ou Cola Pesce) era um homem que não saía nunca do mar e, por isso, acabou se transformando parcialmente em peixe. (N.T.)

Terceira Parte
O CASTELO À BEIRA-MAR

Nasci sob a estrela de Nicolau di Bar
Que, se mais vivesse, sábio se tornaria.
Mas passou muito tempo com os peixes, no mar,
E, sabendo embora que mais cedo ou mais tarde morreria,
Nunca mais à terra firme quis voltar
Ou, se o fez, logo regressou
Ao grande mar de onde não mais pôde sair
E onde acabou por sucumbir.
— Raimon Jordan, *Aital astr'ai com Nicola de Bar*

17

A prece não bastava. Não ali. Não sob aquele sol causticante, mediterrâneo, açoitado por um vento que trazia odores de um mundo muito diferente do seu. Na Turíngia, o sol tinha o aspecto de um astro pálido, distante, que no auge do verão emitia no máximo uma leve tepidez. E o vento... o vento das regiões germânicas não era por certo um zéfiro perfumado, mas um chicote duro e sibilante.

Não, a prece não bastava para ele mergulhar na reflexão.

Konrad von Marburg descia de uma das torres mais antigas do Castelo Marino, erigida durante a dominação normanda. Preferira-a às outras porque era mais nua e compacta. Já as de Colleville, a principal e a do meio, ostentavam embelezamentos que lembravam o estilo árabe, despertando nele uma antipatia instintiva. Por motivos semelhantes, evitara a igreja de São Salvador dentro das muralhas. Era uma construção antiga e, como todo monumento que remontava à época romana, exibia uma desagradável semelhança com os templos pagãos.

No entanto, mesmo na torre normanda mais sóbria, Konrad não conseguia encontrar nem silêncio nem alívio. Lá em cima, postara-se diante de uma janela estreita que abria para o mar, até que a luz intensa e o ar salobro começaram a incomodá-lo.

Foi, pois, quase com precipitação que desceu a escada, segurando firme seu crucifixo de metal. O contato daquela superfície fria o fez se sentir um pouco melhor, mas não muito. Fechou os olhos, tentando evocar terras sombrias açoitadas pelo vendaval, paisagens áridas, florestas mirradas e aldeias encolhidas em volta de igrejas enraizadas no chão como árvores seculares. Por fim, sentiu reviver no espírito o temor de Deus, aquele arrebatamento puro e inflexível que por um instante julgara fenecido.

A fraqueza o dominara uma hora antes, quando se vira face a face com Tomás. O menino o deixara abalado, infundindo-lhe um calor tão intenso que o confundira. Não era uma simples mostra de humanidade ou de doçura infantil. Tomás tinha um quê de especial, bastara-lhe pronunciar umas poucas palavras para Konrad reconhecer nele o dom da graça. A luz sublime do Espírito Santo.

Contudo a fé de Tomás era diferente da sua. A princípio, Von Marburg receou que ela estivesse infectada pelo veneno da heresia, mas logo mudou de ideia e, por um instante, até desejou ser como aquele menino para liberar uma interioridade refreada durante anos, desde a infância. Em seguida, lembrou-se de sua natureza de caçador e apressou-se a reprimir esse sentimento para não sucumbir a ele. Isso seria um equívoco, pensou. A luz divina devia, nele, refletir-se em cristais de granizo. Cristais transparentes e cortantes como uma lâmina.

Graças a esse rigor, Konrad conseguira pôr o necromante espanhol contra a parede, ainda que apenas num confronto preliminar. O verdadeiro processo ainda estava por vir. Primeiro, haveria o interrogatório meticuloso dos outros prisioneiros, para não deixar que Ignazio de Toledo se safasse por causa de um erro processual.

A esse respeito, a conversa com Tomás se revelara infrutífera. O menino não estava profundamente envolvido no caso. Por ingenuidade, acreditara na inocência do mercador. Por altruísmo, advertira-o do perigo. Não se podia acusá-lo de nada. Dera provas de um coração bondoso, expondo-se para defender aqueles que considerava inocentes.

Menos proveitoso ainda fora seu contato com Suger. Felizmente, Konrad dispunha de outras informações. Informações independentes das obtidas de Tomás e que associavam o *magister medicinae* não só ao homicídio de Gebeard von Querfurt como também à seita dos Luciferianos.

Mais alguns elementos e os poria a todos de joelhos.

Depois de descer da torre normanda, passou sob um arco e prosseguiu à sombra de uma galeria de madeira, cruzando-se com um grupo de monges basilianos que se dirigiam à igreja da ilha. Por um instante, pôs de lado a aversão e sentiu-se tentado a segui-los. Apesar da arquitetura que evocava o paganismo, São Salvador não deixava de ser um local de preces. Seria bom visitá-la, mas não naquele momento. Sua presença era exigida em outra parte.

Protegendo os olhos do revérbero do sol, saiu da galeria e dirigiu-se a um amplo terraço aberto para o mar, onde um grupo de pessoas esperava sua chegada. Entre todas, destacava-se o corpulento burgomestre da praça Summa. A seu lado, magro e reto como uma tábua, o bailio* urbano mexia, inquieto, nos cordões do manto. Konrad se aproximou dele com expressão amistosa. Na ausência de funcionários da corte, aquele homem representava a vontade dos *majores cives*, as autoridades civis de Nápoles.

— Reverendo padre — cumprimentou o bailio com uma mesura rígida —, espero que a estadia no Castelo Marino esteja a seu gosto.

— Não há estadia. — O religioso fez um gesto de desprezo, irritado com a simples ideia de ver-se rodeado de conforto. — Preciso apenas dos cárceres.

— O castelo é propriedade imperial — observou o fidalgo, mal contendo a irritação. — Mas, dadas as circunstâncias e considerando-se a autorização papal que lhe foi concedida, não podemos impedi-lo de utilizá-lo.

---

* Na baixa Idade Média, o bailio era o representante do rei nas províncias, que tinha o poder de fiscalizar os funcionários locais, convocar a nobreza e seus soldados para o serviço militar, arrecadar impostos e reunir a corte judicial pelo menos quatro vezes por ano, no território sob sua jurisdição, chamado bailiado. (N.T.)

Von Marburg anuiu para manifestar uma gratidão que na verdade não sentia. A seu ver, quem agia em nome da Santa Sé tinha o direito de dispor de tudo e de todos.

— Afinal, o imperador Frederico II sempre se pronunciou a favor da caça à heresia. — Com essas palavras, desafiava o interlocutor a externar sua hostilidade. E, sorrindo, acrescentou:

— Apesar dos recentes atritos com o papa, entenda-se.

O bailio tremeu de raiva, mas absteve-se de replicar. — Reverendíssimo — interveio o burgomestre, apontando para um homem e uma mulher que permaneciam a um canto —, como o senhor pediu, eu trouxe aqui os parentes mais próximos do menino. Deseja interrogá-los?

Konrad continuou fitando o burgomestre, um homem gordo como um boi, mas de natureza pacífica. Ele tinha sido muito útil para a operação policial — o sequestro — na noite anterior. — Não... — respondeu, virando-se para o casal. Ambos jovens, a mulher tinha traços fortes, quase mouriscos; o homem ostentava no rosto a herança lombarda dos nobres de Aquino. — Mandei que viessem apenas para levarem o menino. Tomás está livre, confio-o aos cuidados da família. — E, ignorando as manifestações de gratidão, voltou-se novamente para o bailio:

— Cuide das formalidades da soltura. Eu tenho mais em que pensar.

Ao ver-se tratado como um mísero subalterno, o funcionário indignou-se a ponto de ensaiar uma resposta dura. Mas Konrad o calou com uma bênção sumária, girou nos calcanhares e afastou-se, desinteressado de qualquer cerimonial de despedidas que pudesse estar ocorrendo às suas costas.

O que o irritava não era tanto o clima, mas a circunstância. Metera-se num ninho de vespas hostis ao papa, refreadas apenas pelo receio de que o imperador estivesse morto e Gregório IX pretendesse estender seu domínio sobre Nápoles. Na qualidade de emissário da Sé Apostólica, Von Marburg tinha plena consciência de ser odiado e temido. Contudo, não se importava muito com isso. Aguardava-o um interrogatório a ser feito antes das vésperas. O dia seguinte seria o Domingo de Páscoa e ele não queria que a obra do Maligno obscurecesse, fosse como fosse, aquele santo acontecimento.

Voltou à torre normanda e subiu até as celas, onde ordenou ao carcereiro que lhe abrisse uma delas. O guarda obedeceu, oferecendo-se para acompanhá-lo ao interior.

O religioso recusou. Naquele caso, disse, não havia necessidade.

Dentro de um cubículo que podia abrigar no máximo três pessoas, Alfano Imperato esperava, sentado a um canto. Percorria-lhe o corpo um tremor difuso, acentuado por curtos gestos espasmódicos das mãos.

Konrad atravessou a soleira e saudou-o respeitosamente. — Reverendo padre, é com pesar que o vejo nesse estado.

— Então, por favor, me liberte — retrucou Alfano, reencontrando em si uma ponta de orgulho.

O padre sacudiu a cabeça. — O meu pesar não determina, *a priori*, sua inocência.

— Já lhe contei tudo o que sabia — protestou o prisioneiro. — Não tenho nada a ver com os seus Luciferianos. Não me maculei com culpa alguma!

— Todos são culpados. — As palavras de Konrad iam além da mera censura. — Como homem da Igreja, você deveria saber disso melhor que ninguém.

O cônego se perturbou.

— Desculpe minha petulância, *magister*.

— Soberba — corrigiu o alemão.

— Como?

— Antepondo seu juízo ao divino, você cometeu o pecado da soberba. — Konrad apontou-lhe o dedo. — Ou acreditava que sua consciência era infalível como a balança de São Miguel Arcanjo?

— Tem razão, peço-lhe desculpas.

Von Marburg encenou uma expressão de dúvida.

— Acaso não cometeu também o pecado da mentira?

— Por que o faria?

— Por medo do castigo — disse o padre. — A propósito, notei algumas discrepâncias entre sua versão e a do pequeno Tomás. Lembra-se do que me contou a respeito do *magister* de Toledo? Disse que não sabia nada dele até conversar com Suger. Ora, o menino afirma que quem o mencionou primeiro foi você.

— Deve estar confuso, não há outra explicação...

— Tem certeza?

— Vi esse menino durante a conversa. Estava um pouco distraído e andava pelo escritório admirando as imagens sagradas. Sem dúvida, entendeu mal...

Konrad fitou-o de braços cruzados, marcial e impenetrável.

— Seja prudente, reverendo Alfano — ameaçou. — Se eu descobrir que está mentindo, serei forçado a concluir que me esconde alguma coisa importante. Talvez suas relações com Gebeard von Querfurt fossem mais estreitas do que afirma...

— Isto é um insulto! — desabafou o cônego. — Sou sincero, detesto a heresia em todas as suas formas!

— Pois então — disse o padre, em tom conciliador —, abra-se comigo.

— Quer me confessar?

— A confissão lava os pecados, bom padre. Eu, porém, quero desmascará-los.

Alfano se encolheu. — Mas, sem a absolvição, isso seria um...

— Interrogatório? — Von Marburg levou a mão à boca, como se houvesse pronunciado uma obscenidade. Quando a retirou, seus lábios exibiam um sorriso cúmplice. — O interrogatório é para quem esconde a verdade. Com você, o que quero é ter uma conversa confidencial.

— Sou-lhe muito grato, mas não saberia por onde começar... Ontem à noite, já lhe contei tudo sobre Ignazio de Toledo e o caso da relíquia falsa...

— Alguma coisa sempre fica para trás. — Von Marburg fez um gesto vago. — Em minha opinião, você foi vítima de uma trama tecida por uma seita herética. Peço-lhe, pois, que reexamine o acontecido deste ponto de vista. Para começar: quem o procurou?

— Gebeard von Querfurt.

— Assassinado.

— Morto por um jato de fogo — precisou Alfano, cada vez menos na defensiva. — Um jato saído... Não, saído não, *emanado* de um homem surgido do nada.

— Sabe quem é?

— Estava escuro e o medo me impediu de olhar... Como já lhe disse, Ignazio de Toledo teve uma visão melhor que eu e seguiu-o. Para me defender, alegou...

— Alegou — repetiu Konrad. Seu olhar sugeria algo mais que simples dúvida. A hipótese de um crime.

O cônego percebeu-o e agarrou-se a essa hipótese sem pensar duas vezes:

— Com efeito, acho que mestre Ignazio me abandonou de propósito.

— E por que o faria se não estivesse envolvido no homicídio?

— Agora entendo! — O interrogado bateu na testa. — O espanhol fugiu da catacumba para não ser capturado pelos guardas!

— E reapareceu mais tarde para lhe apresentar Suger de Petit--Pont — completou Von Marburg. — Acredita que isso tenha sido casual?

— Fui um tolo...

— Prossiga, sem receio de repetir o que já contou.

O cônego anuiu. — O médico francês me fez perguntas sobre Gebeard von Querfurt... Sim, agora vejo com clareza... Esse tal Suger devia estar mancomunado com o mercador de Toledo. E ajudou-o...

— Não tire conclusões apressadas — advertiu-o o padre — e diga--me o que, exatamente, o *medicus* queria saber.

— Para onde foi Gebeard depois de sair de Nápoles.

— Sobre isso você não me falou a noite passada — observou Konrad, desconfiado.

— Perdoe-me, o medo me deixou confuso...

— Está bem, agora me parece bastante lúcido.

De fato, Alfano já não se comportava como suspeito, parecia ter passado para o lado da acusação. Já não sentia medo e cerrara os punhos num gesto agressivo.

— Gebeard me confidenciou que talvez alguém perguntasse por ele após sua partida. Alguém que se identificaria como o "portador do manto".

— O portador do manto? — estranhou Konrad.

— Suger de Petit-Pont.

— Explique melhor do que se trata.

— Pois não. O *magister medicinae* tinha consigo um manto que iria entregar a Von Querfurt. Mostrou-o para mim rapidamente, só uma vez. É um manto real onde se veem símbolos estranhos bordados com esmero.

— Símbolos? — O inquisidor aproximou-se dele de um salto, assustando-o. — Círculos? Pombas? Cavaleiros?

A essa última palavra, o cônego anuiu. — No centro aparecia um cavaleiro com um arco. Infelizmente, tenho má memória para essas coisas, não recordo nada de muito preciso... Nem imagino para que serviria um manto assim...

— No entanto, disse saber para onde iria Gebeard — retrucou Konrad — e, consequentemente, o destino do manto. Não é verdade?

— Sim, a cidade de Salerno.

— E quem Suger de Petit-Pont procuraria?

— Uma curandeira. — Pela primeira vez, Alfano pareceu hesitar. — Uma mulher que cura com lágrimas.

18

Budello. Assim se chamava a estreita faixa de areia junto ao pequeno cais, que levava ao Mandracchio. Seria inútil perguntar como se chegava à *arcina*, o velho arsenal. As indicações que Uberto recebia dos passantes eram sempre as mesmas: atravessar as muralhas e seguir o Budello para o sul até o Mandracchio. Aquilo, porém, não era uma rua, nem sequer um beco. Era um escoadouro fétido entre duas elevações, o *de illu aquarum*, cujas únicas águas provinham das cloacas e dos despejos dos curtumes, escorrendo para o mar. Uberto se viu obrigado a caminhar pelo meio. Não havia calçada no Budello, apenas uma faixa escavada na rocha.

Finalmente, chegou a um pátio circundado por casebres, uma pequena aglomeração ao sopé de uma colina. Do lado oposto, além de um labirinto de embarcadouros, ondeava a superfície do mar.

Venceu a última parte da descida que o separava do Mandracchio e entrou no pátio com cautela. Vestia ainda o hábito recebido da irmã Clara de Grottaferrata, embora Ermelina se houvesse oferecido para arranjar-lhe roupas novas. Aquele disfarce lhe garantia o anonimato e a deferência dos transeuntes, que o tomavam por um religioso.

Caminhou com o capuz descido sobre o rosto e de mãos juntas, arrastando a barra do hábito pela lama. Segundo as indicações da prostituta, encontraria Cola Peixe na única taberna do lugar, que logo identificou ao final da rua.

Mal entrou e viu-se envolvido numa nuvem de fumaça que o fez pensar na obstrução da entrada da lareira, até perceber que as exalações provinham de pequenos braseiros de terracota colocados sobre as mesas. Substâncias inebriantes, pensou, a julgar pela expressão sonhadora dos que as respiravam.

Quanto ao resto, o cenário era o de sempre. Bêbados dormiam em bancos de madeira ou no chão, enquanto outros conversavam ou jogavam dados. O ambiente ressoava de insultos e palavrões, coloridos por uma babel de sotaques incompreensíveis.

Uberto atravessou aquele caos enfumaçado e procurou chamar a atenção do taberneiro com um aceno discreto. Quando ele se aproximou, colocou-lhe na mão uma moeda e murmurou um nome. O taberneiro sacudiu a cabeça várias vezes e apontou para um freguês sentado à parte.

— Vou lhe fazer companhia — disse Uberto. — Traga-me uma bebida.

O homem observou-o com um misto de estupefação e respeito. Evidentemente, jamais vira um religioso em sua espelunca, um religioso que ainda por cima queria beber.

— O que deseja, padre?

— O que *ele* desejar — respondeu o espanhol, encaminhando-se para o homem que lhe fora indicado. Era de estatura média, cabelos muito curtos e olhos velados pela fumaça de um pequeno braseiro. Sem sapatos e com as calças amarradas à cintura por um barbante, poderia ser considerado um dos mais bem-vestidos do local.

Uberto sentou-se à sua frente.

— Você é Cola Peixe?

O homem esboçou um gesto vago, entre o cordial e o aborrecido. A fronte baixa e os lábios carnudos lhe conferiam um ar simiesco.

— Depende de quem queira saber.

— Uma pessoa interessada nos cárceres do Castelo Marino.

O homem inspirou o *fomentum* do braseiro e fitou-o com as pupilas dilatadas.

Uberto interpretou esse gesto como um convite a prosseguir.

— Dizem que você os conhece muito bem.

— Por Baco! — exclamou Cola Peixe. — Posso contar como entrei lá... e como de lá saí.

Uberto não podia imaginar por que aquele homem havia sido aprisionado no Castelo Marino e achava que talvez jamais o soubesse. Por outro lado, bastara-lhe um olhar para ter uma ideia do que se escondia por trás daquele rosto queimado de sol. Percebeu os sinais de uma profunda desilusão, as feridas de alguém que infringira as regras do mundo e acabara engolfado pela ressaca. Como o seu pai.

O taberneiro emergiu da nuvem de fumaça para colocar sobre a mesa uma garrafa de vinho e, em seguida, com uma reverência, desapareceu. Cola Peixe se serviu sem a menor cerimônia, bebendo diretamente do gargalo e sem desviar os olhos do visitante.

— Você está vestido de frade, mas não parece um frade — observou, mostrando que não era ingênuo.

Uberto notou que ele levava a mão à cintura, onde trazia aquelas facas usadas pelos marinheiros para cortar redes e cordames, mas que agora lhe podiam servir para o caso de uma briga.

— Não tenha medo — tranquilizou-o. — Estou aqui porque preciso de você.

— Precisa de mim? Quer tirar um amigo do castelo?

— Não um amigo. Meu pai.

O marinheiro deu de ombros.

— Ainda que fosse o imperador, eu pouco me importaria.

— Pense bem. Não costumo pedir favores sem oferecer nada em troca.

— A julgar por sua aparência, não poderá pagar os meus serviços.

— Às vezes, as aparências enganam — replicou Uberto, com um sorriso cheio de insinuações. — Faça o preço, bom homem.

Cola Peixe olhou-o de esguelha e emborcou mais um gole de vinho. — Setenta tarins.

— Devo dizer que seus serviços não são nada baratos...

— Compreenda, senhor, que vou me expor a sérios riscos. Se for preso...

— Está bem. — O espanhol fez um gesto resoluto. — Está bem.

— E mais uma coisa: deverá pagar-me ainda que algo saia errado.

— Sei bem como é isso. E lhe direi mais: se tudo sair pelo melhor, eu lhe darei outros trinta. Desde que fique de boca fechada.

— Tem mesmo cem tarins?

Uberto anuiu.

— Fico feliz. — O homem simulou um ar de jovialidade. — Mas deixo bem claro: antes de mover um dedo, quero ver o dinheiro.

— É justo — concordou Uberto, pensando que o dinheiro era o último de seus problemas. Podia dispor da soma paga por Alfano, que o pai lhe confiara pouco antes de ser capturado. No momento, estava enterrada ao pé de uma árvore, fora dos muros da cidade, para evitar um possível roubo.

— E então? — perguntou o marinheiro. — O que quer fazer?

— Antes de tudo, quero saber se o empreendimento é mesmo possível.

— Haverá riscos, sem dúvida, mas você se dirigiu à pessoa certa. Até hoje, fui o único a entrar e sair daquele castelo.

— E como conseguiu?

— Que pergunta! — Cola Peixe abriu os braços como se fosse dizer a coisa mais óbvia do mundo. — Nasci sob a estrela de São Nicolau.

Uberto olhou-o desconfiado, sem saber se devia lhe dar ouvidos. Mas logo reconheceu que o marinheiro não brincava. Tinha absoluta certeza daquilo que dizia.

— São Nicolau de Bari é o padroeiro da minha cidade natal — explicou Cola Peixe. — Protege todos os seus cidadãos e especialmente a mim, que trago seu nome.

O filho do mercador conhecia o culto daquele santo e a história de suas relíquias, trazidas da Caldeia para a catedral de Bari, o que a transformou numa famosa meta de peregrinação.

— São Nicolau protege só a você — quis saber — ou a quem quer que você ajude a sair da prisão?

Cola Peixe dirigiu-lhe um sorriso de cumplicidade.

— Limite-se a me pagar; com São Nicolau me entendo eu.

Uberto devolveu-lhe o sorriso e, no íntimo, começou a lamentar ter confiado em Ermelina. "Estou me colocando nas mãos de um doido", pensou, observando a expressão exaltada do homem do mar. "Se eu aceitar a proposta, serei tão doido quanto ele."

O que mais o aborrecia, contudo, era o fato de estar nutrindo uma esperança remota. E não sabia se devia atribuir aquela sensação a seu próprio desígnio ou à fumaça que emanava do braseiro à sua frente.

19

Dedos apertados em torno do crucifixo de metal.

Suger não conseguia desviar os olhos daquela imagem, como uma vespa atraída pela chama. Além disso, passear o olhar pela visão do conjunto exigiria uma dose de coragem que ele não tinha. Konrad von Marburg estava à sua frente, imóvel como uma estátua, preenchendo com sua silhueta a entrada da cela. O hábito escuro ressaltava a brancura de um rosto quase bondoso, cujas íris, porém, eram dois abismos negros mais sombrios que a noite. E, naquele momento, fitavam Suger.

— Não tenho nada a ver com aquele espanhol — assegurou o médico, tentando mostrar firmeza de ânimo. — Tudo o que sei dele já lhe disse ontem à noite.

Na verdade, dissera mais do que sabia, inventando de propósito alguns detalhes para dar uma impressão ruim de Ignazio de Toledo. Uma reação ditada pelo instinto de sobrevivência, que sem dúvida não o tornava orgulhoso de si mesmo. Ainda assim, Suger conseguira ficar com o coração em paz agarrando-se à possibilidade de que, em parte, aquelas calúnias pudessem ser verdadeiras.

— Embora admitindo sua boa-fé, devo insistir em que ainda não respondeu à minha pergunta — disse Konrad, deixando escapar uma ponta de impaciência. — Só quero saber se você tem informações sobre o motivo da morte de Gebeard von Querfurt.

— E como poderia? Está falando de um homem que eu nunca tinha visto.

— No entanto — objetou o padre —, você desceu às catacumbas para procurá-lo.

Suger deu de ombros. — Suposições suas.

— Suposições, não; fatos — rebateu Von Marburg irritado. — O padre guardião de San Gennarello *ad spolia mortis* se lembra de ter-lhe indicado aquele lugar depois que você perguntou a ele sobre Von Querfurt. Versão confirmada, entre outros, por Tomás de Aquino.

— E daí? — Suger tinha certeza de que Von Marburg não sabia nada sobre o manto do Sagitário. Se Alfano tivesse guardado segredo — como era lógico supor —, havia uma grande possibilidade de que a missão do suevo e a história da draconita continuasse em seguida. Mesmo assim, o médico se mantinha em guarda, sem compreender por qual motivo tinha sido acusado de necromancia e onde Ignazio de Toledo entrava naquela história. — Eu procurava Von Querfurt unicamente para comprar dele uma relíquia — defendeu-se.

— Deixe-me entender. — O religioso largou o crucifixo com um gesto de impaciência. — Está dizendo que veio de Paris para comprar uma relíquia daquele homem?

Suger sentiu uma necessidade instintiva de recuar, mas conteve-se. Afinal, era um *magister*, embora tantos dias de viagem quase o tivessem feito perder a memória. E, depois da humilhação que sofrera de Philippus Cancellarius, prometera a si mesmo nunca mais se inclinar diante de um padre. Nem do mais temível que porventura encontrasse.

— Isso mesmo — respondeu com altivez. — Pretendo entrar para o *Studium* de Salerno a fim de me aperfeiçoar na ciência médica.

— Nada a ver com as desordens na *Universitas* de Notre-Dame, eu espero.

— Absolutamente não — mentiu o francês, tomado por um súbito acesso de pânico. Não esperava que Konrad estivesse a par daqueles assuntos e essa descoberta o abalou. No entanto ele fez um esforço para se manter impassível.

— Ouvi falar de alguns docentes expulsos de suas cátedras por ensinar a filosofia natural — continuou o religioso, passando a observá-lo com desconfiança. — Conta-se que muitos foram para Toulouse. Mas você, dirigindo-se a Salerno...

— Os motivos de minha viagem não são esses, posso lhe garantir.

— Tenho a obrigação de me certificar do que diz. — Von Marburg acariciou o queixo com ar pensativo e em seguida sacudiu a cabeça. — Sim, pedirei informações ao chanceler de Notre-Dame. Ele parece ser muito prestativo em casos dessa natureza.

— Não é necessário — improvisou Suger, cujo nervosismo se traduzia num violento ataque de náusea. Se a verdade viesse à tona, as consequências seriam bem piores que a privação do título de *magister*. — Mesmo a cavalo, o mensageiro levaria uma eternidade para percorrer tamanha distância.

— Felizmente, temos pombos-correio — replicou Konrad em tom firme. — Vou ao *Capitolo* da Catedral de Nápoles, que decerto possui um columbário. — Imitou com as mãos um bater de asas. — Terei a resposta de Paris sem demora.

Suger se sentiu resvalar para um abismo escuro.

— Enquanto isso — prosseguiu Von Marburg, sem lhe dar trégua —, peço-lhe a gentileza de descrever sua viagem ao longo da via Francigena. Lembra-se de algum encontro ou parada em particular?

— Não, não me lembro. — Palavras saídas do nada. Suger estava por demais ocupado em controlar as emoções.

— Deixe-me então refrescar-lhe a memória. Entre seus haveres, notei que havia denários milaneses.

A voz de Konrad parecia vir de muito longe. Suger não conseguia tirar da cabeça a imagem de um pombo transportando uma mensagem de dimensões ínfimas, porém suficiente para arruiná-lo. No entanto logo se deu conta de que lhe fora feita uma pergunta sobre "denários milaneses" e procurou vencer o temor.

— Parei em Milão — respondeu. — O que tem isso?

— Desconcertante. Milão está decisivamente fora do traçado da via Francigena.

— Eu me perdi — justificou-se o médico. — Depois, bons samaritanos me puseram no caminho certo.

— O de Montecassino, presumo.

— Exato.

Konrad arqueou os lábios num sorriso complacente. — E entre esses bons samaritanos estava um dominicano da igreja de Santo Eustórgio? Um certo frei Beniamino?

— Está pedindo demais. Não me lembro.

— Mas ele se lembrava de você.

— Deve ser um engano.

— E também de Gebeard von Querfurt.

— Um equívoco...

Konrad sacudiu a cabeça. — Perseverar na mentira só o tornará ridículo — censurou-o, com ar sombrio. — A pedra que encontrei em seu alforje é a prova dos serviços que prestou a frei Beniamino. Ele próprio me disse isso. O bom frade, no entanto, devia estar escondendo muito mais coisas, pois resolveu suicidar-se diante de meus olhos. — De repente, agarrou o pulso de Suger, sacudindo-o. — Pulou da sacada de seu convento, mas não antes de me revelar que você estava à procura de Von Querfurt. Agora compreende, *magister*? Sei por que foi a Montecassino! Algo deve ter saído errado, pois prosseguiu viagem até Nápoles. Depois, Von Querfurt foi assassinado.

O médico se desvencilhou e tentou se explicar, mas reconheceu que não tinha saída. Como Bernard, pensou. Estava diante de um inimigo muito superior às suas forças. Porém, enquanto seu infeliz discípulo lutara com coragem, ele continuava a se enredar cada vez mais num emaranhado de justificativas em busca de escapatória. Quanto mais o fazia, mais era arrastado para a trágica realidade dos fatos. Compreendeu então qual pista levara Von Marburg à casa de Alfano Imperato. Não os movimentos do mercador, mas os dele próprio! A essa constatação, sentiu uma dor no estômago tão violenta que o fez cair de joelhos, humilhado, e ele vomitou.

— Como queria demonstrar — comentou o padre, recuando para não se sujar. — Então entende as minhas suspeitas. Embora você não conhecesse pessoalmente Gebeard von Querfurt, conhecia *forçosamente* seus segredos. Segredos que dizem respeito ao Homo Niger.

O interrogado continuou abaixado, atormentado pelos espasmos. — Já lhe disse... Ignazio de Toledo... É ele o *magister* que você procura...

— De quem colheu essa informação?

— De um monge de Montecassino.

Von Marburg suspirou. — Seja mais preciso, quero provas.

— Pergunte a Alfano Imperato... Sobre o *magister* de Toledo, o cônego sabe muito mais que eu.

— Tem certeza? — Por um instante, o semblante de Konrad demonstrou curiosidade, mas em seguida se contraiu numa máscara de irritação. — O reverendo afirma o contrário.

Suger entendia as razões de Alfano e não se espantava por ele ter mentido. O cônego lhe confidenciara que mantinha com Von Querfurt laços mais estreitos que os de uma simples relação de interesse — era um *amigo* dele! E se confessasse isso ao padre alemão, as consequências seriam terríveis... para todos! Mas, naquele momento, o *magister medicinae* só queria ficar livre da presença de Von Marburg para se encolher no escuro e na vergonha.

— Foi ele quem primeiro o mencionou... — respondeu. — Até se gabou de já tê-lo encontrado.

— Portanto, o cônego tentou me enganar! — exclamou o padre, furioso.

— Mas eu não... Não mereço este tratamento...

— Acha mesmo? — Konrad suavizou o tom, observando-o com desdém. — Nesse caso, deve me revelar outras coisas.

— Desde que prometa me deixar sair daqui...

— Veremos, *magister*. Mas agora me fale do manto. E também da curandeira das lágrimas.

Suger, então, contou tudo o que sabia.

Galvano Pungilupo esperava na entrada para os cárceres. Estava com a testa enfaixada e uma dor lancinante se difundia por todo o lado direito da cabeça. Além da dor, o inchaço se propagara em torno da ferida, estendendo-se para a têmpora, a mandíbula e até o pescoço. O charlatão agira a tempo, cauterizando a amputação antes que ele perdesse muito sangue, deixando-lhe como lembrança a sensação do ferro em brasa sobre a carne. Aquele chiado ainda ressoava dentro de sua cabeça. A dor tinha sido tão violenta que o precipitara num estado de semi-inconsciência atormentada pela imagem de Uberto cortando-lhe a orelha.

Ao despertar, só com muita dificuldade se pusera em pé e ainda agora tremia de febre, caminhando como se estivesse na proa de um barco. Pior que tudo, no entanto, era a sensação de embotamento. O tímpano direito captava os sons na forma de cacofonias que o deixavam desorientado.

Mesmo assim, Galvano tivera de levantar-se para ir ter com Von Marburg. Na verdade, não havia nada de especial a dizer-lhe. O padre já sabia de tudo, mas, sempre em busca de mais indícios, teimava em conhecer os fatos por intermédio das pessoas diretamente envolvidas.

Havia algo de doentio naquele religioso. Pungilupo convivera com soldados e esbirros da pior espécie, mas nunca tivera a experiência de um sadismo tão sutil. Era como se a perfídia de Von Marburg seguisse as regras de uma estética diabólica.

— Bem, parece que errei ao deixar você agir sozinho. — Palavras vagas, saídas do corredor da prisão.

O clavígero levou a mão às bandagens, na pueril esperança de comover o interlocutor.

— Galvano, apague do rosto essa expressão de mártir — repreendeu Von Marburg, saindo da sombra. — Ela não combina com você.

Galvano recobrou a compostura. — Não tenho que me desculpar, *magister*. Segui as pegadas do filho do necromante e o encontrei... Só não o prendi porque alguém o ajudou.

— Alguém o ajudou? — perguntou Konrad, atento. — Conte-me tudo, nos mínimos detalhes.

O relato do esbirro foi longo e meticuloso, rico em pormenores que o religioso pareceu apreciar. Quando, porém, o padre perguntou sobre o manto do Sagitário, Pungilupo foi obrigado a admitir ter encontrado um objeto que correspondia à descrição, o qual, no entanto, perdera. Com toda a probabilidade, acabara nas mãos de Uberto Alvarez.

— Viu mesmo esse manto na casa de Alfano? — quis se certificar Konrad.

— Sim.

— Então Suger tem razão, o cônego mentiu...

— Pretende condenar Alfano Imperato, *magister*?

— Ao contrário. — Von Marburg sacudiu a cabeça com um risinho astuto. — Vou libertá-lo para espiar seus movimentos.

— E o necromante? — perguntou o soldado, com um interesse mórbido. — Já o interrogou?

— Ainda não. Farei isso na hora certa, quando tiver provas incontestáveis de sua culpa — respondeu Konrad. — Por enquanto, vamos deixá-lo na dúvida do que lhe possa acontecer.

— Entendo.

— Se alguém me procurar, estou na igreja de São Salvador — disse o religioso, dirigindo-se para um lance de escada. — Preciso de um pouco de recolhimento.

Pungilupo ficou só.

No silêncio dos cárceres, a dor da ferida parecia aumentar. Ora se expandia em pulsações difusas, ora se concentrava em alguns pontos, obrigando-o a rilhar os dentes. Mas o que o clavígero não conseguia ignorar eram os rostos das pessoas que haviam lhe infligido aquele tormento. Uberto e a meretriz. Sua vingança, sem dúvida, não seria tão elaborada quanto os planos de Konrad von Marburg, mas jurou que os dois lhe pagariam caro.

O filho do necromante, no momento, estava fora de seu alcance; mas havia alguém, ali perto, que lhe permitiria obter alguma satisfação. E aplacar a raiva.

Antegozando a vingança iminente, avançou pelo corredor e deteve-se diante da cela de Ignazio de Toledo.

Com um riso feroz, abriu rapidamente a porta.

20

Desde que fora preso, o mercador refletia sobre os acontecimentos em busca de provas de sua inocência ou, pelo menos, de algum fato suficientemente concreto para demonstrar que nada tinha a ver com as acusações de Von Marburg. Concentrado nessa reflexão, abstivera-se de fazer previsões sobre o que poderia lhe acontecer. Sabia muito bem qual era o destino dos acusados de heresia e necromancia para nutrir falsas esperanças. As muitas histórias de patíbulos, fogueiras e torturas que conhecia não lhe permitiam alimentar ilusões de sair incólume da prisão. Esse pensamento o aterrorizava. E ele não sabia o que havia acontecido com Uberto. No íntimo, esperava que tivesse conseguido escapar, mas a dúvida quanto a seu destino o fazia maldizer a decisão de trazê-lo consigo a Nápoles.

Assim, procurara rememorar pormenorizadamente os episódios daquela noite, detendo-se em alguns detalhes observados no dormitório de San Gennarello *ad spolia morti*. Para se defender do interrogatório de Von Marburg, conservava uma boa lembrança das coisas que vira e ouvira. No isolamento da cela pudera reexaminá-las, esforçando-se para descobrir em que tipo de intriga se metera. Se queria encontrar um meio de sair dali, não havia outra escolha.

A seu ver, o primeiro enigma a solucionar eram os símbolos tatuados na mão de Gebeard von Querfurt. Lembrava-se deles o suficiente para identificá-los como sinais de filiação a uma seita secreta. Mas não só isso. A presença do caduceu de Mercúrio era prova evidente de um culto hermético que permitia interpretar a serpente e a taça como representações da sabedoria e da erudição. A princípio, o mercador julgara-os uma referência aos Ofídicos, devotos da Serpente — *Óphis* — que iniciara Adão e Eva na gnose. Pensando melhor, porém, concluíra não ser possível que Gebeard von Querfurt pertencesse a uma seita extinta muitos séculos antes. Não bastasse isso, a presença de outras imagens, entre as quais a Madona com o Menino, laborava em favor da primeira hipótese.

A chave do mistério devia estar na tatuagem do cavaleiro. Parecia-se demais com o bordado central do manto do Sagitário para ser mera coincidência. Porém Ignazio não conservava uma lembrança precisa dos hieróglifos, portanto não podia adivinhar seu significado e muito menos o que os ligava ao círculo traçado a carvão no quarto de Gebeard von Querfurt.

Passara, pois, a examinar outro aspecto do problema: a obsessão de Von Marburg pelo *magister* de Toledo, o chamado Homo Niger. Segundo Konrad, aquele homem comandava uma seita de "Luciferianos" à qual pertencia o próprio Von Querfurt. Não havia razão para duvidar disso.

A intervenção do Maligno, todavia, era discutível. O mercador acreditava cegamente na existência de anjos e demônios, bem como em sua capacidade de influir na vida dos mortais. Acreditava também ser possível invocá-los, dado que ele mesmo, anos antes, havia tentado fazer isso conforme os ensinamentos do *Uter Ventorum*. Não obstante, o que vira nas catacumbas de Capodimonte era de natureza bem diversa. Aí não havia lugar para o sobrenatural, e o cavaleiro que disparava dardos inflamados não era decerto nenhum espírito saído dos infernos. Mas quem fosse e qual o seu desígnio, isso continuava sendo um mistério.

Se pudesse indagar sobre as tatuagens, o manto e os círculos mágicos, sem dúvida teria conseguido lançar luz sobre o caso e provar que não era o tão procurado *magister* de Toledo. Mas achava um tanto improvável que Von Marburg se dispusesse a libertá-lo com base num raciocínio dúbio, mesmo porque estava convencido de já ter em mãos o culpado.

Um barulho o assustou.

Percebeu que havia dormido. Estava tão cansado que provavelmente mergulhara no sono sem o notar. Perguntou-se quanto tempo teria decorrido, mas só se lembrou de ter sonhado com Leandro. Ou melhor, de seus gritos. Os gritos de um menino devorado pela escuridão — diferente da que agora o envolvia, mas igualmente impiedosa.

Venceu a angústia que aquele sonho lhe despertava e concentrou-se no barulho ouvido pouco antes. Era real: a porta da cela estava se abrindo.

Ofuscado pelo brilho de uma tocha, entreviu uma figura alta que entrava e perturbou-se. Esperava Konrad von Marburg, o homem do anátema, mas reconhecia o clavígero.

Sem dar explicações, Galvano Pungilupo acercou-se dele com expressão ameaçadora.

— Porco espanhol! — sibilou, arrancando-o do torpor do sono. — Vai me pagar!

— Por quê...? — balbuciou o mercador, sentindo-se agarrar pelo pescoço. — Por qual... motivo?

Um fogo de vingança ardia nos olhos do soldado.

— Pelo que seu filho me fez! — Mostrou-lhe as bandagens na cabeça e, num assomo de raiva, golpeou-o no estômago.

Ignazio se agachou, sufocado pela dor, e mal se recompôs viu que o clavígero ia atingi-lo com um pontapé. Não se deixou apanhar pela segunda vez. Agarrou a ponta do calçado antes do impacto e repeliu-a com força, tirando o equilíbrio do agressor.

Pungilupo caiu de costas, batendo a nuca no chão e emitindo um grito de cólera. Temendo que pudesse levantar-se, o mercador se pôs em pé, agarrou a tocha e olhou para a porta... Estava aberta! Hesitou um instante, refez-se e saiu da cela, enveredando por um corredor escuro. Combateu a tentação de caminhar em direção à luz, avaliando o risco de se deparar com os guardas, e preferiu percorrer o piso dos cárceres em busca de uma saída mais segura.

Perambulou por uma rede de corredores mais extensa do que previra sem imaginar aonde ela o conduziria. Alimentava poucas esperanças, mas talvez tivesse sorte. "Talvez", repetiu para si mesmo.

Em seguida, ouviu vozes de alarme. O clavígero pedia reforços.

Ignazio apressou o passo e, ao final do corredor, subiu uma escada de pedra. A sombra se diluía, o ar foi ficando mais puro e, por fim, o teto e a parede da direita desapareceram, revelando o céu. Um sol coruscante iluminava um muro de tijolos e, para além dele, um penhasco íngreme. Ignazio olhou para baixo e protegeu o rosto, chicoteado pelo vento. Uma língua de rocha serpenteava até a linha de recifes, contra os quais o mar espumava com um rugido de fera.

Percebeu tarde demais um movimento às suas costas e sentiu um braço envolver-lhe o pescoço num aperto forte, inexorável. Mas o que mais o abalou foram estas palavras de escárnio:

— Aonde pensa que vai, senhor? Estamos numa ilha! Daqui não há como fugir!

— Conversei com Cola Peixe — disse Uberto

Do outro lado da mesa, Ermelina sacudiu a cabeça com ar de quem já sabia disso havia muito tempo.

Eles estavam num porão aos fundos da praça de San Biaggio, não longe da Porta Nolana, um refúgio ao qual a mulher recorria nos momentos de necessidade para se esconder ou passar a noite. O andar superior era uma hospedaria cujo dono costumava receber clientes que não desdenhavam companhias femininas.

A luz da tarde filtrava-se com dificuldade por uma portilha aberta entre o teto e o plano externo. Uberto se sentia confortável na penumbra, que escondia os traços de Ermelina e lhe poupava o embaraço de olhar de frente para uma mulher que, segundo pensava, tinha sido amante de seu pai. Uma amante que, além de tudo, ainda parecia apaixonada. Do contrário, para que se empenharia tanto em tirar Ignazio da prisão?

Antes que pudesse dizer alguma coisa, Ermelina interrompeu-o:

— Eu também tenho novidades.

— Descobriu alguma coisa?

— O menino e o cônego foram soltos.

— Tem certeza?

— Diz-se que Alfano Imperato vai celebrar missa ainda hoje, na basílica de Santa Restituíta, para a vigília da Páscoa. — A mulher esboçou uma careta de desprezo. — E, acima de tudo, para dar provas de sua inocência.

— E Tomás? Está bem?

— Não tocaram em um fio de cabelo. Foi entregue aos parentes.

Uberto permaneceu algum tempo em silêncio e, por fim, indagou:

— Quando será a missa?

— À tarde. — Ermelina adivinhou sem dúvida sua intenção, pois acrescentou:

— Não vá lá, seria uma loucura!

Mas Uberto encarou-a decidido:

— Vou, sim. Quero encontrar Alfano.

— Para quê?

— Talvez ele tenha informações úteis sobre meu pai. E talvez eu até possa convencê-lo a interceder por ele.

— É um sonhador, meu caro. Acabará preso.

— A propósito de riscos — retrucou Uberto —, ia dizer-lhe que seu plano não me convence. O tal Cola Peixe vive num mundo só dele, não é confiável.

— Isso também ocorre com muitos presbíteros, pode apostar. — Em seguida, inclinou-se e pegou a mão de Uberto:

— Peço-lhe que não procure Alfano — insistiu.

Uberto se retraiu, aborrecido com aquele contato. Tomara uma decisão e a prostituta não estava certamente em condições de fazê--lo mudar de ideia. Se havia uma possibilidade de salvar Ignazio sem infringir a lei, não podia deixá-la escapar.

— Tentarei — concluiu ele, esmurrando a mesa.

A catedral de Santa Restituíta era muito antiga, tinha mais de cinco séculos, e, embora reproduzisse as formas de uma basílica bizantina, mal se viam em seu interior indícios de luzes e cores. Uberto sentiu essa falta. Gostava dos grandes vitrais e dos afrescos, principalmente quando enriquecidos com pinceladas de azul, que tanto lhe recordavam a majestade da Virgem. Todavia, naquele momento, não poderia estar mais distante do estado de contemplação. No local, cheio de gente, havia tanto barulho que seus ouvidos chegavam a doer. Os boatos sobre a prisão do cônego deviam estar correndo a cidade, a julgar pelo número de pessoas reunidas para assistir à missa vespertina.

Abriu caminho por entre a multidão apinhada na nave central, com a intenção de aguardar o fim da cerimônia junto ao altar e pedir audiência a Alfano. Já sabia o que iria lhe dizer. Apelaria ao princípio da caridade cristã e à necessidade de ajudar os fracos e oprimidos. Os ministros da Igreja, antes de castigarem os suspeitos, tinham a obrigação moral de determinar sua culpa. Depois, Uberto estabeleceria a inocência do pai. Podia dar explicações, aduzir provas. Pretendia sustentar que a captura de Ignazio se baseara num enorme mal-entendido. De resto, não ocorrera algo semelhante ao cônego? Quem melhor do que ele estava em condições de compreender?

Convencido das próprias razões, continuou avançando até a segunda fila e postou-se atrás de um grupo de fiéis para estudar a situação sem que sua presença fosse notada.

Alfano Imperato estava no púlpito. Ao final da prédica, olhou fixamente para os bancos ocupados pelo clero. Parecia inquieto com a presença de um padre alto e robusto, vestido com um hábito negro. Uberto desconfiou que fosse Konrad von Marburg e começou a espiar em volta, à procura de soldados. Não viu nenhum.

Finda a missa, o cônego desceu do púlpito e improvisou uma bênção rápida aos fiéis. Via-se que estava impaciente para ir embora e, de fato, afastou-se apressadamente da área da capela-mor, dispensou com maus modos um grupo de postulantes e, chegando à nave direita, desapareceu por uma porta estreita oculta na sombra.

Uberto previra aquele movimento. Ermelina lhe falara de uma passagem que dava acesso a uma construção próxima à catedral, o batistério de San Giovanni in Fonte. Era uma saída cômoda, que os sacerdotes usavam, ao fim da função, para desaparecer sem serem vistos.

Foi assim que, quando chegou ao batistério, Alfano se deparou com uma figura encapuzada.

Uberto descobriu o rosto para se dar a conhecer e saudou-o respeitosamente.

O cônego se alarmou.

— Você... O que faz aqui?

— Reverendo, peço-lhe audiência.

— Nunca! — Havia um forte tremor na voz do religioso. — Não falo com suspeitos de necromancia.

Uberto não esperava, é claro, despertar simpatia à primeira vista, mas não contava também com uma reação tão hostil. Decidiu explicar-se do modo mais pacato possível, mas Alfano não lhe deu tempo e correu para a porta.

O espanhol o deteve. — Não é o que o senhor está pensando. Peço-lhe que me conceda audiência! — insistiu.

O cônego continuou a fugir por entre as colunas, uma sombra entre sombras. — Desapareça ou gritarei por socorro!

Uberto não lhe deu ouvidos e interpôs-se entre ele e a saída. — Perdoe-me a ousadia — disse, ajoelhando-se num gesto de súplica. — Confio na bondade do seu coração...

Em vez de obter resposta, sentiu o pé do cônego pousar sobre seu ombro esquerdo e empurrá-lo com força. O espanhol caiu sem saber o que tinha acontecido; depois, vendo que o religioso fugia, foi tomado de ira. Nunca sofrera tamanha humilhação. Levantou-se, cada vez mais colérico e ansioso por castigar aquele padre insolente. A hora das boas maneiras terminou, disse para si mesmo, enquanto se punha de novo no encalço do cônego.

Ao chegar à rua, viu Alfano correndo desabaladamente com a barra do hábito levantada. Cobriu em pouco tempo a distância que os separava e pulou nas costas do fugitivo para lhe dar o troco.

— Meu pai é inocente! — bradou.

O religioso tentou reagir, mas recebeu um empurrão que o fez rolar por terra. Emitiu uma exclamação de susto misturada com o pó da rua e em seguida saiu engatinhando, na tentativa de levantar-se. Mas o brilho de uma lâmina fina o convenceu a mudar imediatamente de ideia.

— Peço-lhe a gentileza de me escutar, reverendo — sibilou Uberto, segurando firme a faca que trazia suspensa do pescoço. — Vai me conceder esse favor?

— Não posso ajudá-lo — gemeu Alfano. — Konrad von Marburg já tomou sua decisão.

— Levante-se. — O filho do mercador agarrou-o pelos cabelos com a mão esquerda e obrigou-o a erguer-se. — Você é tão bom para fazer sermões que, sem dúvida, encontrará um meio de convencê-lo.

— Acredite-me, não posso.

— Será bom para você me atender — advertiu-o Uberto. E, apontando-lhe a faca para o ventre, sentiu que não titubearia em golpeá-lo. A situação era bem diferente de quando se vira obrigado a ameaçar a criada na praça Summa. Agora não estava diante de uma mulher, mas de uma criatura pérfida que lhe faltara ao respeito. Um homem da Igreja, além disso. A lembrança do modo como fora tratado por ele o fez brandir a arma com mais convicção.

— Não ouse — balbuciou Alfano, receando o pior — ou gritarei...

— Faça isso por sua conta e risco.

— Von Marburg me preveniu — continuou o cônego. — Você é tão traiçoeiro quanto seu pai...

— Se me ajudar a libertá-lo, não precisará temer nada.

— Missão impossível.

— Ao contrário, bastará que garanta a inocência dele.

— Para atrair sobre mim as suspeitas?

— Por que recearia isso? — Uberto por pouco não mergulhou a lâmina naquela carne adiposa, mas uma ideia súbita o deteve. — O que quer dizer? Por acaso está envolvido?

— Não, eu não! — desesperou-se o cônego.

O espanhol esbofeteou-o com violência, partindo-lhe um lábio. — É melhor que diga a verdade e já! — Como não recebeu resposta, puxou-lhe com força o cabelo.

Alfano gemeu, dobrando a espinha para subtrair-se à dor. — Foi Gebeard von Querfurt! Contou-me certas coisas sobre seu pai... E eu estava curioso por saber, por aprender...

Uberto segurava-o firme, impedindo-lhe os movimentos. — Pelo que vejo, com o tratamento certo você se torna loquaz — observou, começando a ficar incomodado. A cólera se fora, deixando-o diante de um homem que sofria. Um homem, porém, que sabia muita coisa. — Confesse.

— Não posso! Não posso!

— Confesse ou, por Deus...

Sentindo a ponta da faca afundar-se na carne, o religioso levantou a mão num gesto de trégua. Seu rosto violáceo estava banhado de suor e lágrimas.

— Os ensinamentos do *magister* de Toledo são muitos — murmurou, espiando a rua deserta. — Não posso evidentemente enumerá--los aqui, em poucos minutos...

— Atenha-se ao essencial — replicou Uberto, decidido a não se deixar manipular. — Quero saber apenas o suficiente para convencer Von Marburg da inocência do meu pai.

— Deve então *demonstrar* que tem razão. Apresente-lhe provas.

— Que provas?

O cônego pediu-lhe, com um gesto, que afrouxasse a pressão.

— Se eu disser, você não citará meu nome?

O espanhol ameaçou esbofeteá-lo de novo. — Mas e se, ao contrário, eu o entregar, acusando-o de ter mentido?

— Não está em posição de fazer isso — disse o religioso, protegendo o rosto com as mãos. — Negarei tudo e você acabará atrás das grades com seu pai.

Uberto refletiu sobre essas palavras, afastou a arma e encarou o cônego com desprezo.

— Está bem, pode contar com o meu silêncio. O que devo apresentar a Von Marburg para fazê-lo mudar de ideia?

Antes de responder, Alfano ajeitou o hábito e massageou a barriga no lugar ferido pela faca.

— A curandeira — disse por fim.

— Que curandeira?

— A mulher a quem o manto do Sagitário deveria ser entregue. A mulher de quem me falou Gebeard von Querfurt e que mencionei a Suger de Petit-Pont.

— Diga-me então onde posso encontrá-la.

— Ela mora em Salerno. Cura os doentes com lágrimas.

— Que coisa estranha! Não tem informações mais precisas? — incitou-o Uberto, que, percebendo no cônego uma certa resistência, encostou-o ao muro, para intimidá-lo. — Cuidado, não esgote a minha paciência.

— Você não faz ideia do que está me pedindo... Se Von Marburg vier a saber...

— Já prometi não dizer nada a seu respeito. Fale agora ou o mandarei para junto do Criador!

Diante dessa última ameaça, o cônego acenou a Uberto para que se aproximasse e sussurrou-lhe ao ouvido duas palavras.

O filho do mercador fitou-o incrédulo. — Está falando por enigmas. O que significa isso?

— Não sei, juro... Mas suponho que...

A frase do religioso foi interrompida por um ruído de cascos. Temendo uma emboscada, Uberto olhou em volta para preparar a fuga e só então percebeu que a noite caía. O crepúsculo tinha transformado a praça Summa num mosaico de sombras e reflexos escarlates. Foi desse mosaico que emergiu um cavaleiro.

Mas não um cavaleiro qualquer. *O* cavaleiro. O mesmo que surgira no dia anterior em Capodimonte. O mesmo que matara Gebeard von Querfurt. Imponente e ameaçador, envergava um elmo e uma peliça escura. Uberto ficou petrificado, como se assistisse à manifestação de uma entidade sobrenatural.

Mais perturbado ainda estava Alfano, que parecia invadido por um terror místico. *"Et vidi, et ecce equus pallidus"* — balbuciou. — *Et qui sedebat desuper nomen illi Mors, et Inferus sequebatur eum"*.*

---

* "E eis que vi um cavalo amarelo. Aquele que o montava se chamava Morte e o Inferno o seguia." (Apocalipse, 6:8)

Em vez de atacar, o cavaleiro freou o cavalo e apontou a lança para o cônego. Semelhante a uma clava ou a um cetro, era uma arma tosca com a extremidade em forma de romã afilada na ponta. De repente, emitiu uma luz intensa, seguida de uma deflagração.

Uberto abriu a boca espantado, os olhos feridos por um brilho ofuscante. Em seguida, ouviu um grito desarticulado e, voltando-se, viu Alfano cair por terra.

O religioso se contorcia como uma moreia, com um objeto em brasa enfiado no peito. Era a ponta da lança! Uberto inclinou-se sobre ele para extraí-la, mas retirou rápido a mão para não se queimar. O mecanismo deixou escapar um som sinistro, um assobio que lembrava o sibilar de uma serpente. Depois, liberou uma chama intensa.

Uberto percebeu o perigo e esquivou-se a tempo de ouvir a arma emitir um ruído ensurdecedor.

Tão logo surgiu, o fogo se extinguiu numa nuvem que cheirava a enxofre. No chão, jazia o corpo de Alfano Imperato, com uma cratera crepitante escancarada no meio do peito.

Uberto voltou-se para o cavaleiro, mas não o viu mais. Ele havia partido. Em seu lugar, estava outra figura: um homem vestido de negro, saído naquela fração de segundo do batistério. Konrad von Marburg.

O padre arregalou os olhos, uma máscara entre a cólera e a incredulidade, e seu olhar cruzou com o de Uberto, enquanto suas emoções pareciam a ponto de explodir num ímpeto belicoso. Levou a mão direita ao crucifixo preso ao peito e com a esquerda apontou um dedo na direção do filho do mercador, em sinal de acusação.

— Não fui eu! — exclamou o jovem, sabendo embora que as circunstâncias pareciam demonstrar o contrário.

Von Marburg permaneceu imóvel, enquanto um som de passos ressoava às suas costas. Os gritos de Alfano e o barulho da detonação deviam ter atraído muitos curiosos.

Uberto não conseguia afastar os olhos daquele rosto. Não queria que o seu olhar expressasse um ato de rendição ou um sinal de fraqueza. Podia sustentar aquele olhar! Podia enfrentar aquele homem! E por um segundo sentiu-se tentado a ir ao seu encontro para se defender de sua acusação silenciosa. Entretanto, após uma breve reflexão, concluiu que não tinha escolha. Não podia se permitir ser capturado. Muita coisa dependia dele.

Em seguida, ele fugiu.

Konrad von Marburg ficou observando-o, indiferente à multidão que se aglomerava em torno do corpo de Alfano Imperato.

21

Ulfus olhava fixamente o fogo enquanto os pensamentos iam se diluindo sem deixar rastro. Nunca fora capaz de se concentrar numa lembrança, num pensamento específico. Por sua mente tudo deslizava, arrastado por uma corrente escura e impetuosa como a do Danúbio. Detritos arrancados à terra. Rostos, palavras, reflexos de vida própria ou alheia passavam velozes, confundindo-se e lançando-se no sorvedouro.

Havia muito tempo que Ulfus chegara à conclusão de que sua mente não fora feita para recordar, mas sim para esquecer. Talvez fosse aquele o motivo pelo qual o Mago o elegera entre tantos. Examinando seu íntimo, devia ter descoberto ali uma ramificação de regatos subterrâneos que fluíam para o esquecimento.

Assim, Ulfus pensou pela última vez no cônego antes que um arroio lamacento o puxasse para profundezas remotas e sem volta. Já começava a se esquecer dos traços daquele homem, de seu aspecto, até do modo como fora morto. Logo Alfano Imperato desapareceria como todos os outros. Repousaria num ossuário sem nomes, numa sedimentação sem camadas.

Num primeiro momento, Ulfus pensara que talvez não fosse necessário matá-lo. A morte de Gebeard von Querfurt parecera-lhe suficiente para encerrar a busca do manto. A pista fora interrompida, bloqueada para sempre. Em seguida, saíra do nada o padre alemão e o caso assumira contornos inesperados. Melhor, pois, eliminar *todos* quantos soubessem alguma coisa, mesmo inconscientemente. E Alfano sabia demais para continuar vivo. Assim, esperara que o cônego saísse do castelo insular, muito bem guardado e impossível de invadir.

No entanto, quanto mais gente matava, mais complexa ficava a situação. Por sorte, tudo poderia se resolver com a morte de uma última pessoa. Uma mulher. Ulfus preferia não fazer isso. Não lhe agradava assassinar mulheres, das quais só com dificuldade se esquecia. O olhar e o rosto delas se transformavam em escolhos,* barrando o fluir subterrâneo de sua consciência — embora, com o tempo, a água removesse até as pedras mais obstinadas.

A mulher não era, decerto, o problema mais grave. O manto do Sagitário parecia ter se evaporado no nada e era preciso recuperá-lo antes que alguém desvendasse seu segredo.

O manto também precisava esvair-se no sorvedouro.

O manto, principalmente.

Ninguém deveria saber de seus vínculos com o Mago. E ninguém deveria descobrir o nome do Caçador bordado em seu centro.

O nome do Etíope.

O nome do rei amaldiçoado.

---

* Escolhos são pequenas ilhas rochosas, também denominadas "abrolhos", como recifes de corais. (N.T.)

22

Apesar dos rígidos controles sobre quem entrava e saía da ilha do Salvador, as mulheres de vida fácil gozavam de livre acesso ao Castelo Marino, principalmente à noite, quando apareciam para divertir os soldados. Assim, Ermelina não teve dificuldade em organizar uma expedição noturna para aquele local. Depois de reunir algumas colegas de profissão, aguardou o toque de recolher para se pôr a caminho.

A única maneira de alcançar o castelo a pé era por uma ponte de pedra sobre um istmo cercado de escolhos, um cordão umbilical estendido entre a ilha e a terra firme. Seguida pelo grupo de meretrizes, Ermelina avançou sem hesitar. Percorrera aquela ponte tantas vezes que a conhecia nos mínimos detalhes. Tinha cerca de 200 passos de comprimento, o tempo necessário para repensar o plano ou desistir da aventura. Uberto voltara da catedral confuso e frustrado. Após seu fracasso, a única possibilidade de libertar Ignazio era descobrir onde estava aprisionado e ajudá-lo a fugir por mar, como propusera Cola Peixe. Ermelina faria sua parte.

Ela já havia percorrido uma centena de passos quando, no meio do caminho, precisou cobrir os ombros com um xale. Do mar, soprava um vento cortante como a lâmina de uma faca, mas o que a fazia tremer era a ideia do que estava prestes a realizar. Parecia uma farsa, concluiu. Justamente ela, que nunca se dispusera a fazer sacrifícios por ninguém, expunha-se ao perigo sem pensar duas vezes. Ignazio havia sido o homem mais importante de sua vida, o único pelo qual experimentara sentimentos verdadeiros. Ainda agora, só a ideia de revê-lo fazia-a estremecer como uma adolescente. Essas emoções, porém, tinham um sabor amargo. Ermelina não alimentava esperanças: uma vez livre, o mercador de Toledo partiria para sempre.

A esse pensamento, sentiu-se desamparada sobre uma faixa de pedra cercada de águas negras, com a silhueta da torre de Colleville cada vez mais tétrica à sua frente, sob um céu estrelado.

Esforçou-se para permanecer calma. Logo entraria no castelo e, se percebessem alguma coisa, os soldados a matariam sem hesitar. Embora houvesse suportado tudo na vida, Ermelina sentia muito medo da morte. Temia ir para o inferno, o inferno descrito pelos padres onde mulheres como ela eram atiradas às chamas e padeciam sofrimentos indescritíveis. Mas o pior seria passar a eternidade sem poder escapar daquilo que se havia tornado: aos olhos da luz divina, permaneceria sempre uma prostituta sem redenção.

Melhor desaparecer, pensou. Melhor abismar-se na treva absoluta.

Em seguida, sua atenção foi desviada para dois pontos luminosos que bruxuleavam no final da ponte, diante da Porta Magna. Pareciam os olhos de uma fera acocorada na entrada do castelo. Aos poucos, foram aumentando até se tornarem tochas empunhadas por dois guardas.

O mais alto deles caminhou ao seu encontro e fez-lhe uma reverência burlesca.

Ermelina parou, pondo à mostra os ombros generosos, apesar do frio. — Podemos entrar, belo senhor?

O sorriso do homem deixou entrever desejos torpes.

— Não antes de pagar o pedágio.

A mulher fingiu-se perplexa. — Aqui? E se alguém nos vir?

— Quem nos verá nesta escuridão?

— A prostituta está certa, Vincenzo — interveio seu camarada, inquieto. — Se o padre alemão, o novo, passar por aqui, ai de nós.

— Fez um gesto de quem liberava a passagem. — Queiram entrar, senhoras.

— Vai deixá-las andar por aí sozinhas? — objetou o soldado alto.

— Não se preocupe, não nos perderemos — tranquilizou-o Ermelina, impaciente por se livrar deles. — Conhecemos o caminho.

— Imagino que sim, mas faço questão de acompanhá-las — insistiu o homem. — Quero a minha parte.

Ermelina não pôde se opor à presença do soldado, embora ciente do risco de ver seu plano ir pelos ares. Precisava achar uma maneira de afastá-lo. Quando atravessou a soleira, lançou um último olhar ao mar, em busca de um navio que naquele momento já devia estar velejando ao largo da ilha de São Salvador.

Mas a escuridão não lhe permitiu ver nada.

A embarcação sulcava as ondas negras com vento favorável. Longa e esguia, provida de uma vela trapezoidal, era chamada de *menaica* como a maior parte dos barcos da Campânia utilizados na pesca. Aquela em que estava Uberto, de dimensões reduzidas, não tinha coberta nem remos, por isso Cola Peixe conseguia manobrá-la sozinho.

O marinheiro havia acabado de apagar a lanterna de popa para se ater à vigilância dos guardas do Castelo Marino. No golfo de Nápoles, assegurou, podia orientar-se até com uma venda nos olhos.

Uberto não respondeu. Nutria fortes desconfianças quanto ao êxito do plano e tentava conter a ansiedade olhando fixamente para o mar. Porém, mal avistou os contornos negros do castelo contra o céu estrelado, inquietou-se: eram muitas as torres de vigia erguendo-se sobre uma muralha de aspecto inexpugnável. Se Frederico II resolvera esconder o tesouro imperial justamente naquele lugar, fizera bem.

O que o preocupava, no entanto, era outra coisa. Não conseguia deixar de pensar na morte de Alfano Imperato e na aparição do homem munido da lança de fogo. Antes de expirar, o cônego havia encenado uma das passagens mais assustadoras do *Apocalipse*, o advento do cavaleiro do terceiro selo. Como decidira se aproximar de um mistério que o aterrorizava a tal ponto? Uberto ignorava a resposta e não conseguia sequer reviver o fascínio que sentira diante da lança do cavaleiro, como acontecera a seu pai. E, como seu pai, correra o risco de ser capturado.

Ermelina tinha razão, e isso feria seu orgulho. Não gostava de agir precipitadamente. Queria, porém, resolver o problema o mais rápido possível e voltar para casa. O medo de não rever a esposa e a filha atormentava-o sem trégua. Por isso, resolvera finalmente confiar na prostituta, que perto dele parecia conservar bem mais o sangue-frio.

A *menaica* virou lentamente para o sul. Cola Peixe travou o leme e amainou a vela.

— Está tudo bem — avisou.

— Estamos muito longe do castelo — disse Uberto.

O marinheiro apontou para a silhueta da torre-mestra voltada para o mar. — Se nos aproximarmos mais, os guardas postados em cima nos verão.

— Então, como prosseguiremos?

— Você espera aqui — determinou o barês. — Vou sozinho.

— Pretende nadar até o castelo? Mas isso é uma loucura! Mesmo que conseguisse chegar ao pé da muralha, seria um alvo fácil de acertar.

O marinheiro despiu o casaco e as calças e ficou completamente nu. — Não se eu me mover sob a água.

Uberto observou-o intrigado.

— Ninguém consegue reter o fôlego por tanto tempo.

Cola Peixe sorriu de leve e ergueu da proa um barril de grandes dimensões. Nas bordas da tampa estavam dependurados pesos de vários tipos — pedras, tijolos e até a cabeça de uma estátua antiga. Uberto não conseguiu adivinhar para que servia aquilo.

Sem aguardar comentários, o barês atirou o barril à água com a boca virada para baixo.

— Respirarei lá dentro — explicou. — Em seguida, enchendo os pulmões, mergulhou.

Espantado, Uberto perscrutou a superfície do mar, mas não viu o barril voltar à tona.

Ermelina cruzou a Porta Magna e subiu a rampa de acesso, encontrando-se então, junto com as companheiras, no interior do Castelo Marino. O soldado, um homenzarrão loiro chamado Vincenzo, caminhava alguns passos à frente e olhava para trás de vez em quando, para ver se entre as mulheres havia alguma de seu gosto.

Galgaram uma escada até debaixo do arco ao pé da torre normanda e continuaram subindo, seguindo por um caminho que flanqueava a muralha. Se fosse dia, daquele ponto se gozaria de uma vista ampla do mar e da aldeia próxima. Agora, porém, reinava uma obscuridade pontilhada de brilhos de tochas que pareciam refletir o céu.

Dirigiam-se para a caserna, como sempre faziam as prostitutas destinadas aos soldados. Ermelina ateve-se ao jogo, embora sabendo que, para chegar às prisões, deveria voltar até o bastião de entrada e descer aos subterrâneos. As áreas de reclusão das torres eram reservadas aos prisioneiros de alta linhagem, e Ignazio, sem dúvida, fora levado para os pisos inferiores, onde ficavam os detidos comuns.

Deveria separar-se das outras sem ser notada. Colocou-se cautelosamente na retaguarda do grupo e, aproveitando-se do fato de Vincenzo estar em conversa animada com a mais bonita de todas, foi ficando para trás. Parou, pronta a fingir uma indisposição caso o soldado percebesse a demora. Porém isso não aconteceu e ela pôde voltar apressadamente.

Por boa parte do percurso, não encontrou ninguém. Desde que o imperador havia partido para a cruzada, o número de moradores do castelo diminuíra bastante. Entre os muros, agora só se alojavam soldados e monges basilianos, boa parte dos quais devia no momento estar dormindo profundamente. Apesar disso, por diversos pontos se movimentavam guardas. Ermelina procurou manter-se afastada e oculta na sombra até encontrar um acesso aos ambientes internos. Entrou. Atravessou um corredor ladeado por pequenas janelas quadradas e subiu uma escada de pedra. Ninguém à vista.

Conhecia bem aqueles lugares. O marido a levara lá várias vezes, para prestar serviços muito pouco dignos. Graças à inquietação, que a impediu de se demorar em lembranças tão horríveis, orientou-se com facilidade e chegou a um corredor de teto abobadado, com uma dezena de portas dispostas ao longo das paredes. Era a entrada para as celas.

Só restava descobrir em qual delas estava Ignazio, libertá-lo e conduzi-lo ao local combinado com Uberto e Cola Peixe.

O mais difícil já havia sido feito, pensou.

Tarde demais percebeu que havia alguém às suas costas. Sentiu um deslocamento de ar e depois um hálito na nuca. Antes de poder reagir, duas mãos fortes agarraram seus braços.

Vincenzo guiou o grupo de meretrizes para a caserna. Os soldados descansavam num recinto comum, escavado na rocha, amplo e sustentado por colunas de granito. Dizia-se que eram os restos de um antigo *castrum* erguido, segundo a lenda, sobre um ovo encantado que o mago Virgílio escondera mais de mil anos antes.

Ao ver as mulheres, os homens se levantaram de seus catres e se prepararam para recebê-las com caloroso entusiasmo. Vincenzo guardou para si uma moça loira de quem já tinha se engraçado e deixou passar as demais.

Foi então que notou a ausência de Ermelina. Não teria notado a de outra, mas a dela sim, e não apenas por ter-lhe falado: reconhecera-a, embora não o demonstrasse. Era a viúva de um de seus camaradas morto havia tempos numa briga.

Olhou então para trás, mas nada. Ela não estava em parte alguma.

— Que está procurando, soldado? — perguntou uma voz masculina.

Vincenzo se virou e cruzou o olhar com um miliciano. Não era um dos seus, mas Vincenzo o conhecia: o clavígero do séquito do padre alemão. Parecia mais pálido que no dia anterior, com a cabeça envolta em bandagens. Talvez um ferimento na orelha, que devia estar lhe causando fortes dores.

— Uma prostituta — respondeu. — Estava com as outras, mas não a vejo mais.

O clavígero olhou com curiosidade Vincenzo e a moça loira que o acompanhava. Achou que a reconhecia. — Velha e petulante?

— Sim.

— Então vamos procurá-la juntos — disse Pungilupo, com um riso ameaçador.

23

Em vez de lutar, Ermelina suspirou e enroscou-se lascivamente no soldado que a segurava. Ela tinha previsto uma situação assim. Já contava com ela. O homem não devia ser um soldado qualquer, mas sim um guarda das prisões.

— Que faz aqui, sua rameira? — rugiu o soldado.

— Seus camaradas me enviaram para lhe fazer companhia — sussurrou Ermelina.

O guarda emitiu um grunhido lascivo e largou a presa.

Mal conseguiu se mover, e Ermelina empurrou-o delicadamente contra a parede e observou-o com um olhar rápido. Era alto, deveria ter cerca de 50 anos, e corpulento, mas o que lhe chamou a atenção foi o grande molho de chaves que ele trazia preso ao cinto. Ermelina não conseguiu conter um sorriso de satisfação. Uma daquelas chaves abria a cela de Ignazio. Porém teria de ser ganha. Sem nenhum pudor, deslizou a mão para baixo e, a esse gesto, o homem baixou as calças até os joelhos.

A prostituta, para ganhar sua confiança, acariciou-lhe o sexo, deixando-o logo excitado. Agia lentamente, descontraída e desenvolta. Aquela era a parte mais arriscada do plano. O carcereiro era maior e mais forte que ela, sem contar que, se suspeitasse de alguma coisa, chamaria reforços. No fim das contas, a única possibilidade de sucesso era o punhal que ela trazia escondido nas dobras do manto. No entanto, para usá-lo, deveria esperar o momento certo.

Subitamente, o homem agarrou-a pelos quadris e estendeu-a bruscamente no chão. Ermelina, acedendo a seu desejo, levantou a saia num gesto convidativo.

Então uma ideia lhe ocorreu. Nunca matara ninguém e duvidou que pudesse fazê-lo agora. A insegurança em seu rosto enganou o carcereiro.

— Já não está mais com vontade, sua puta? — rosnou, atirando-se excitado sobre ela.

Ermelina sacou o punhal e limitou-se a mantê-lo com a ponta para cima. Sentiu-o afundar-se na carne do soldado num misto de desgosto e euforia, que baniu toda a incerteza e culminou num prazer selvagem — como se aquele ato a recompensasse de todos os males sofridos. Agora a redenção e a purificação já não lhe importavam. O que a motivava era a vingança. A vingança contra quem quer que a houvesse possuído sem respeito ou mesmo com violência e brutalidade. Não sou uma puta, gritou no íntimo, mandando ao diabo o marido, os padres e suas ideias de castigo divino. E, dentre todos os significados que aquele momento poderia conter, escolheu vivê-lo como uma liturgia, a liturgia da mudança. Ainda que durasse um segundo, ela estaria paga para todo o sempre.

Os espasmos do corpo em cima dela trouxeram-na de volta à realidade. Viu o carcereiro retorcer a boca num esgar de agonia e curvar-se como se estivesse sendo puxado por cordas. Ensopada de sangue, Ermelina lutou para se desvencilhar. O homem pendeu para um lado num movimento espasmódico e arrancou o punhal do flanco. Tentou erguer-se, mas as calças baixadas até os joelhos impediram-no. Então se pôs de bruços e foi se arrastando como um grande verme, deixando atrás de si um rastro de sangue.

Ainda presa da exaltação, Ermelina guardou o punhal e montou em suas costas para detê-lo. A princípio, acreditara estar agindo para o bem de Ignazio; agora, sabia que estava agindo para o bem de si mesma. O carcereiro opôs fraca resistência, mas parecia ter forças para começar a gritar a qualquer momento. Ermelina se sentiu dominada pelo terror de ser apanhada por outros guardas e, agarrando-o pelos cabelos, levantou-lhe a cabeça e degolou-o.

Permaneceu imóvel sobre o cadáver por um lapso de tempo indefinido, enquanto um torvelinho de emoções violentas ardia em seu peito. Gozou daquele calor feroz até que ele se extinguiu. Sentiu então, de novo, o frio dos cárceres e se levantou.

Deixar a vítima com as calças baixadas pareceu-lhe vergonhoso. Ajeitou-as e se sentiu um pouco mais digna. Em seguida, lembrou-se do que tinha ido fazer ali.

Apanhou rapidamente o molho de chaves e percorreu o corredor passando em revista as portas trancadas. Sentia os músculos dormentes, como se os houvesse exercitado por horas. Indecisa sobre como proceder, chamou Ignazio pelo nome até obter resposta. Reconheceu logo a voz dele, que soava incrédula e alarmada. Seguiu-a ansiosamente e o encontrou. Lutou contra a fechadura, experimentando quase todas as chaves e com medo de que nenhuma servisse.

Mas a porta se abriu.

No escuro da cela, desenhou-se uma silhueta. O homem que amava. Mas não como o vira no dia anterior, orgulhoso e com roupas elegantes. Agora vestia uma túnica e calças esfarrapadas. O rosto era uma máscara congestionada pelo medo e pela reclusão. Por um instante, julgou-o frágil e indefeso; mas Ignazio de Toledo se aproximou a passo firme e fitou-a com suas íris verdes, uma chama que de repente se reavivava. Ermelina não resistiu às emoções e, tomada por uma leve vertigem, caiu nos braços de Ignazio.

O mercador amparou-a, continuando a olhá-la fixamente. E ela procurou alguma coisa naqueles olhos. Alguma coisa que não encontrou. Sentiu-se então uma tola, a mais tola das mulheres. Imaginara longamente o que aconteceria naquele momento. Cultivara a louca esperança de despertar nele algo mais que gratidão. Algo mais que o simples afeto. Porém aqueles olhos não mentiam. Não eram os olhos com os quais ela havia sonhado. Não naquela noite. Não pelo resto de seus dias.

— Temos que ir — murmurou ela, vencendo a amargura.

Antes que se pusessem a caminho, uma voz os chamou, vinda de uma cela próxima. Ignazio espiou pela fresta do batente e viu o rosto de Suger de Petit-Pont.

— Não me deixem aqui! — implorou o médico. — Levem-me com vocês!

— E por que o faríamos? — replicou o mercador, indignado. — Você é o responsável por me atribuírem crimes que não cometi.

— Piedade! — gemeu Suger.

— Idiota, não merece piedade alguma!

E, sem hesitar, Ignazio lhe deu as costas e seguiu Ermelina em direção à saída. Não antes de observar, pelo canto do olho, o cadáver do carcereiro. O ato cometido por sua salvadora perturbou-o um pouco.

Mas não era hora de lhe fazer perguntas.

Uma figura recolhida em prece sobre o pavimento frio.

A luz de algumas velas cintilava em volta, iluminando a estrutura de uma capela em estilo bizantino. O espaço ao redor se diluía numa obscuridade intercalada por arcos, colunas e capitéis que surgiam ao bruxulear das chamas e desapareciam logo depois no escuro. Konrad von Marburg jamais teria pensado em encontrar na igreja de São Salvador formas semelhantes. Formas que remontavam a um cristianismo primitivo, meticulosamente despojado de todos os vestígios pagãos. Aquilo o surpreendera agradavelmente. No paraíso silencioso da capela, sentiu-se à vontade, longe do barulho e das cores berrantes de Nápoles. Ali, podia orar e revigorar o espírito para o confronto final com Ignazio de Toledo.

Horas antes, receara encontrá-lo de novo, pois achava que não teria provas suficientes para acusá-lo. A acusação se baseava apenas nos testemunhos de Alfano Imperato e Suger de Petit-Pont, o que não bastava para condenar um homem à fogueira. Agora, porém, Von Marburg tinha certeza de haver obtido a confirmação de suas suspeitas. Ao se deparar com o filho do mercador inclinado sobre o cadáver do cônego, vira-o provocar em Alfano a mesma queimadura encontrada no corpo de Gebeard von Querfurt e no de Wilfridus, o herege da Mogúncia preso na Basilica Minor de Seligenstadt. Na verdade, não o surpreendera em flagrante delito, mas Uberto Alvarez era a única pessoa que se achava perto do cadáver. Com certeza, o jovem estava perpetrando a obra do pai, pondo em prática suas lições de necromancia.

Konrad o perseguiria também. Logo depois de reduzir Ignazio de Toledo a um punhado de cinzas, se ocuparia dele. Seguiria o rapaz até o fim do mundo, se fosse necessário.

Percebeu que alguém entrava e irritou-se. Havia pedido expressamente aos monges de São Basílio que não o perturbassem durante toda a noite. Porém, a julgar pelo ruído dos passos, não se tratava de um religioso. Fez o sinal da cruz e virou-se para o recém-chegado. Era um guarda.

— Que aconteceu? — perguntou, achando-o alvoroçado.

— Perdoe a intrusão, *magister*. O espanhol fugiu.

Como um golpe de malho, aquelas poucas palavras destruíram a serenidade conseguida depois de um longo recolhimento. Tomado de uma fúria incontrolável, Konrad von Marburg avançou a largos passos contra o mensageiro e agarrou-o pelo pescoço.

— Como isso pôde acontecer? — rugiu-lhe em pleno rosto.

Embora fosse forte como um touro, com braços e ombros cobertos de feixes de músculos, o soldado só conseguiu emitir um leve queixume, incapaz de resistir. O padre continuou a oprimir a vítima, obrigando-a a ajoelhar-se. Só via diante de si um inimigo a abater: Ignazio de Toledo, o adorador do Diabo.

Por fim, uma luz se fez em sua mente, induzindo-o a largar a presa.

— Mande repicar os sinos! — ordenou, recuperando a compostura marcial. — Ele não pode estar longe!

Os corredores escavados na rocha se estendiam sob a ilha do Salvador como um labirinto. Ignazio teve a impressão de girar em torno de um ambiente central, sem todavia encontrar a entrada. Talvez fosse a câmara secreta do Castelo Marino, da qual tanto ouvira falar. Não afastava os olhos de Ermelina, que continuava a guiá-lo, com os cabelos desgrenhados e a roupa suja de sangue. Uma presença ora reconfortante, ora assustadora. Após uma última volta, seguiu-a por uma passagem em linha reta que os levou à superfície.

Chegaram a uma espécie de depósito cheio de ânforas e sacas de cereais. Ermelina dirigiu-se para a saída e, entreabrindo a porta, olhou para fora.

— Venha ver — disse ela.

O mercador se aproximou rápido e espiou pela fresta. Era noite alta, mas seus olhos habituados à escuridão não o iludiram. Avistou um espaço dominado por um grande arco de pedra, além do qual as fortificações do castelo pareciam interromper-se. A passagem era guardada por duas sentinelas armadas de lança.

— Depois do arco, há uma área que dá para o mar — explicou a mulher. — Você tem que atravessá-la.

— Antes, será preciso distrair os guardas.

— Deixe isso comigo.

— Mas você...

Ermelina calou-o, acariciando-lhe o rosto.

— Alguém o espera do outro lado. — Hesitou em retirar a mão.
— Enquanto mantenho os guardas ocupados, saia daqui e corra para
o mar. Faça isso sem pensar em mim.

Ermelina parecia decidida demais para ser dissuadida. Arranjou
as roupas o melhor que pôde a fim de esconder as manchas de sangue
sob o xale e preparou-se para sair.

Ignazio acompanhou aqueles preparativos com preocupação. Não
desejava que sua salvadora se expusesse ainda mais. Nutria uma sensação pungente de culpa e adivinhava o medo que ela estava sentindo.

— Mas deve haver outra rota de fuga — ele disse. — Uma rota
segura para nós dois.

— Não há — respondeu Ermelina, decidida.

— Não permitirei que você corra perigo por minha causa — insistiu ele. — Não quero que faça isso.

— Você fez o mesmo por mim há muitos anos.

— Agora é diferente.

Ermelina lançou-lhe um olhar duro, quase de reprovação.

— Deve voltar para seu filho, para sua família.

O mercador ia replicar, mas se conteve. Lágrimas corriam pelo
rosto da mulher. Lágrimas que ele não entendeu, mas se sentiu no
dever de enxugar. Iria segui-la com os olhos e esperar pelo melhor.
Viu-a dirigir-se para o centro da praça. Como previsto, os guardas
notaram-na e correram em sua direção, deixando livre o percurso até
o arco.

Ignazio deixou de lado as emoções e aproveitou a oportunidade.
A mulher era esperta, disse para si mesmo, deveria ter estudado um
modo de escapar sã e salva. E de fato, enquanto corria de cabeça
baixa para a saída, viu-a entreter os soldados com modos sedutores.

Cruzou o arco sem problemas, mantendo-se na sombra, mas, logo que alcançou a descida para o mar, ouviu o sino de uma igreja. Toque de alarme! Deviam ter descoberto sua fuga.

Os soldados reagiram imediatamente e, esquecidos de Ermelina, olharam em volta como aves de rapina. Um deles, espiando para além do arco, avistou Ignazio.

— Quem está aí? — gritou, ordenando-lhe por gestos que parasse. O outro se preparou para arremessar-lhe a lança, mas Ermelina foi mais rápida: sacou o punhal oculto na roupa e enfiou-o no braço esquerdo do soldado.

Já pronto para correr em seu socorro, Ignazio viu a mulher virar-se para ele, a boca escancarada num grito:

— Fujaaaa!

Ele a fitou sobressaltado. O que tinha diante de si não era uma mulher comum, mas sim uma guerreira saída da mais trepidante das *chansons de geste*. Angustiada, forte, sem esperança. Teve o impulso de voltar para ajudá-la quando percebeu que alguma coisa começava a chover do alto das muralhas. Pedras. Fundibulários o alvejavam das ameias.

Mal se deu conta do que acontecia, um choque no ombro direito o fez girar sobre si mesmo e cair ao chão.

Levantou-se apressadamente, mais atordoado que dolorido. Teve dois acessos de tosse e, olhando em torno, notou que o segundo guarda estava quase alcançando-o com a lança em riste. Precisava fugir.

Desceu velozmente a rampa, enquanto o perseguidor ganhava terreno. Chegando à margem, olhou para os navios sem saber o que fazer. Correu para o mar, como lhe dissera Ermelina, calculando que talvez alguém o esperasse escondido em alguma parte.

Demorou demais. O guarda o surpreendeu, encostando-lhe a lança às costas para imobilizá-lo. Ignazio opôs resistência e tentou saltar para a frente, mas, quando percebeu que avançara demais, já era tarde. Num impulso, saltou a linha de recifes atracado com o agressor.

Ouviu o ruído e sentiu o frio das ondas. Com um gosto e um cheiro de sal na boca e no nariz, emergiu da espuma e agarrou-se a uma protuberância coberta de algas. O soldado jazia ali perto, a cabeça esfacelada contra um escolho.

— As moreias o comerão — disse uma voz saída das trevas.

Ignazio voltou-se e viu um homem entre as vagas. Boiava à superfície sem mexer os braços e as pernas, imóvel como uma medusa. A imobilidade o tornava quase invisível.

— Você é Ignazio de Toledo? — perguntou o nadador.

O mercador fez um gesto afirmativo.

— Vou tirá-lo daqui a salvo.

— Espere. — O fugitivo se lembrou de Ermelina. — Antes devo socorrer uma pessoa.

— Impossível. Não está ouvindo as vozes?

Ignazio atentou para os sons trazidos pelo vento e, do outro lado dos recifes, notou a presença de vários soldados. Vinham recapturá-lo.

— Vamos — chamou Cola Peixe. — Em poucos segundos os arqueiros das torres começarão a disparar. — Então ele ergueu das águas um grande barril. — Entre aqui... mas, primeiro, tire as roupas.

Os gritos de alarme estavam cada vez mais próximos. Ermelina mal os percebia. Tinha os olhos fixos no punhal fincado no braço do guarda. Era uma arma pequena, insignificante, mas brandi-la a faria sentir-se menos indefesa. O homem pareceu ler seus pensamentos, pois arrancou o punhal da ferida o jogou no chão. Num salto desesperado, ela se inclinou para pegá-lo, mas o soldado agarrou-a pela roupa e empurrou-a com fúria.

Ao cair para trás, sentiu algo frio e pontiagudo nas costas. Num primeiro momento, não entendeu. Depois, invadida por uma dor lancinante, viu a ponta de uma espada se projetar de seu abdome e se sentiu novamente uma tola. A mais tola das mulheres.

Aquele que a trespassara agarrou-a pelos cabelos e murmurou-lhe ao ouvido a frase cruel:

— Eu lhe disse, prostituta velha! Eu lhe disse que você pagaria caro.

Ermelina virou-se com dificuldade e viu-se diante do olhar de um lobo esfomeado.

— Você me... — Cerrou os dentes, transformando a máscara de agonia em um sorriso de desafio. — *Ele*, porém, você nunca...

O clavígero disse algumas palavras brutais, mas ela não se importou. Eram apenas palavras. Agora não tinham mais importância.

Fechou os olhos, desfrutando dos últimos instantes de vida que lhe restavam. E, antes de expirar, implorou ao Senhor que a fizesse renascer num mundo onde Ignazio pudesse amá-la. Um mundo no qual ela fosse a mais virtuosa das mulheres.

Ou então que a deixasse mergulhar na escuridão. Para sempre. Sem memória.

24

Flutuando silenciosamente, Ignazio sentia o gelo das correntes submarinas envolver-lhe as pernas e os quadris. Dos ombros para cima, entretanto, estava enxuto dentro do barril. Aquele recipiente isolava-o das camadas de água que passavam por cima, garantindo-lhe uma provisão suficiente de oxigênio. Temendo afundar, segurava firmemente uma alça de madeira presa na borda do barril.

Uma fuga um tanto bizarra, pensou, embora muito bem elaborada. Graças àquele estratagema, se distanciaria sem ser visto da ilha do Salvador e sem que os arqueiros do castelo o alvejassem.

Achar-se num espaço fechado e escuro não o inquietava, maravilhado como se sentia com a ausência de peso. Balançava as pernas na água com o estupor de um menino que experimenta um brinquedo novo e quase esquecia a dramaticidade dos acontecimentos recentes. Estava fascinado pelo fato de poder respirar dentro de um barril sem precisar emergir para retomar o fôlego. Aquela situação lhe recordava uma façanha de Alexandre, o Grande, que segundo se dizia explorara as profundezas abissais a bordo de um submersível feito de vidro.

Cola Peixe nadava ao lado do barril, preso a ele por uma corda, e arrastava-o à força de braçadas na direção do mar aberto, emergindo de vez em quando para respirar. Ignazio não podia vê-lo, mas, a julgar pela movimentação do barril, o homem tinha uma enorme capacidade de conter o fôlego por longos lapsos de tempo.

De repente, alguma coisa mudou.

O mercador percebeu que o barril — com ele dentro — estava sendo içado. Sentiu uma pressão forte nos ouvidos, mas não teve tempo de se acostumar a ela. Alguém batia na parede externa do barril. Adivinhando o que acontecia, largou a alça a que se agarrara, viu-se envolvido num torvelinho e, de súbito, encontrou-se na superfície.

Emergira ao largo de Nápoles, em mar aberto.

À sua frente, um pequeno barco oscilava ao clarão da lua. Tentou alcançar as amarras que pendiam da amurada, mas seus braços e suas pernas estavam entorpecidos pelo frio. Uma onda o cobriu, enquanto a sensação de peso recuperado começava a puxá-lo para o fundo. Teve medo de se afogar e, por um instante, perdeu o controle dos sentidos.

Houve uma agitação na água e Cola Peixe surgiu ao seu lado para ajudá-lo a permanecer na superfície. Em seguida, um homem se debruçou na amurada, pegou-o pelos braços e puxou-o para cima.

A bordo, Ignazio suspirou fundo e fez um sinal de gratidão àquele que o resgatara da água. E, espantado, reconheceu-o. Era o seu filho.

— Pai, como você está? — perguntou Uberto.

Ignazio estava sentado à sua frente, envolvido num lençol de tecido cru. Enxugara-se, mas não conseguia aquecer-se, o frio do mar penetrara-lhe os ossos. Tentou abrir a boca, mas batia os dentes sem parar.

— Ele está bem — Cola Peixe respondeu por ele. O barês, escorrendo água, ia e vinha entre o mastro e a popa. Parecia insensível ao frio noturno. — Só precisa descansar.

— Roupas novas — disse Uberto ao pai, entregando-lhe um embrulho. — Espero que lhe sirvam, não tive muita escolha. — Havia uma nota estridente em sua voz, talvez uma dureza excessiva.

Ignazio vestiu-se rapidamente; calças pretas, manto escuro e túnica com capuz. Ao vestir-se, sentiu a contusão no ombro, provocada pela pedra que o atingira durante a fuga. Um preço baixo pela salvação, pensou. A seguir, esfregou os braços para combater o frio e pôs-se a examinar a *menaica*. A proa era a única área desimpedida. No resto havia tudo, de redes a equipamentos para os mais diversos fins. Só então Ignazio notou que a âncora estava recolhida e a vela, aberta. Cola Peixe manobrava o leme despreocupadamente, guiando--se apenas pelas estrelas.

— Para onde vamos? — perguntou-lhe o mercador, readquirindo aos poucos o controle da fala.

O marinheiro fez um gesto vago. — Se formos para o norte, corre-remos o risco de esbarrar com uma fortaleza dos Clavígeros. E, dadas as dimensões do barco, devemos nos manter junto à costa.

— Então vamos para o sul — concluiu Ignazio. E, voltando-se para o filho, sussurrou:

— Ele é confiável?

Uberto deu de ombros.

— Foi Ermelina quem o recomendou.

Ao ouvir o nome da mulher, o mercador reconstituiu a fuga e foi invadido pelo remorso. Abandonara-a no Castelo Marino, sem via de escape. Deixara-a sozinha às voltas com o perigo, pensando uni-camente em si mesmo. Fuja!, gritara ela, enquanto lutava para lhe dar tempo. Esse grito agora ressoava aos seus ouvidos num tom bem diferente, quase de desprezo, fazendo-o sentir-se uma criatura vil que deixava morrer mulheres em seu lugar. Não mereço esse sacrifício, pensou.

— Aquela mulher... — disse Uberto, arrancando-o do tormento.

— Agora não — interrompeu-o Ignazio. Pensar em Ermelina lhe fazia mal e falar sobre ela apenas pioraria seu estado de espírito. — Primeiro, temos de decidir o que fazer.

— Certamente, não podemos voltar para casa.

O mercador observou o filho, ciente de quanto lhe custava admitir aquilo. A saudade da mãe e da mulher fazia-o sofrer. E agora que era pai, a nostalgia devia ser insuportável.

— Tem razão — confirmou, sufocando as emoções. — Von Marburg nos seguiria até Castela, pondo em perigo nossos entes queridos.

— A única maneira de escapar dele é provar a sua... a nossa inocência.

— Por que disse *nossa*?

— Acho que Von Marburg me considera suspeito da morte de Alfano — respondeu Uberto. E, percebendo o espanto do pai, contou-lhe o que acontecera durante sua prisão. Em seguida, coube a Ignazio deixá-lo a par da conversa que tivera com o padre alemão.

— Esse Konrad é um fanático — comentou Uberto em tom sombrio.

— Contudo — replicou o mercador —, não tem provas concludentes; do contrário, não se limitaria a prender-me.

— Uma prova ele tem. Ou pelo menos acredita tê-la. Refiro-me à morte de Alfano. Pode pensar que o eliminei para impedi-lo de acusar você.

— Mais um equívoco. Não há escolha, precisamos encontrar o verdadeiro assassino.

— Por nossa conta e risco, pai.

— É só o que nos resta fazer. Temos de seguir as pistas que levam ao verdadeiro *magister* de Toledo.

— O Homo Niger... Não acha que ele pode ser apenas uma lenda?

— O manto, as tatuagens, os círculos mágicos, os homicídios... — O olhar do mercador se aguçou. — Todos esses elementos devem, *obrigatoriamente*, ter um denominador comum. E o mais óbvio é que, por trás do caso, se esconda de fato um *magister*.

— O raciocínio é bom, mas não me convence.

Antes de retrucar, o mercador procurou organizar seus pensamentos. Havia alguma coisa na narrativa de Uberto que o intrigava.

— Há pouco, você me disse que Alfano lhe confiou algo a respeito do manto do Sagitário. Lembra-se do que foi?

— Fez isso pouco antes de morrer, mas de maneira um tanto vaga. Falou de uma pessoa a quem o manto deveria ser entregue, uma mulher que cura com lágrimas. Foi o que disse. Ela mora em Salerno.

— Nada mais?

— Balbuciou apenas duas palavras. Mas acho que não fazem sentido. Ou, se fazem, não o captei.

— E quais seriam?

— *Acqua nigra.*

— Água negra. — Ignazio esfregou a testa. Talvez seu filho tivesse razão, essas palavras não diziam nada. Deviam ser mais uma das muitas peças de um gigantesco mosaico. Todavia a informação sobre o destino a tomar era clara. Voltou-se para o golfo de Nápoles, observando o vulto do Vesúvio contra o céu estrelado, e em seguida se dirigiu a Cola Peixe.

— Saberia nos conduzir a Salerno? — perguntou-lhe. — Será bem pago.

O barês inclinou a cabeça, como se escutasse o vento, e por fim concordou. — Amanhã, com noite avançada, estaremos lá.

O mercador não sabia ainda se podia confiar naquele homem, mas no momento esse era o último de seus problemas. Não que pudesse fazer muita coisa. Tinha uma única missão pela frente: tentar descobrir o que era a enigmática água negra antes de se deixar capturar por Konrad von Marburg. O padre não sairia jamais de seu encalço. Havia interrogado Alfano e Suger, portanto dispunha das mesmas informações.

Nunca, até então, Ignazio temera tanto um homem da Igreja. Entrevia nele algo de novo, o germe de uma instituição empenhada em depurar a cristandade da mínima sombra ou suspeita de pecado. Ao contrário dos eclesiásticos que presidiam os tribunais espirituais *una tantum*, exclusivos, Konrad von Marburg agia diretamente, por investidura papal e com absoluta autonomia. Isso o tornava extremamente perigoso. Ignazio se perguntou o que aconteceria, no futuro, se pessoas daquela espécie fundassem uma ordem — e não pôde conter um arrepio. Judeus, supostas feiticeiras e pretensos hereges não teriam escapatória. Mas mesmo homens como ele, dedicados à pesquisa da verdade, seriam acusados de investigar o que não devia ser investigado, de pronunciar palavras que não deviam ser pronunciadas, de ler livros que não deviam ser lidos. Acabariam, calados, cegos e queimados com esses livros. *In nomine Patri et Filii et Spiritus Sancti.*

A voz de Uberto despertou-o daquele pesadelo acordado.

— O que aconteceu com Ermelina?

O mercador sentiu-se varado de remorso.

— Não conseguiu... — murmurou.

O que veio em seguida, contudo, não foi uma exclamação de aborrecimento, mas uma pergunta:

— Minha mãe sabe sobre ela?

Pego de surpresa, Ignazio se limitou a examinar a expressão do filho. A rispidez, antes percebida apenas na voz, agora transpirava do olhar e da contração das mandíbulas.

O mercador compreendeu e se sentiu magoado. O filho punha em questão uma das poucas certezas de sua vida, o amor que devotava a Sibilla e a fidelidade que sempre lhe conservara.

— Não é o que você pensa — replicou, olhando de lado para Cola Peixe. Ficava embaraçado em mostrar seus sentimentos, sobretudo na presença de estranhos. Porém o marinheiro parecia inteiramente absorto em seus próprios pensamentos.

— Sei tirar minhas conclusões — prosseguiu Uberto, decidido a levar a conversa adiante. — Você decerto a conheceu quando já era casado. Quando eu já era nascido.

— Nisso você tem razão. Mas não no resto.

— Contudo aquela mulher o amava, sem dúvida nenhuma. Quase no limite da devoção.

O mercador suspirou. Não conseguiria se safar com uma resposta curta.

— Eu a conheci há cerca de vinte anos em Catânia — disse por fim.

— Sempre pensei que, nessa época, você estivesse no norte da África, não na Sicília.

— Estava na Tunísia, para ser mais exato, quando soube de um livro valiosíssimo guardado numa abadia cisterciense de Catânia. Um hinário dedicado a Santa Ágata e decorado com esplêndidas miniaturas. Decidi ir até lá para adquirir um exemplar, que em seguida venderia pela melhor oferta.

— Lembro-me desse livro. Você me falou dele muitas vezes... omitindo, porém, o resto.

— Achava que não tinha importância. Até agora — explicou Ignazio, irritado com aquele tom de acusação. — Quando cheguei à abadia de Catânia, um amanuense do *scriptorium* aceitou copiar a obra no prazo de alguns meses. Retirei-me então para Túnis e, na volta a Catânia, tive um estranho encontro. Entrei na abadia para ir ao *scriptorium*, mas me perdi e entrei por engano na área de clausura. Antes de encontrar o caminho certo, descobri que ali uma jovem estava sendo mantida prisioneira.

— Ermelina — adivinhou Uberto.

O mercador confirmou com um aceno de cabeça.

— Fiquei com pena dela e perguntei-lhe o motivo de sua reclusão.

— Ele contemplou o mar, sentindo-se dividido entre o desgosto e o sentimento de culpa. — Ermelina era órfã e trabalhava como criada para uma família rica de Catânia. O dono da casa, um ourives famoso, se deixava dominar pela mulher, uma matriarca doentiamente ligada ao filho único. Pois bem, esse filho se apaixonou por Ermelina a ponto de querer desposá-la, embora a mãe repelisse a ideia de ter uma nora de origem tão humilde. Dias antes das núpcias, a megera acusou Ermelina de trair o noivo com um dos escravos mouros da casa. A jovem se declarou inocente, mas a matriarca fez valer sua influência para pô-la na prisão à espera da prova de fogo.

— E Ermelina foi trancafiada na própria abadia onde era guardado o livro de Santa Ágata — concluiu Uberto. — Onde você a encontrou, certo?

— Certo. Ermelina me confidenciou que não amava o filho do ourives, mas nem por isso o traíra. Queria muito escapar da sua condição de serva e não cometeria semelhante baixeza. Não sei se ela estava sendo sincera; julguei, porém, que não merecia a pena do fogo. Conhecia suas consequências. Ninguém lhe escapa sem horríveis queimaduras.

— É um suplício atroz, não há dúvida, e o clero sabe bem disso. Tanto assim que, para demonstrar a inocência dos religiosos, não se recorre à prova do fogo, mas à prova do pão, que não provoca sofrimento algum.

— Você entenderá então por que resolvi facilitar a fuga de Ermelina. Antes de deixar a Sicília com o exemplar do hinário de Santa Ágata, entrei na abadia, libertei-a e levei-a comigo. Ao chegarmos a Nápoles, instalei-a num convento de freiras. — Durante a viagem por mar, Ignazio precisara repelir os avanços de Ermelina, que, recobrada do susto, parecia ter se interessado por ele. Mas omitiu essa parte da história e, revendo os acontecimentos recentes, perguntou-se se aquela mulher não experimentara, na verdade, mais que um simples capricho. — Antes de partir de Nápoles — concluiu —, dei o hinário de

Santa Ágata à superiora do convento, como dote para o noviciado de Ermelina.

— Desde então, não a encontrou mais?

— Não até aquele dia. Imagine minha surpresa ao vê-la levar uma vida bem diferente da que eu supunha.

— Não importa o que ela fazia para viver — concluiu Uberto, reconfortado. — Ela nos ajudou. Era uma boa pessoa.

Ou uma mulher apaixonada, pensou Ignazio.

E sorriu para o filho.

25

Suger detestava Ignazio de Toledo. Mais que a Philippus Cancellarius ou a qualquer outro que houvesse atrapalhado seus planos. Ao pensar que o mercador tinha conseguido fugir, enquanto ele mofava na cela, sentia crescer o ódio dentro de si. Mas, sobretudo, sentia-se lesado. O mercador lhe arrebatara a primazia da astúcia, arrogando-se o privilégio da última palavra. Você não merece nenhuma piedade, tinha dito ele. Após essa descompostura moral, Suger se recolhera a um canto com dó de si mesmo, a boca amarga e os dedos entrelaçados sobre o ventre. Temia que Von Marburg cumprisse a promessa de enviar um pombo-correio à França, possibilidade que inflamava todos os seus medos.

Não podia permitir que aquele padre descobrisse a verdade sobre sua partida de Paris. Se isso acontecesse, seria o fim. E justamente quando faltava pouco para chegar a Salerno! Mais alguns dias de viagem e poderia iniciar uma vida nova e reiniciar sua carreira, sem suspeitas nem equívocos. Ao contrário, havia se deixado envolver no caso do manto do Sagitário e da draconita...

Dali em diante, pensou com amargura, as únicas pedras sobre as quais pousaria os olhos seriam as das paredes da sua cela.

Ruminou esses pensamentos até a alvorada. A reclusão certamente não melhorava seu humor, mas era menos opressiva do que calculara. Um homem comum, habituado a viver e a trabalhar ao ar livre, ficaria impaciente em poucas horas. Suger, porém, costumava passar dias inteiros em ambientes escuros, no silêncio e no isolamento do escritório. Isso o ajudou a preservar uma relativa lucidez. Para matar o tempo, rememorou as tribulações enfrentadas nos últimos tempos. As ameaças de Philippus Cancellarius e de Rolando de Cremona. O homicídio no Porto dos Troncos. E Bernard.

Se houvesse observado com mais atenção aquele rapaz, se houvesse sido mais duro com ele...

Suspirou. No fundo, disse a si mesmo, de que adiantaria? As pessoas não mudam nunca, escolhem o caminho que bem entendem, são os únicos responsáveis pelas próprias desgraças. Suger não poderia, é claro, arcar com todos os males do mundo! Já os tinha em quantidade suficiente para se dar ao luxo de assumir culpas alheias. Sobre a recordação de Bernard, deveria pôr uma pedra.

No momento, seu verdadeiro problema era Von Marburg. Inútil negar. Por trás de cada conjectura, de cada reminiscência avultava a sombra daquele padre. Só de pensar nele Suger se sentia oprimido pela inquietação. Porque, de fato, Konrad era uma fera. Tinha o olhar dos predadores noturnos e as mandíbulas dos animais carnívoros. Ainda assim, Von Marburg disfarçava sua agressividade com manipulações verbais tão sutis quanto traiçoeiras. Cada palavra que proferia era uma armadilha; cada gesto que esboçava, um entremostrar de garras. Desse modo, acuava suas vítimas antes de cravar as presas no pescoço delas.

Quando a porta se abriu, Suger levou instintivamente as mãos à garganta.

Konrad von Marburg entrou no cubículo. Sempre vestido de negro, o enorme crucifixo metálico no centro do peito. Trazia na mão esquerda uma vela e, na direita, um prato de terracota.

— Trouxe-lhe comida — disse pausadamente.

Suger se espantou com tamanha solicitude. — É muita gentileza sua, não devia se incomodar.

— Não se trata de gentileza — disse o religioso, entregando-lhe o prato —, mas de caridade.

O médico examinou o conteúdo do recipiente: pedaços de pão duro boiavam num líquido gorduroso. Enojado, pousou o prato no chão.

Konrad observou-o desapontado. — Não lhe agrada?

— Estou sem fome.

O padre mudou de assunto com um gesto de indiferença. — Pois bem, saiba que estou bastante indeciso a seu respeito.

— Como assim?

— Eu poderia deixá-lo sair daqui se você colaborasse.

— Já não colaborei o bastante? Disse-lhe tudo o que sabia.

— De você não espero palavras, mas sim fatos.

— Continuo a não entender.

— Você entenderá — garantiu Von Marburg, iluminando-lhe o rosto com a chama da vela. — Sem dúvida, viu o que aconteceu esta noite.

— Refere-se à fuga de Ignazio de Toledo?

O religioso anuiu.

— Espiei pela fresta da porta — revelou Suger. — Eu o vi escapar com uma mulher.

— Disse alguma coisa a eles?

— Não — mentiu o médico. Admitir o contrário seria piorar a situação. — Por que o faria?

Konrad não fez nenhum comentário. — O mercador disse alguma coisa? — perguntou em seguida.

— Nada de importante.

— E, em sua opinião, qual será o próximo movimento dele?

Suger hesitou em responder, mas acabou por interpretar aquela pergunta como uma espécie de prova. Talvez Konrad estivesse testando sua confiabilidade.

— Não é impossível que se dirija a Salerno, atrás da curandeira e da água negra.

Na verdade, não tinha certeza disso. Obtivera aquela informação de Alfano. Não dizer nada, porém, teria sido perigoso.

O inquisidor imitou um bocejo.

— Diga-me algo que eu ainda não saiba.

— Para quê?

— Se insiste em saber, depois desta conversa sairei à procura do espanhol. E, com base no que você me contar, decidirei se ficará aqui apodrecendo ou se irá comigo.

— Mas você prometeu me libertar!

— Eu não disse isso. Aventei apenas a hipótese de deixá-lo sair... para ficar ao meu lado.

— Com que objetivo?

— Em Salerno, os soldados sob minhas ordens dariam muito na vista. Mas um médico, embora forasteiro, passará despercebido na cidade dos médicos. Você me será muito útil no papel de espião. Primeiro, porém, deve provar que é digno da minha confiança.

Suger avaliou rapidamente a situação e concluiu que lhe seria mais vantajoso colaborar. Talvez, no fim, até conquistasse a liberdade. — Pois bem, saiba que refleti bastante sobre as indicações de Alfano — disse.

— Descobriu então o que é a tal água negra?

— Melhor ainda. Acho que sei onde encontrá-la.

Konrad aproximou-se de um salto, um grande felino armando o bote.

Suger recuou, fechando instintivamente os olhos. Quando os reabriu, as íris negras de Von Marburg estavam a menos de um palmo das suas.

— Perguntarei apenas uma vez — intimou o alemão. — Está mentindo?

— De modo algum, reverendo. Pode contar com minha lealdade.

O religioso acalmou-se. — Então virá comigo. Mas antes... — Tirou do prato um pedaço de pão empapado de gordura e levou-o à boca de Suger. — Antes você deve comer.

O médico foi obrigado a engolir. Nauseado pelo gosto de gordura, esforçou-se assim mesmo para fazer aquele sacrifício. Engoliu e abriu a boca para dizer alguma coisa, mas Konrad já tinha pronto para ele um segundo bocado.

Sufocando uma ânsia de vômito, Suger fez sinal de que já estava satisfeito.

O religioso sorriu brandamente. — Não vai querer inutilizar meu ato de caridade — disse, fazendo-o comer à força. Infligir aquele pequeno tormento parecia deixá-lo de bom humor.

E Suger, por fim, se sentiu quase revigorado.

Quarta Parte
LÁGRIMAS DE CRISTAL

E os condenados, em meio aos tormentos, bradaram: "Tem piedade de nós, arcanjo Miguel! E tu também, Paulo, amado de Deus entre os que mais o sejam! Intercedei por nós junto ao Senhor!"

E o anjo lhes disse: "Chorai. Eu chorarei convosco e também Paulo chorará. Pediremos a Deus misericordioso que tenha clemência e vos conceda um pouco de alívio."

— *Visio Sancti Pauli*

26

Lançaram âncora em Salerno antes do amanhecer.

A navegação tinha durado todo o domingo de Páscoa, inclusive a noite. O melhor trecho havia sido a península de Sorrento, eivada de magníficos promontórios, selvas e enormes escolhos à flor da água. Ignazio não deixara de gozar um segundo sequer de sua recobrada liberdade, passeando o olhar dos acidentes do litoral para o branco esvoaçar das aves marinhas. A prisão havia sido uma experiência breve, mas deprimente. Não tanto pelas quatro paredes como pela brutalidade de um julgamento que punia antes as ideias que os crimes. E o fim trágico de Ermelina continuava a perturbá-lo.

No entanto, logo teve mais com que se ocupar. Ainda no golfo de Nápoles, Cola Peixe havia visto da popa uma galera que navegava junto à costa seguindo sua mesma rota. Perdera-a de vista no meio do caminho, ao dobrar a península de Sorrento, mas avistara-a de novo nas águas de Amalfi. Apesar das proporções imponentes, ela avançava rápido.

— Uma galera dos Templários — observou o barês, apontando para a insígnia com a cruz vermelha em campo branco.

Ignazio virou-se para ele, alarmado por seu tom de voz:

— Problemas?

O marinheiro sacudiu a cabeça. — Ontem, vi essa embarcação atracada no *Vulpulum*, o grande cais de Nápoles. Deve ter zarpado à noite, como nós.

— E então?

— É estranho, já que o imperador não vê com bons olhos os Templários. Ele os baniu do Reino da Sicília e diz-se que tomou seus bens para dá-los aos cavaleiros teutônicos.

Ignazio se calou. O avanço dos Clavígeros e a suposta morte de Frederico II eram pretextos suficientes para encorajar a Ordem do Templo a retomar a posse de seus feudos. Porém o que Ignazio via ali era uma ameaça pessoal. Quanto mais a galera se aproximava, mais ele temia que a bordo viajasse alguém interessado nele. Um religioso saído de Nápoles na calada da noite para segui-lo. Talvez fossem suspeitas infundadas, pensou, mas sem conseguir afastar o pensamento de que, naquela embarcação de monges brancos, pudesse estar Konrad von Marburg.

Atracaram em Salerno e passaram o resto da noite numa estalagem do porto, embora Ignazio tivesse preferido dormir sob as estrelas, embalado pelo balanço da *menaica* e por uma sensação incontida de liberdade. Às primeiras luzes da manhã, pagou Cola Peixe, agradeceu-lhe pela ajuda e perguntou-lhe se estaria disposto a ficar à sua disposição por mais uns dois dias. Se, por azar, tivesse de fugir às pressas da cidade, os serviços do barês viriam a calhar. O marinheiro aceitou de bom grado.

Feito o acordo, deixou o porto percorrendo, com Uberto, o caminho litorâneo que levava à entrada de Salerno. Esse caminho corria ao longo da praia, entre rochas e arbustos, atravessando bosques de mirtos e giestas. À direita estava sempre o mar e elevava-se uma faixa de muralhas atrás da qual se via uma colina dominada por um castelo. Mais impressionante era o aqueduto elevado, cujos arcos enormes se alteavam sobre árvores e edifícios.

Uberto tinha dinheiro suficiente para os dois, além de trazer o manto do Sagitário, ainda no alforje que havia pertencido a Suger.

— Para que tanta pressa? — perguntou ao pai, que se precipitava ao longo do caminho.

— É melhor não nos atrasarmos — respondeu o mercador — com aquele alemão em nossos calcanhares.

— Encontrar a curandeira das lágrimas exigirá, de qualquer modo, algum tempo.

— Não se soubermos onde procurar — disse Ignazio, remoendo o enigma da água negra. Apenas duas palavras: uma pista insignificante.

— Acho — retrucou Uberto — que a escola de medicina ou um convento de freiras talvez sejam um bom ponto de partida para investigarmos.

— Bem pensado, embora nesses lugares corramos o risco de encontrar von Marburg. Ele é um caçador hábil, convém não subestimá-lo.

— Então, o que faremos?

— Seguiremos outra pista.

Chegaram a um portão em arco que abria para o mar, além do qual uma rua movimentada levava ao mercado de peixes. Misturaram-se à multidão e continuaram em direção ao centro, enveredando por um tecido urbano que se tornava cada vez mais denso e subdividido em bairros cortados de *plateae*,* praças e jardins. Havia também becos muito estreitos, verdadeiros corredores que serpenteavam entre os prédios para perder-se em zonas escuras. As ruas mais largas, porém, não permitiam maior liberdade de movimento. Estavam apinhadas de gente das mais variadas etnias, inclusive mulheres vestidas à moda árabe, com roupas de seda adamascada e mãos pintadas de hena.

Foram até a praça do bairro dos Barbuti, à procura das tabernas mais renomadas do lugar. O mercador pediu informações sobre a rua dos boticários e entrou com Uberto numa viela ladeada por bancas onde se vendiam sementes, raízes e ossos de animais.

---

* Assim eram chamadas as ruas mais largas dos bairros de Salerno.

— Todo médico digno desse nome faz uso de ervas e produtos naturais — explicou, aludindo à conversa anterior. — Alguns desses produtos podem ser obtidos nas hortas e nos bosques das vizinhanças da cidade, mas outros são muito raros. Só são encontrados aqui, com os boticários.

Uberto meneou a cabeça. — Agora entendo o que você quis dizer. É provável que este lugar seja muito frequentado pela nossa curandeira.

— Perguntando, descobriremos logo alguém que a conheça — disse Ignazio, mostrando um grupo de velhas reunidas em torno de uma banca de bebidas. Sem hesitar, caminhou na direção delas.

— Talvez — explicou — seja uma destas.

27

Suger não conseguia acreditar que aquele suntuoso jardim cercado de pórticos fosse o átrio da catedral de São Mateus. Para chegar até ali, havia subido uma escada de altos degraus e cruzado um portal ladeado por dois leões de pedra dignos de um palácio. E agora, observando as esculturas do pórtico e os minúsculos arcos multicoloridos do campanário, se familiarizava com a arte arábico-normanda tão difundida na cidade. Era ali a sede da Escola Médica de Salerno. Os jovens que ocupavam os jardins não eram monges noviços, mas sim estudantes. Uns conversavam junto a uma fonte, outros se sentavam à sombra da galeria, perto de antigos sarcófagos expostos ao longo das colunas.

Por um instante, esqueceu-se das circunstâncias que o tinham levado até ali. Encontrava-se no templo da ciência hipocrática, onde, segundo se dizia, havia estudado até o grande Pierre-Gilles de Corbeil, médico do rei Filipe Augusto. Pouco importava a Suger ter vindo com Konrad von Marburg e que, fora do átrio, o esperasse Galvano Pungilupo. Estar naquele lugar valia qualquer sacrifício.

Seu humor tinha melhorado muito depois de embarcar numa galera templária atracada no porto de Nápoles para permitir à equipagem celebrar dignamente a Páscoa. O barco tinha partido do Languedoque rumo à Calábria sem previsão de escalas. Mesmo assim, o padre alemão conseguira autorização para subir a bordo com Suger, Pungilupo e dois soldados recrutados do Castelo Marino, com a intenção de chegar a Salerno. Diante de sua patente papal, os Templários não haviam posto objeções. A última promessa do religioso havia alimentado o otimismo do francês: caso o ajudasse a capturar Ignazio de Toledo, ficaria livre para permanecer na Escola Médica.

Perseguir o espanhol, no entanto, seria tarefa difícil. Suger não sabia ao certo se ele viera para Salerno e, mesmo que estivesse enganado, não dispunha de indícios suficientes para prever seus movimentos. Descobrir a identidade da curandeira das lágrimas talvez ajudasse um pouco; mas, para isso, teria de decifrar o significado das palavras misteriosas ditas por Alfano Imperato.

Antes do embarque, falara a respeito disso com Von Marburg. A seu ver, a expressão "água negra" era usada pelos médicos de Salerno para designar um dos quatro fluidos contidos no corpo humano. Além do fleugma do cérebro, do sangue e da bile amarela, existia com efeito a bile negra secretada pelo baço. Se sua hipótese fosse correta, as "lágrimas" da curandeira misteriosa talvez fossem uma substância capaz de compensar o excesso de bile negra, origem da chamada fleugma melancólica. Assim, tudo adquiria sentido.

Para verificar suas suposições, o francês tinha pedido e obtido permissão para consultar um *magister* da escola de Salerno. Von Marburg aguardaria numa pequena igreja da cidade.

Sem perda de tempo, Suger se dirigiu a um dos estudantes do jardim para descobrir onde encontraria os superiores do *Studium*.

— Aconselho-o a procurar o *magister* Urso — sugeriu o jovem. — Ele entrou há pouco na sala de operações com seus alunos. — E apontou uma construção ao lado do átrio.

Antes de se pôr a caminho, Suger ouviu gritos provenientes do interior, mas, sem se abalar, decidiu ir em frente. Em tantos anos de prática médica, já tinha ouvido gritos bem piores. Atravessou um *armamentarium pigmentariorum** e uma porta alta, além da qual os gritos se tornaram mais agudos.

---

* Lugar onde se conservavam as plantas medicinais desidratadas.

Chegou a um recinto de paredes cobertas com ilustrações de vísceras humanas. No centro, um grupo de estudantes imobilizava um homem sobre uma mesa de madeira. A operação estava sendo mais difícil do que o previsto, pois o infeliz continuava a agitar-se dando socos e pontapés, até que o amarraram com correias de couro.

Um homem baixo e corpulento orientava os procedimentos, mantendo-se à parte. Esperou que o paciente ficasse imobilizado, e então aproximou-se e apalpou-o cuidadosamente na região inguinal, arrancando-lhe um gemido entrecortado. Meditou por um instante; em seguida, mergulhou uma *spongia somnifera** numa bacia e enfiou-a na boca do paciente para fazê-lo adormecer. Enquanto isso, dava ordens aos discípulos. Suger ouviu-o pronunciar as palavras "cortar", "remover" e "costurar". Percebeu a atitude atenta, quase devocional, com que era escutado e foi invadido por um misto de admiração e inveja.

Por fim, o homenzinho convidou os alunos a retomar o trabalho.

Agora certo de sua identidade, Suger deu um passo em sua direção.

— Tenho a honra de falar com o *magister* Urso?

— Sim — respondeu o interpelado, sem desviar os olhos dos jovens que começavam a raspar a virilha do paciente.

— Chamo-me Suger de Petit-Pont e venho de Paris. Sou, como o senhor, um *magister medicinae.*

Urso dignou-se lançar-lhe um olhar.

— Não lhe roubarei muito tempo — tranquilizou-o o francês.

— Vim apenas para lhe fazer uma pergunta. Mas antes... — Embora tivesse uma missão a cumprir, não conseguiu refrear a curiosidade.

— Por que aquele homem estava se debatendo?

— Ele sofre de hérnia inguinal e vai se curar. Será necessária uma incisão para retirá-la.

Suger fitou-o perplexo.

---

* "Esponja sonífera", embebida em ópio, mandrágora e outras substâncias para anestesiar os pacientes.

— Seus alunos é que farão a cirurgia?

— Sob minha orientação, é claro — esclareceu Urso, irritado. — Como os meus rapazes adquiririam experiência sem prática? Não podem ficar a vida toda retalhando porcos!

A essas palavras, Suger se deu conta de que os desenhos na parede não representavam o interior do corpo do homem, mas sim do porco. Ao que parecia, também em Salerno era proibido dissecar cadáveres humanos para estudar suas vísceras. Paradoxo ridículo, pensou, pois todos os dias eram mutilados criminosos, sem falar dos despojos de santos que eram transformados em relíquias. No entanto a Igreja fingia não ver isso, reservando seus anátemas para a pesquisa anatômica.

Finda a raspagem, os estudantes deram lugar ao mais velho do grupo que, bisturi em punho, preparou-se para a incisão. O *magister* mandou-o prosseguir.

— Não me disse ainda por que veio aqui — resmungou, voltando-se para o visitante.

— Gostaria de saber... — Suger hesitou, não querendo passar por ingênuo e muito menos por estúpido. Optou pela solução mais direta. — Desejo esclarecimentos sobre a água negra — disse. Não obteve resposta. Esperou então que o bisturi afundasse na carne e esclareceu: — Suponho tratar-se da bile negra.

— Você sofre de fleugma melancólica? — perguntou Urso, enquanto recomendava ao estudante mais cautela na incisão.

— Não, não se trata disso... Procuro uma mulher. Uma curandeira que consegue anular os efeitos da bile negra com lágrimas. Ou, pelo menos, acredito...

— Quanta tolice sou obrigado a ouvir! — suspirou o médico. — E você ainda se diz *magister medicinae*?

Suger enrubesceu de vergonha e apressou-se a dar explicações. Não antes, porém, que Urso examinasse a incisão, agora completada.

Alguns alunos tamponavam o corte para deter a hemorragia enquanto outros se debruçavam sobre o paciente para observar seus órgãos.

— A curandeira... — recomeçou o francês quando lhe foi possível, mas o *magister*, impaciente, abriu os braços num gesto largo, para mostrar o recinto.

— Está vendo alguma mulher aqui? — E pôs-lhe o dedo no peito.
— Aqui não encontrará nem curandeiras nem parteiras, só *médicos de verdade*.

Diante daquela reação, Suger teve uma suspeita. Urso sem dúvida tinha entendido muito bem o que ele havia dito, mas não estava disposto a admiti-lo. Como a maior parte dos médicos catedráticos, desprezava a impudência das mulheres que se atreviam a praticar as artes curativas.

— Longe de mim pôr em dúvida sua competência — garantiu-lhe, apelando para a astúcia. — Vim aqui para prender aquela meia feiticeira.

O olhar do *magister* passou de irritado a surpreso.

— Onde posso encontrá-la? — insistiu o francês.

— Por que não disse antes? — grunhiu Urso. — "Água negra" não é o nome de um fluido orgânico, mas sim de uma pessoa — explicou, retorcendo a boca numa careta indignada. — Procure as beneditinas do mosteiro de São Jorge. Elas a conhecem muitíssimo bem.

Os olhos de Suger faiscaram de gratidão.

— Agradeço-lhe — disse, com uma reverência. E, antes de sair, aventou esperançoso:

— Logo nos veremos novamente.

— Se quiser, mas agora desapareça! — trovejou o médico, correndo para a mesa de cirurgia. Arrancou o bisturi da mão do estudante que havia feito a incisão.

— Desgraçado! — gritou-lhe. — Por pouco não o estripava!

28

As mulheres das bancas de ervas medicinais não o ajudaram em nada. Afirmaram não ter nunca ouvido falar de uma curandeira das lágrimas e muito menos da água negra. Disseram em seguida que elas próprias eram curandeiras e ofereceram seus produtos a preços módicos. Ignazio sacudiu a cabeça, sem saber se elas estavam sendo sinceras ou mentiam para não perder um cliente potencial. Após deixá-las, fez as mesmas perguntas ao comerciante sentado atrás de sua banca, que parecia ter acompanhado a conversa com interesse. Era um *confectionarius* de aspecto suspeito. Além de preparar xaropes, remédios e *pocula** caríssimos, vendia drogas de vários tipos. Ao mercador de Toledo bastou um olhar para colocá-lo na lista dos impostores que, em vez de receitar medicamentos, reduziam os doentes à dependência de substâncias analgésicas sem curar a doença.

— Você não precisa da curandeira das lágrimas — respondeu o *confectionarius* com um sorriso meloso. — Caso necessite de cura, posso eu mesmo lhe fornecer os remédios certos.

— Então você a conhece — deduziu Ignazio, atendo-se a seu objetivo.

— Sem dúvida, mas não a recomendo. Dizem por aí que é uma feiticeira.

---

* Poções medicamentosas.

— Isso nós mesmos descobriremos. — Uberto atirou uma moeda sobre a banca. — Se fizer a gentileza de nos falar da curandeira e da água negra...

— Aquanegra — corrigiu-o o vendedor de poções, embolsando a moeda. — É como se chama essa mulher: Remigarda de Aquanegra.

Uberto olhou para o pai, incapaz de conter o espanto. — Era isso o que Alfano Imperato queria me comunicar! Revelou-me o nome da curandeira, mas eu fui idiota a ponto de não entender.

— E como poderia? — justificou-o Ignazio. — É provável que o próprio Alfano ignorasse o significado dessas palavras. — E, voltando-se para o *confectionarius*:

— Você disse Remigarda de Aquanegra? Sabe onde ela mora?

— Não — respondeu o homem. Mas, ao ver Uberto acenar com outra moeda, tornou-se de repente mais loquaz:

— Conheço, no entanto, alguém que a visita com frequência. Um oculista. Seu nome é Benvenuto Grafeo.

Ignazio examinou-o desconfiado.

— E por que um oculista iria procurar uma curandeira?

— Para curar a filha de Remigarda — explicou o homem, estendendo a mão para a moeda. — Dizem que ela tem uma estranha doença nos olhos. Uma maldição ou talvez um milagre. Depende do gosto de cada um.

— E onde poderemos encontrar esse tal Grafeo?

O vendedor indicou uma rua que saía do bairro dos Barbuti. — Ele mora na Judaica, perto da igreja de Santa Maria de Domno. — Benvenuto Grafeo era, portanto, judeu.

A Judaica não era um gueto, mas um bairro aberto, sede de uma comunidade florescente e integrada à vida da cidade. Ao que se dizia, moravam ali nada menos que 500 judeus. Isso não espantou Ignazio, que após desembarcar em Salerno esbarrava a todo momento com turbantes e solidéus. Por outro lado, até a Escola Médica fora fundada, segundo a lenda, por quatro médicos de culturas diversas, um latino, um grego, um árabe e um judeu.

Não foi difícil encontrar a casa de Benvenuto Grafeo. Localizava-se a poucos passos da igreja de Santa Maria de Domno, próxima à entrada da Judaica. Era uma residência de dois andares, inteiramente de pedra e dotada de um pórtico com arcos e colunas. Ignazio e Uberto foram recebidos por um criado jovem que os levou pelo vestíbulo e uma sala decorada com tapetes, coxins e móveis caros até o jardim aos fundos, um *viridarium* rico em plantas de vários tipos. Ali, foram convidados pelo criado a sentar-se em cadeiras de vime à sombra de um sicômoro.

Pouco depois, Benvenuto Grafeo entrou no jardim. Baixo e velho, tinha um ar humilde e respeitável ao mesmo tempo. Vestia uma túnica vermelha sobre a qual pousava uma barba branca e crespa. As rugas da fronte, bem marcadas, foram se atenuando aos poucos, como se ele acabasse de refletir cuidadosamente.

— Bem-vindos à minha casa, senhores — saudou, esquadrinhando os recém-chegados com discrição. — Não me parece tê-los encontrado antes.

— Na verdade, não. — O mercador se levantou e devolveu a saudação com uma reverência. — Meu nome é Ignazio Alvarez e venho de Toledo — apresentou-se, no que foi imitado por Uberto.

Grafeo convidou-os a sentar-se novamente, mas permaneceu em pé.

— Vocês se vestem com simplicidade, embora seus modos digam o contrário.

— Estamos apenas de passagem — explicou Ignazio, desviando-se da pergunta implícita.

O judeu franziu a testa. — Muito bem, em que posso servi-los? Devem saber que não sou um clínico geral, trato apenas das doenças que afetam os olhos.

— Não precisamos de tratamento, mas de informação. — Antes de prosseguir, o mercador trocou um olhar significativo com Uberto. — Queremos saber de uma paciente sua chamada Remigarda de Aquanegra. Uma curandeira.

— Por qual motivo? Se é que pode me dizer...

— Para interrogá-la sobre uma certa questão.

O oculista cruzou os braços, enfatizando seu desapontamento. — Nada de desagradável, espero.

— O senhor é um tanto desconfiado — comentou Uberto.

— Remigarda é uma pessoa boa como poucas — replicou Grafeo, com educação, mas em tom firme. — Gostaria que não fosse molestada.

Para não fomentar aquela hostilidade velada, o mercador levantou as mãos.

— Não pretendo causar nenhum incômodo, eu garanto. Sei bem o que significa preocupar-se com alguém.

— Sabe então a que ponto estamos dispostos a defender uma pessoa querida.

— E como! Mas não é de nós que precisa escondê-la.

— O que quer dizer?

— Que logo virá aqui outro homem. Um clérigo alemão encarregado de indagar sobre uma seita herética.

— Não posso imaginar o que quererá de Remigarda.

— O que ele quer não deve preocupá-lo muito. — Ignazio acenou-lhe para que se sentasse a seu lado. — Preocupe-se antes com o que ele sem dúvida fará para alcançar seu objetivo.

Grafeo esteve a ponto de recusar o convite, mas venceu a hesitação e se acomodou junto ao mercador.

— Não receio tanto por Remigarda, mas por sua filha — esclareceu. — A pequena Adelísia.

— Sua paciente? — perguntou Uberto.

O oculista assentiu com amargura. — Essa menina sofre de um mal raro. Raro e incurável.

— Do que se trata?

Antes de responder, Grafeo enfiou a mão na faixa de tecido que lhe envolvia o abdome à maneira de cinto e tirou dali umas pedrinhas parecidas com madrepérola, mas transparentes. Colocou-as no côncavo da mão para mostrá-las aos visitantes.

— Estas — disse — são as lágrimas de Adelísia.

— Não era nossa intenção apressá-lo — desculpou-se Ignazio. Na verdade, não poderia ter pedido nada de melhor a Benvenuto Grafeo.

Tinham saído da Judaica e percorriam a passo rápido as ruas de Salerno rumo à casa de Remigarda de Aquanegra. Após a curta conversa, o oculista se dispusera a conduzi-los pessoalmente até a curandeira. Antes de sair de casa, havia calçado sandálias e vestido um amplo manto verde, sem se esquecer de pendurar no pescoço o disco amarelo obrigatório para os judeus. Além disso, levava um estojo de madeira com os instrumentos de seu ofício.

— Vocês não me apressaram — replicou Grafeo. — Tenho por hábito visitar Adelísia quase todos os dias. Tão logo fico livre dos compromissos, corro para junto dela a fim de verificar suas condições. Vocês foram um ótimo pretexto para esta visita.

— Fale-nos mais sobre a doença dela — pediu Uberto.

O oculista deu de ombros. — Além do aparecimento de cristais, não há muito o que dizer. Sua vista é extremamente fraca, os olhos estão sempre irritados e sensíveis à luz do sol. Experimentei todos os tratamentos, mas nenhum deu resultado. Só consigo aliviar a dor com um colírio especial.

— Consultou outros médicos? — quis saber Ignazio.

— Além dos de Salerno, enviei cartas aos melhores *magistri* de Constantinopla e Montpellier, onde estudei na juventude. Mas nenhum soube resolver o problema.

O mercador fez um gesto de compreensão.

— A fama de Remigarda como "curandeira das lágrimas" está por acaso ligada a esse fato?

— Sem dúvida — suspirou Grafeo. — E aí reside o *segundo* problema.

— Seja mais claro.

— As pessoas atribuem aos cristais de Adelísia poderes miraculosos. Os enfermos pagam a Remigarda para se curar e acham que sua filha faz isso com lágrimas. Como se fosse possível...

— Seja ainda mais claro.

— Trata-se de uma velha superstição — explicou de má vontade o oculista. — É sabido que os feiticeiros conseguem aliviar as dores dos outros vertendo lágrimas. Imagine então se essas lágrimas forem de cristal! Em sua maioria, o povo é ingênuo a ponto de acreditar que semelhantes tolices funcionam de verdade.

— E que transtornos isso traz para Adelísia?

— Muitos a veneram como santa. Outros, porém, a consideram amaldiçoada.

29

À espera de que Suger saísse da Escola Médica, Galvano Pungilupo estava sentado à beira de um canal, o Labinario, que corria ao longo da rua da igreja. De vez em quando, afastava o olhar da porta de São Mateus e do vaivém dos passantes para observar os filetes de água e os movimentos dos grandes ratos que corriam na margem oposta. A dor no ponto onde a orelha direita tinha sido cortada continuava a atormentá-lo, mas agora de maneira razoavelmente suportável. Não sentia mais vertigens e readquirira a liberdade de movimentos. Logo poderia retirar as bandagens e esconder a cicatriz sob um tufo de cabelos, como tinha visto fazer um veterano idoso.

O principal motivo de seu mau humor, naquela manhã, não era entretanto a ferida, mas sim Suger. Considerava-o inútil para a missão, mas tinha de servir-lhe de babá em vez de conduzir sozinho as investigações. As ordens de Von Marburg eram categóricas: devia suportá-lo e até encorajá-lo na busca, sem jamais perdê-lo de vista. Por isso, o clavígero precisou refrear os próprios instintos, que o induziam a pesquisar no bairro portuário, e seguir aquele charlatão impertinente até a entrada de São Mateus.

No caminho, falou com ele uma só vez, para lhe perguntar como tencionava agir. Com sua voz esganiçada, Suger havia respondido balbuciando alguma coisa sobre a Escola Médica e os humores do corpo humano, sem deixar muito claro o que dizia. Seus modos de catedrático e sabichão tornavam impossível imaginar que, apenas dois dias antes, choramingasse num subterrâneo do Castelo Marino.

Galvano então tinha engolido uma praga e deixado que percorresse sozinho o último trecho da rua. Ao vê-lo dar-se ares de importância antes de entrar no átrio, não pôde conter um sorriso de piedade. Galinho francês, dizia a si mesmo, cedo ou tarde darei um jeito em você. E imaginou como seria apunhalá-lo no estômago, uma estocada seguida de um movimento de corte. Então, sim, Suger aprenderia algo sobre humores do fígado, do baço e por aí além!

Depois de meia hora, já cansado de pensar, de ver a água correr e até de observar os ratos, viu Suger sair da basílica. Parecia contente, o que o tornava ainda mais detestável.

O clavígero o seguiu disfarçadamente, aproximou-se de repente e agarrou-o por um braço, arrancando-lhe um grito de susto. Uma pequena satisfação à espera de outra maior.

— Por onde andou, belezinha? — sussurrou-lhe ao ouvido. .

Ao reconhecê-lo, o médico suspirou e recompôs-se. — Acho que sei onde mora a curandeira das lágrimas — disse, num tom mais odioso que de costume. — Mas vou precisar da sua ajuda.

Caminhando ao lado do clavígero, Suger ia ordenando seus pensamentos. Com base nas indicações de Urso, havia chegado à conclusão de que a curandeira das lágrimas vivia perto do convento de São Jorge, como monja ou conversa. Sentia vergonha por ter-se enganado quanto à água negra, não o negava, mas a intuição que o levara à Escola Médica tinha sido, afinal de contas, correta. Como pudesse fazer novas descobertas, decidira só se apresentar a Von Marburg depois de obter elementos concretos, para assim tratar das condições de sua liberdade em posição mais vantajosa.

O convento feminino de São Jorge era um edifício majestoso, cercado de instalações para atender às necessidades das monjas, entre as quais uma célebre enfermaria. Suger não tinha certeza, mas achava que logo estaria diante da curandeira das lágrimas. A esse pensamento, sentiu-se invadir por uma onda de euforia que nada tinha a ver com a perseguição a Ignazio de Toledo. Ele não era como Pungilupo nem como Marburg. O prazer da caça o deixava indiferente. A emoção intensa que agora experimentava provinha da curiosidade, pois, afora o sonho da draconita, estava ansioso por conhecer o segredo do manto do Sagitário. Havia grandes possibilidades de que a mulher Aquanegra pudesse revelá-lo.

Apontou o edifício e disse ao acompanhante:

— Pelas indicações que recebi na Escola Médica, a curandeira das lágrimas deve morar no convento de São Jorge. Vamos averiguar.

— As monjas não acolherão jamais dois homens em sua casa — objetou o clavígero.

O médico fez-lhe um sinal para que não se preocupasse.

— Explique-se — exigiu Pungilupo.

Em vez de responder, Suger cobriu a curta distância que o separava do convento e bateu na porta.

— Faça o meu jogo — disse ao soldado.

Lá dentro, ressoaram passos e logo a vigia se abriu.

— Quem é? — perguntou uma monja.

— Somos forasteiros — respondeu o médico, fingindo-se alarmado. — Precisamos de tratamento.

— Pois me parecem muito bem de saúde — comentou a mulher, beirando a descortesia.

— Meu amigo aqui perdeu uma orelha!

Os olhos da monja pousaram nas bandagens de Pungilupo. Este, em cumplicidade, fez uma careta de dor.

A vigia se fechou e o ferrolho foi corrido. A porta se abriu.

Encantado com seu estratagema, Suger entrou no vestíbulo com o companheiro. — Soubemos que há aqui uma curandeira... — arriscou.

A monja acenou-lhe para que se calasse, em observância à regra do silêncio, enquanto duas jovens irmãs emergiam da sombra de um corredor para tratar da ferida de Pungilupo. — A cauterização é recente, mas supura pouco — comentou uma delas em voz baixa.

— Não será melhor que a ferida esteja seca? — perguntou o clavígero, temendo por sua saúde.

— Ao contrário, *pus est bonum et laudabile** — corrigiu-o a outra monja. — Mas não tenha medo, senhor — tranquilizou-o —, pois cuidaremos disso. — E, assim dizendo, levou-o para dentro.

Suger fez menção de segui-lo, mas a porteira o deteve.

— Você não está doente. Espere lá fora — ordenou-lhe.

Antes de desaparecer nos meandros do convento, o clavígero lançou a Suger um sorriso pouquíssimo amistoso.

A porta bateu com um ruído seco e Suger se viu na rua como um pirralho de castigo. Agora era sua vez de esperar, como um subalterno. Sem contar que, se Pungilupo reconhecesse a mulher Aquanegra, ficaria com o mérito todo pela descoberta e ele não poderia combinar com Von Marburg sua libertação nem interrogar a sós a curandeira sobre o manto. Corria o risco de se tornar um prisioneiro incômodo e inútil, portanto descartável. Inquieto, observou a *platea* ensolarada e, de repente, teve uma perigosa intuição. Quase não podia crer no que havia acabado de pensar. Desde que tinha saído do Castelo Marino, era a primeira vez que ficava sozinho. Livre para enveredar por uma rua movimentada. Estremeceu. Já se via apressando o passo entre a multidão e percorrendo os bairros em busca de um esconderijo ou de uma via de escape. Era mais do que pediria ao Senhor em suas preces. No entanto, não conseguiu se mover. Sentiu-se impotente, os pés pesados como blocos de pedra. Incapaz de agir. Incapaz de pensar. Já tinha se sentido assim na adolescência, ao se deitar pela primeira vez com uma mulher. O embaraço pela cessação súbita do desejo havia sido imenso — e a frustração, maior ainda. Tentou na ocasião se justificar atribuindo tudo aos efeitos da tensão e do pudor, mas sabia

---

* "O pus é bom e louvável." Em latim no original. (N.T.)

que não enganava nem à mulher nem a si mesmo. Na verdade, o que havia temido era abandonar-se aos instintos.

Agora, sentia-se presa dos mesmos receios.

Era como se uma corda invisível o mantivesse atado a Konrad von Marburg. Uma corda que ele não conseguia cortar.

Ao diabo com tudo, pensou. A ausência de Pungilupo não era suficiente para torná-lo livre. Sem dinheiro nem conhecimento do lugar, não iria muito longe. Além disso, os esbirros do alemão certamente o descobririam num piscar de olhos, fazendo-o pagar caro pela ousadia. E o sorrisinho do clavígero ao entrar no convento tinha sido dos mais eloquentes. Continha uma ameaça e uma advertência, mas também uma vontade mal disfarçada de surpreendê-lo em falta. Não era necessário um cérebro privilegiado para perceber que Pungilupo ansiava por prejudicá-lo. E Suger não tinha a mínima intenção de dar-lhe pretexto para isso.

Tinha percebido também outra coisa naquele sorriso, a *certeza* de que Suger o esperaria como um cão obediente. Galvano Pungilupo, que parecia tudo, menos inteligente, devia tê-lo estudado e concluído que era um covarde. O médico ficou a tal ponto irritado com esse pensamento que tentou ludibriar o medo, começando a caminhar em círculos diante da fachada de São Jorge.

De repente, sentiu-se em perigo. Seus olhos deviam ter percebido algo no movimento da rua, uma ameaça, antes que sua mente tomasse consciência do fato. Escondeu-se na entrada de um beco e olhou em volta com o coração na boca, esforçando-se para recordar o que havia visto. A princípio, notou apenas a multidão de transeuntes e nenhum rosto digno de nota. Mas logo se lembrou e sentiu-se enregelar. Não tinha ainda a noção exata de onde o havia notado, mas agora *sabia*. Sabia que estava ali, em algum lugar. E após um instante reconheceu-o no espaço entre dois prédios do outro lado da rua.

O cavaleiro.

Ele havia desmontado para dar de beber ao cavalo numa fonte. Apenas de só tê-lo visto uma vez, nas margens do Sena, Suger tinha certeza de não estar enganado. A peliça escura, a estranha lança fixada na sela, os modos rudes...

Sim, era ele. O assassino do suevo.

Konrad von Marburg o mencionara várias vezes. Achava que o cavaleiro não era um homem, mas sim um espírito invocado pelo *magister* de Toledo. Uma supuração do inferno, tinha dito ele. Um demônio noturno de semblante humano que se lançava a galope de tocha em punho para cumprir o ritual da caça selvagem. No entanto aquele que estava diante de Suger era sem dúvida um homem. Um homem mais assustador do que qualquer espírito ou demônio, por ser tangível e ameaçador à luz do sol. Sua presença não era vaga como uma sombra, mas consistente. Nenhuma prece e nenhum exorcismo o deteriam.

O médico continuou a observá-lo, invadido pelo terror. O cavaleiro, porém, sem notá-lo, montou e se afastou a trote para o sul.

Quando Pungilupo saiu do convento de São Jorge, olhou em volta e avistou Suger na calçada, pálido e imóvel como um cadáver. Aproximou-se a passo rápido e, inquieto, sacudiu-o pelos ombros. O médico fitou-o, piscando muito os olhos, parecendo quase feliz com sua presença.

— Acabou de ver o diabo? — perguntou o clavígero, esquecendo por um momento a antipatia que o francês lhe despertava.

Dos lábios de Suger saiu um risinho histérico.

Galvano não estava para muita conversa. As monjas haviam derramado óleo fervente sobre a cauterização para curar a ferida. De bom grado, devolveria esse favor ao francês se, graças a ele, não houvesse descoberto uma coisa importante.

— Você tinha razão, as monjas conhecem a curandeira das lágrimas — disse. — Ela não mora no convento, mas elas me deram seu endereço.

30

Também naquela noite, Adelísia havia sonhado com cavalos. Elas desciam uma encosta de pedras negras, uma manada inteira, todos fogosos e espumando pela boca. E, como sempre, vertiam sangue pelas orelhas. Filetes vermelhos escorriam por seus pescoços majestosos, empapando as crinas, os pelos e as patas. A menina estava assustada demais para entender o que acontecia. Ouvia os relinchos, o bater frenético dos cascos. Uma confusão geral.

Depois, uma dor lancinante nos olhos.

Acordou com a tentação de esfregar as pálpebras, mas resistiu. Não por instinto, mas pela lembrança da dor. A dor de uma maldição que haveria de desaparecer, assegurava sua mãe. Sempre que escutava essas palavras, Adelísia sorria. Não porque lhes desse crédito, mas sim porque eram pronunciadas com amor. E aquele amor, para ela, era tudo.

— Mamãe! — chamou, agitando-se no escuro.

Foi engatinhando até a porta, enquanto uma farpa saída do nada lhe trespassava a pupila direita. O sonho com os cavalos tinha ficado para trás. Agora só queria se livrar daquele suplício.

Atravessou a sala de visitas mergulhada na semiobscuridade e ouviu vozes lá fora, na varanda. A mãe falava com alguém. Saiu ao seu encontro, mas, apenas cruzou a soleira, deu um grito, ofuscada pela luz do sol. Cobriu o rosto com as mãos e, cautelosamente, abriu uma fresta entre os dedos para avistar a mãe. Ela estava em pé diante de três homens, na contraluz.

— Mamãe! — chamou novamente.

A mulher, com um gesto, pediu que os interlocutores esperassem e voltou-se para Adelísia, fitando-a primeiro com surpresa, depois com alarme. E já ia examinar-lhe o olho quando uma voz masculina a deteve:

— Não faça nada, senhora. Deixe isso comigo.

A menina conhecia aquela voz. Era de um velho amigo, Benvenuto Grafeo. O oculista aproximou-se, tomou-a pela mão e levou-a para dentro da casa, para a sombra. — Minha pequena, como se sente? — perguntou, conduzindo-a para que se sentasse num banco.

— O olho... — gemeu Adelísia.

— Deixe-me ver.

Com delicadeza, Grafeo dilatou-lhe as pálpebras e descobriu um pequeno cristal cravado na borda inferior da pupila. Era minúsculo e esbranquiçado, liso em algumas partes, cortante em outras. Havia se projetado por baixo da glândula lacrimal sem causar dano.

— Aqui está ele. Quando apareceu?

— Enquanto eu dormia. — O sofrimento se estampou no rosto da garota. — Dói muito.

— Não tenha medo — tranquilizou-a o judeu. — Já vou tirá-lo.

Adelísia murmurou um agradecimento, implorando que ele fosse rápido. Era seu melhor amigo. Conhecia-o havia dois anos, desde que os cristais começaram a aparecer. Na época, sua mãe não estava em condições de curá-la e havia pedido ajuda ao sábio Grafeo, que conquistara imediatamente a confiança da menina. O aspecto tranquilizador, a barba encaracolada, o nariz comprido e os olhos cercados de rugas lembravam um daqueles santos representados nas igrejas.

O oculista abriu seu estojo de madeira, remexeu lá dentro e tirou uma pequena pinça de metal. Certificou-se de que estava bem limpa e aproximou-a do olho doente. Prendeu-a delicadamente na pálpebra inferior, puxando-a para baixo a fim de ter uma visão melhor do local da intervenção. Em seguida, empunhou com a mão direita outra pinça, menor ainda, e encostou-a com cuidado no cristal.

A primeira vez que vira aqueles instrumentos, Adelísia havia se assustado. Contudo Grafeo explicou-lhe que suas *ferramentas* eram instrumentos que faziam o bem às pessoas mostrando-lhe uma por uma, apresentando-as como amiguinhas de nomes latinos. Havia pinças *ad evellendos pilos* e *ad retinendum palpebras*, a agulha *ad cataractas* e uma minúscula espátula *ad coquendum fistolam...**

Com habilidade, o oculista prendeu o cristal com a pinça e o retirou. — Doeu? — ele perguntou.

— Não — respondeu Adelísia.

— Ótimo — sorriu o médico. — Mais um pouquinho de paciência e tudo estará terminado. — Mantendo sempre a pálpebra abaixada, tirou do estojo um frasco de base bojuda e gargalo fino e verteu algumas gotas de seu conteúdo na pupila.

A menina sentiu um alívio imediato e finalmente conseguiu abrir e fechar o olho sem problemas. Abraçou Grafeo e beijou-o no rosto.

Viu então outra pessoa parada à porta. Tinha cabelos negros e belos traços. Vestia um hábito de monge, mas lembrava um príncipe nobre e formoso. Embora a fitasse com doçura, parecia tomado por um grande desgosto.

Cumprimentou com um aceno e afastou-se sem dizer palavra alguma.

Não era justo.

Uberto desviou o olhar da porta, incapaz de afastar a imagem daquela menina pequena e pálida, de cabelos quase brancos e pupilas avermelhadas. Tinha ficado atordoado, nunca havia assistido a semelhante manifestação de dor. Uma dor tão perversa que infundia o de-

---

* "Para extrair pelos", "para reter pálpebras", "para cataratas", "para cauterizar fístulas". Em latim no original. (N.T.)

sespero no coração de qualquer homem adulto. Uma dor que a filha de Remigarda de Aquanegra parecia suportar com coragem estoica.

Não se lia esperança naquele rostinho delicado. Uberto o havia observado atentamente, acompanhando a alternância de suas expressões quase desumanas. Dor, medo e por fim alívio. Tudo isso acompanhado por uma raiva amarga e contida. A raiva de quem sofre sem saber por quê.

Uberto partilhava aquela raiva. Sentia-a inflar no peito, envolta com um desdém que teria inflamado o ânimo de qualquer pessoa bondosa. Perguntava-se como era possível que uma criança de menos de 7 anos padecesse de um mal tão atroz. Se Deus realmente fosse misericordioso e caritativo, se amasse de fato seus filhos, jamais permitiria que isso acontecesse. Ao contrário, era Ele o responsável, pois havia criado tudo. Mas por que se encarniçava contra uma inocente?

Uberto se fazia essas perguntas sempre que via crianças vitimadas pela desgraça. E agora se indignava a ponto de duvidar da existência de uma bondade divina, de uma ordem capaz de garantir a justa distribuição do bem e do mal.

Refreando um assomo de ira, afastou-se da porta e percorreu uma extensão de terra batida que corria ao longo da fachada da casa. A pouca distância, seu pai conversava com a mulher Aquanegra.

Finalmente a tinham encontrado.

Remigarda morava num subúrbio próximo à praia chamado Alfândega Real. Sua casa — modesta, térrea e de madeira — se erguia entre o mosteiro de São Bento e um torreão semelhante a um farol. A fachada abria para uma série de casinhas agrupadas em torno de um amplo jardim, uma espécie de horta comum no centro da qual se via um poço. Aos lados, estendia-se um espelho de água lamacenta que chamavam de "lago".

A mulher vivia ali com a filha, sem marido nem parentes, sustentando a casa com sua profissão de curandeira, que mal lhes permitia sobreviver.

Uberto havia ficado impressionado com a beleza da mulher. Uma beleza que se destacava apesar de Remigarda se vestir com sobriedade — uma túnica cinza, presa por um cinto, e um turbante. Não usava joias nem enfeites, mas seu rosto moreno e seus olhos amendoados fascinavam. Era alta, esguia e bem proporcionada. Devia ser mais nova que ele alguns anos, embora as rugas na testa a fizessem parecer mais velha. Essa, porém, não era uma expressão de maldade, mas sim de desafio.

Ao vê-lo chegar, ela tinha ficado resceosa, só aceitando falar com Ignazio porque confiava no oculista. Ao voltar, Uberto viu que seu pai já estava mostrando o manto do Sagitário à mulher.

Remigarda observava o objeto com atenção. Hesitava em tocá-lo, mas parecia conhecê-lo bem.

Aguardando uma palavra de Remigarda, Ignazio fez um esforço para se conservar impassível. Costumava frear a curiosidade por semanas e não raro por meses a fio; mas, quando se via a um passo da descoberta, sua alma se agitava como um barco na tempestade. Com o passar dos anos, as pessoas se tornam mais pacientes, dizia a si mesmo; mas com ele acontecia o contrário. Quanto mais velho ficava, mais sucumbia às paixões que o inflamavam na juventude, incapaz de controlar a atitude, as palavras e até o tom de voz.

De repente, Remigarda lhe devolveu o manto do Sagitário.

— Onde o encontrou?

— Em Nápoles — respondeu o mercador. — Mas acho que vem de mais longe. Do norte.

— Poderia, por favor, me explicar por que se deu tanto trabalho para submetê-lo ao meu exame?

— Porque, a meu ver, a senhora era o destinatário dele. Dois homens, ou talvez mais, morreram tentando trazê-lo até aqui.

Um lampejo de espanto percorreu o rosto da mulher, que logo se contraiu numa expressão amarga de quem já sabia de tudo. O mercador tentou decifrar aquelas rugas, mas distinguiu apenas os traços de um pesar profundo. Sentimentos remotos, a que não soube dar um nome.

— E você não receia ter a mesma sorte? — perguntou Remigarda, interrompendo seus pensamentos.

— Morte ou salvação — disse Ignazio, dando de ombros. — Não me restam alternativas. Tudo depende daquilo que você estiver disposta a revelar.

A mulher fitou-o longamente e por fim balançou a cabeça. — O fato de possuir o manto autêntico não lhe dá nenhum direito de saber a verdade.

— O que quer dizer com "autêntico"?

— Depende de quanto conheça sobre mantos zodiacais, senhor.

— Para dizer a verdade, não conheço nada, exceto que alguns valem muito dinheiro. Os de Otão III e Henrique II, por exemplo, ficaram famosos por não serem vestimentas comuns.

— Provavelmente — intrometeu-se Uberto —, têm relação com um ritual antigo.

— Não há nenhum ritual — interrompeu-o a curandeira. — Apenas vaidade de mortais que se atribuem o poder dos astros.

— O manto do Sagitário, porém, deve esconder outra coisa — insistiu o mercador. — Por que é tão misterioso?

Remigarda pareceu querer interromper a conversa. — O mistério não está no manto — disse por fim, como que para encerrar o assunto —, mas naquele que o idealizou.

Ignazio deu um passo à frente e segurou-a pelo pulso. — Refere-se ao *magister* de Toledo?

A mulher teve um sobressalto. — Você o conhece? — Ela tentou se desvencilhar, franzindo o cenho, o que a fazia parecer mais velha. Era rancor o que lhe escapava dos olhos.

Ignazio soltou-a, arrependido de ter agido por impulso. Mas havia muita coisa em jogo para que se importasse com tais detalhes. Além disso, suspeitava que o nome pronunciado, e não seu gesto agressivo, é que perturbara a mulher. Ia responder quando seu filho interveio:

— Até poucos dias atrás, não sabíamos sequer que esse homem existia. — O tom de Uberto era persuasivo. — Todavia, precisamos muito encontrá-lo.

Remigarda refreou a cólera e dirigiu-se para a porta.

— Querem um conselho? Esqueçam isso.

— Não está entendendo, senhora — continuou o jovem. — Se não o fizermos, meu pai e eu teremos de fugir e nunca mais encontraremos nossos entes queridos. Se pudesse nos dizer mais alguma coisa...

— Não — interrompeu Ignazio —, a senhora *deve* nos dizer mais alguma coisa. — Detestava impor sua vontade, mas, quando necessário, sabia despertar nos interlocutores, mesmo os mais orgulhosos e intransigentes, uma disposição instintiva a submeter-se.

No entanto, em vez de se intimidar, Remigarda deu meia-volta e enfrentou-o:

— Não pensem que, só porque vieram aqui em companhia de um homem a quem estimo, podem levantar a voz comigo. — Pôs-lhe um dedo no peito. — Por que eu deveria ajudá-los?

— Por causa dessas tatuagens — revelou o mercador, apontando para a mão direita dela, onde estavam representados os mesmos símbolos que Gebeard von Querfurt exibia. Ignazio tinha certeza de que não se enganava, pois trazia a imagem daquele braço amputado gravada nitidamente na memória.

— Quem as tem corre graves perigos. Perigos iminentes, creio eu. Talvez possamos nos ajudar mutuamente.

A mulher examinou a própria mão com o ar resignado de quem traz em si, há muito tempo, os sinais da lepra e concordou.

— Diga-me, mestre Ignazio, se você fosse o porteiro do inferno, permitiria que qualquer um entrasse? — Ela suspirou com amargura. — Acho que não.

O mercador sorriu irônico. Se possuísse as chaves do inferno, ele próprio as usaria para investigar o local. Mesmo com o risco de se chamuscar.

— Diga-me você: se eu entrasse em sua casa, encontraria três cadeiras dispostas diante de um círculo mágico?

— Há alguns anos, sim. — A sinceridade de Remigarda desnorteou-o. — Mas hoje não. Não mais.

— Aprendeu isso com o *magister* de Toledo?

A mulher hesitou, ainda irritada ao som daquele nome. E, antes que se decidisse a responder, foi interrompida pela chegada de Grafeo e Adelísia.

Agora que a luz havia se tornado menos intensa, o oculista tinha resolvido trazer a menina para o ar livre. Remigarda ajoelhou-se diante dela, tomou-lhe o rosto entre as mãos e sorriu, readquirindo por um instante seu aspecto encantador.

— Como estão os olhos, querida?

— Bem — respondeu a menina. — Grafeo me curou.

— E a dor nos flancos?

— Passou.

— Que dor nos flancos? — indagou o oculista, franzindo o cenho.

— Ela vem sofrendo dos rins há uns dois dias — contou a mãe, preocupada.

Grafeo meneou a cabeça, dando a entender que não tinha explicação para aquilo. — Seja como for — acrescentou —, os olhos ainda estão inflamados. Eu recomendaria lavagens com betônia.

A mulher assentiu.

— Tenho um pouco de flores desidratadas — disse ela.

— Isso bastará.

— Estou cansada de tantos incômodos! — protestou Adelísia.

— É para o seu bem — explicou a mãe.

A menina respirou fundo e, voltando de repente para Uberto seus olhinhos avermelhados, perguntou-lhe:

— Senhor, por que estava bravo?

Pego de surpresa, o filho do mercador fez sinal de que não havia entendido.

— Quando me olhou pela primeira vez — explicou a menina —, parecia ressentido.

— Não, eu não estava ressentido — mentiu Uberto. — Estava triste.

— Por quê?

— Porque tenho uma filha pequena, menor que você, e não a vejo há muito tempo.

Adelísia refletiu por um momento.

— Eu não tenho pai — disse por fim.

— Agora chega — interrompeu Remigarda. — Não incomode esses senhores.

Mas a curandeira já não olhava para a filha. Ainda irritada, observava três velhas que se aproximavam da casa. Vinham a passo lento e incerto, apoiando-se uma na outra. Depois de atravessarem o pátio, pararam diante do grupo e se ajoelharam de mãos postas, como para adorar a relíquia de um santo.

Mas ali não havia relíquia alguma. Somente Adelísia.

Contemplando a menina, iniciaram uma cantilena:

Duie uocchie t'hanne affise, tre domne te vonno aiutà
Sanct'Anna, sanct'Elena et sancta Maria Magdalena. *

Remigarda reagiu de modo tão inesperado quanto brusco.

— Vão andando! — gritou, ameaçando atirar-lhes uma pedra que apanhou no chão. Porém as três megeras continuaram entoando sua ladainha com as mãos estendidas para Adelísia. A curandeira jogou a pedra aos pés delas e repeliu-as com um gesto exasperado.

— Desapareçam, suas malucas! Não podemos fazer nada por vocês!

No entanto as velhas estavam firmemente decididas a não ir embora. Remigarda então tomou a filha nos braços e dirigiu-se para a casa. Antes de fechar a porta, porém, virou-se para Grafeo:

— Entre — disse num leve tom de censura. — O convite é extensivo aos dois estorvos que você me trouxe.

O mercador se sentia a um passo da solução do mistério, mas, antes de entrar na casa, foi assaltado por uma dúvida e chamou Benvenuto Grafeo de lado.

— Não está claro para mim — disse-lhe em voz baixa — como uma mulher em condições tão precárias pode se permitir os serviços de um sábio de sua envergadura.

— Remigarda de Aquanegra não é nenhuma indigente — objetou o oculista, ansioso por se afastar das três megeras.

— No entanto — interveio Uberto — o colírio que você usou na menina deve ser bastante caro.

— O que estão querendo insinuar, senhores?

— Não se ofenda, por obséquio — tranquilizou-o Ignazio. — Eu só desejo fazer uma ideia mais exata dessa mulher.

---

* "Dois olhos te fitaram, três mulheres te querem ajudar./ Santa Ana, Santa Helena e Santa Madalena."

— Se quer mesmo saber, ela me pagou generosamente. Com livros. Muitos livros.

O mercador arqueou as sobrancelhas curioso.

— Livros de que tipo?

— Textos de medicina e filosofia, códices preciosos — respondeu Grafeo. — Mandei fazer cópias e doei os originais à igreja de Santa Maria de Domno, em troca da permissão de morar na Judaica. Como sabem, aquela zona é propriedade do bispo e os judeus não podem comprar terrenos ali, exceto quando caem nas boas graças de algum prelado.

— Entendo. Mas me pergunto de onde vêm esses livros.

— Pergunte a Remigarda — sugeriu o velho, cruzando a porta. — Fazem parte do passado dela.

31

O beco entre a rua dos Canapari e o bairro da catedral levava a uma igrejinha escondida entre velhos edifícios. Dentro, Konrad von Marburg aguardava a volta de Pungilupo e Suger. Tentou passar o tempo orando, o que não foi possível por causa do presbítero encarregado do culto naquele local. Vendo-o entrar, tinha se apressado a ir ao seu encontro para se queixar de que aquele amado templo era frequentado por um número cada vez menor de fiéis. O alemão se limitava a responder com um aceno de cabeça, esperando com isso livrar-se dele, mas o impertinente interpretou seu silêncio como um convite para prosseguir e pôs-se a discorrer sobre a igreja, suas origens e as antigas famílias patrícias que haviam financiado sua construção.

Aborrecido com tamanha petulância, Konrad se dirigiu para o altar e se ajoelhou de mãos postas, a fim de tornar bem manifesta sua exigência de silêncio absoluto. O importuno homenzinho, todavia, continuava molestando-o.

Refletindo sobre o acontecido, Konrad se convenceu de não ter tido culpa alguma por haver calado o tagarela esbofeteando-o com as costas da mão. Na verdade, presenteara-o com a oportunidade de meditar sobre a própria impudência. Contudo, ao observar o presbítero se esgueirando para a sacristia, tinha experimentado também a pontinha de gozo que sempre acompanhava suas reações violentas.

Inútil negá-lo: estava perdendo o controle. Quanto mais permanecia longe da Alemanha e dos rigores de uma vida disciplinada, mais seu comportamento se tornava selvagem. Caçar o inimigo devolvia-lhe a indômita agressividade de seus antepassados, a *magistra barbaritas* dos guerreiros teutônicos.

Em outras circunstâncias, essa índole brutal seria um obstáculo. Mas agora Konrad deixava que ela se desencadeasse sobre Ignazio de Toledo, para destruí-lo de uma vez por todas. Depois de vê-lo queimar, voltaria alegremente à mansidão do claustro.

Duas figuras, entrando na igreja, chamaram-no à realidade. Eram Pungilupo e Suger.

— E então? — interrogou-os, descontraindo o rosto.

— Conseguimos encontrá-la, *magister* — bradou o clavígero, indiferente ao fato de se encontrar num local sagrado. — Sabemos onde mora a mulher Aquanegra.

— Portanto, o Homo Niger não está longe — disse Konrad, em tom agressivo. — Não percamos tempo, alertem os meus dois soldados que estão lá fora e conduzam-me até ela!

32

O interior da casa era escuro como um antro. Dissipavam um pouco a sombra apenas algumas velas e raios que se infiltravam pelas cortinas de pergaminho. O mercador entrou naquele pequeno recinto, passeando o olhar pela mesa e pelas prateleiras atulhadas de objetos. À frente, duas estreitas aberturas davam entrada para cubículos ainda mais escuros.

— Perdoem a falta de luz — desculpou-se Remigarda. — Minha filha não a tolera.

Ignazio trocou um olhar de cumplicidade com Uberto. Apesar do convite para entrar, pressentia que não seria fácil convencer aquela mulher a falar. Ao mencionar o *magister* de Toledo, tinha percebido nela uma índole agressiva. Remigarda não lhe contaria a verdade por medo e muito menos pelo desejo de agradar-lhe, mas apenas se decidisse dar vazão aos sentimentos que guardava em seu íntimo. O mercador, porém, não sabia como conduzi-la nessa direção. Não por enquanto. Pôs-se então a examinar Grafeo, que se locomovia com desenvoltura dentro da casa.

— Senhora — perguntou o velho, vasculhando as prateleiras —, onde guarda a betônia?

A curandeira apontou um vaso de bronze numa estante. Era uma peça antiga com a tampa em forma de cabeça de mulher e as asas imitando mãos. O oculista abriu-a, retirou um punhado de folhas secas e pediu a Remigarda que as fervesse. Ela continuava com o cenho franzido.

— Quem eram aquelas três velhas? — indagou Ignazio, rompendo o silêncio.

A curandeira lançou-lhe um olhar significativo, dando a entender que falaria sobre o assunto mais tarde, longe da filha. — Um dos senhores poderia passar-me a água? — pediu, mudando o rumo da conversa.

Uberto apressou-se a ajudá-la, apanhou um jarro de cima do fogão e encheu pela metade a panela. A mulher agradeceu e começou a esmagar a mistura com uma colher de madeira.

O mercador, entretanto, se sentia pouco à vontade. Não sabia ainda o que dizer e receava que a mulher o tivesse convidado a entrar por simples cortesia ou por se sentir incomodada com a presença das três megeras. No entanto, achava estar na iminência da solução do mistério. Sentou-se à mesa para planejar o próximo passo e, de repente, avistou um grosso volume. Parecia o único livro existente na casa e, ainda por cima, muito valioso. Seria o que havia restado dos inúmeros presentes dados a Grafeo? Aproximou uma vela e o abriu, logo reparando nas miniaturas desenhadas com extrema habilidade. Representavam plantas medicinais, com textos latinos descrevendo suas propriedades terapêuticas.

— Estou admirado — confessou, adivinhando do que se tratava. — Nem todos possuem o *Causae et Curae* de Ildegarda de Bingen.

— Mais admirada estou eu — retrucou a mulher, colocando a panela no fogo. — Poucos reconheceriam os estudos daquela venerável monja.

Encorajado por esse tom condescendente, o mercador continuou a folhear a obra em busca de detalhes que pudessem ajudá-lo a prosseguir na conversa, mas logo se deparou com algo que despertou seu interesse. Nas margens de algumas páginas havia anotações em caracteres estranhos. Um código indecifrável, mas que lhe era familiar. Aproximou mais a vela para observar melhor, até concluir que não estava enganado. Não só já tinha visto aquela escrita como se lembrava de onde, embora não conseguisse explicar sua presença num tratado de medicina... Enquanto se esforçava para entender, pensou em mostrar a Uberto sua descoberta; mas, ao erguer os olhos da página, deparou-se com Remigarda à sua frente.

— Já leu o bastante, senhor. — A mulher pousou as mãos sobre o volume e ergueu-o com um gesto brusco, fazendo esvoaçar uma densa nuvem de poeira. Estava agressiva, quase colérica.

Em vez de se desculpar, o mercador fitou-a desconfiado.

— De onde vem este livro, senhora?

A curandeira deu de ombros. — Ganhei-o há muitos anos, quando estudava na Universidade de Bolonha. Como se depreende da encadernação e da caligrafia, vem da Alemanha.

— Da Alemanha... — repetiu Ignazio. — Como, pelo menos, dois dos sequazes do *magister* de Toledo.

Remigarda deu-lhe as costas, evitando comentários. Voltou ao fogão para examinar o preparado, tirou a panela do fogo e pousou-a sobre um banco, enquanto um forte aroma adocicado se dissipava pelo ambiente. Grafeo se aproximou. Esperou que a infusão esfriasse, mergulhou nela uma compressa e retirou-a logo depois, para aplicá-la nas pálpebras de Adelísia.

— Conserve-a aí por algum tempo — recomendou.

— É melhor que ela durma. — A mãe tomou a filha nos braços e enveredou por um dos cômodos secundários da casa. Adelísia protestou debilmente, mas logo cedeu.

Quando a mulher voltou, seu rosto estava tão impenetrável quanto o da tampa do vaso de bronze. Caminhou até a porta, olhou para fora e finalmente se acalmou.

— Parece que as três velhas não vão nos perturbar mais — disse Ignazio.

— Vilãs supersticiosas — comentou Remigarda em voz baixa, para que a filha não ouvisse. — Atribuem aos cristais de Adelísia poderes miraculosos, capazes de curar seus achaques.

— Falei a vocês sobre isso, lembram-se? — interveio Grafeo.

O mercador assentiu, convidando a curandeira a prosseguir.

— Não são, é claro, as únicas a aparecer na minha porta. — Remigarda deixou transparecer um misto de desprezo e condescendência. — Todos querem a mesma coisa... Lágrimas de cristal! Chegam a implorar e se dispõem até a pagar por elas... Mas pouco lhes importa que Adelísia se assuste, sofra ou possa ficar cega. Enquanto isso, vão espalhando aos quatro ventos a lenda da "curandeira das lágrimas". — Baixou os olhos e, de repente, pareceu a mulher mais frágil do mundo, uma criatura à beira do desespero. — Se pelo menos minha menina ficasse bem...

Sentado num banco, com as mãos sobre os joelhos, Uberto se dividia entre o desejo de levantar-se e a contenção exigida de quem está em casa alheia.

— Quem é o pai? — perguntou, tomado de uma compaixão indignada.

Remigarda enxugou as lágrimas com um gesto raivoso, provocando manchas vermelhas nas faces.

— O *magister* de Toledo — disse, deixando entrever o rancor de quem nutria havia muito tempo um ódio sem limites, que chegava a aniquilar qualquer outra emoção.

Ignazio procurou se controlar. Pressentia que as barreiras entre ele e a verdade estavam a ponto de ruir, mas respeitou a dor da mulher e calou-se. O *magister* de Toledo deixava de ser uma entidade abstrata. Já não era o fantasma engendrado pelas obsessões de Konrad von Marburg, mas um homem de carne e osso que havia deixado traços de sua existência. Uma mulher e uma menina.

Foi chamado de volta à realidade pela curandeira, que agora o observava com uma expressão dura.

— Se bem me lembro, você se referiu a perigos iminentes, senhor — disse Remigarda, esforçando-se para disfarçar as emoções. — Pois bem, solte a língua e fale claro, pois só permiti que entrasse em minha casa por essa razão.

Surpreendido com tamanha franqueza, o mercador pôde finalmente retomar seu discurso no ponto onde o havia deixado.

— Um padre alemão — disse ele — está no encalço do *magister* de Toledo e de seus adeptos. Sabe sobre as tatuagens, os círculos mágicos e talvez sobre o manto do Sagitário. O problema maior, porém, é outro homem, um cavaleiro misterioso que parece decidido a eliminar todos os envolvidos no caso.

— Um padre e um cavaleiro... — murmurou a mulher, passando a mão pelo queixo.

Grafeo assentiu com um leve gesto de cabeça, dando a entender que estava a par do assunto.

— A senhora deve tomar cuidado com os dois — advertiu Ignazio —, já que pelo menos o primeiro virá aqui. Não há dúvida.

— Por que tem tanta certeza?

— Porque ele está atrás de mim. Acha que sou o *magister* de Toledo e não descansará até me ver numa fogueira.

— Você, o *magister* de Toledo? — espantou-se Remigarda. — Mas como...

— Um equívoco — explicou o mercador. — E para remediá-lo não vejo outra solução a não ser ficar conhecendo toda a verdade sobre aquele homem.

A mulher esboçou um sorriso. — A verdade...

— Se isso não for um grande incômodo para você, é claro.

A mulher refletiu um pouco, sentou-se na borda da mesa e, com um gesto que revelava seu imenso cansaço interior, tirou o turbante, pondo à mostra uma cascata de cabelos castanhos.

— Farei isso em troca de sua advertência, embora o risco a que estou exposta seja culpa sua — sublinhou. E, com uma ponta de resignação, começou a contar:

— Conheci o *magister* há nove anos, no outono de 1220. Na época, eu morava em Bolonha, onde trabalhava como parteira e frequentava a *Universitas*. Foi lá que o encontrei. Era um dos catedráticos mais famosos do Ocidente e dizia-se que vinha de Toledo. Mas, como fiquei sabendo mais tarde, essa cidade foi para ele apenas a sede de seus estudos juvenis. Na verdade, ele era natural do norte da Inglaterra, um filho da Escócia, e tinha viajado muito desde a infância. Além de ensinar, dedicava-se à tradução de textos árabes e gregos, mas exercia também, em certas ocasiões, a atividade médica. Inútil dizer que logo me apaixonei por ele, perdidamente. Como uma tola. Jamais tnha visto homem igual e ainda hoje penso que não existem outros como ele. Era um estudioso arguto, interessado por todas as ciências, da matemática à astrologia, da medicina à alquimia. E sua profundidade de sentimentos me deixou extasiada... — Fez uma pausa, enternecendo-se a contragosto.

— Diga-me uma coisa — perguntou o mercador. — Foi ele quem lhe deu o volume de Ildegarda de Bingen?

A mulher olhou-o desconfiada, como se suspeitasse de uma armadilha, mas por fim consentiu. — Esse e todos os outros que eu tinha. — Mirou por um instante o taciturno Grafeo e prosseguiu:

— Quando soube que ele correspondia ao meu amor, senti-me a mulher mais feliz do mundo. Mas não demorei a descobrir que levava uma vida secreta. Saía com frequência à noite e eu, temendo que houvesse outra mulher, seguia-o. Mas o que ele fazia era ir aos bairros do Mercado e da Mascarella para confabular com hereges patarênios.

Muitas vezes, porém, esgueirava-se até os subterrâneos de São Próculo, onde se reunia com desconhecidos que depois descobri serem estudantes ultramontanos. Cultivavam, no maior segredo, uma religião oculta da qual o *magister* era o inspirador e o sumo sacerdote. Acabei sendo surpreendida por eles, mas, em vez de punir-me, iniciaram-me naquela comunidade.

Ignazio franziu a testa. — De que comunidade está falando? Parece-me que a definiu como religião...

— Uma religião baseada em símbolos astrais. — E, sem mais hesitar, Remigarda mostrou-lhe as tatuagens que trazia no dorso da mão. — Estes símbolos. Todos ligados ao Caçador Etíope.

O mercador observou com atenção os sete hieróglifos sob a imagem do cavaleiro, para memorizá-los, e repetiu mentalmente aquele nome. Nome que jamais tinha ouvido pronunciar.

— Você se refere, suponho, ao caçador munido de arco que figura no manto do Sagitário.

— No manto, nas tatuagens... — confirmou a mulher. — É sempre ele. O maldito entre os malditos. O Sagitário não passa de uma máscara por trás da qual se esconde algo bem mais terrível.

— Portanto o círculo mágico e as três cadeiras... Os objetos colocados perto... Servem para invocá-lo?

Remigarda meneou a cabeça. — Meus conhecimentos são muito limitados, senhor. O *magister* de Toledo ensinava os rituais, mas nunca se dispunha a revelar os segredos. Nem mesmo a mim. — Suspirou. — E eu, cega pela felicidade de estar ao lado dele, não me preocupava com isso. Tudo mudou, porém, com a chegada a Bolonha do imperador Frederico II. Era o ano de 1222. O *magister* o visitou pela primeira vez na qualidade de docente da *Universitas* e depois adquiriu o hábito de frequentá-lo com assiduidade. O soberano, encantado com sua sabedoria e a cada novo encontro cada vez mais curioso, chegou ao ponto de, antes de partir para o Reino da Sicília, convidar o *magister* a segui-lo. Não era a primeira oferta do gênero que ele recebia. Antes, o papa o quisera a seu lado em troca de presentes e benefícios... Mas não foi por causa de riquezas que o *magister* decidiu acompanhar o imperador. Ficou a tal ponto cativado por ele que resolveu abandonar a mim e a seus seguidores da noite para o dia. — Ela contraiu o rosto para não chorar. — Pouco depois de sua partida, eu descobri que estava grávida.

— Sinto muito. — Ignazio teve a fugidia impressão de que o rosto de Remigarda havia se tornado um espelho onde se refletia a imagem de Ermelina e depois a de sua esposa Sibilla. Por um segundo, viu nele as três juntas. A mulher traída, a mulher ignorada e a mulher negligenciada. No fundo, pensou, não era melhor que o *magister* de Toledo. Era egoísta tanto quanto ele. Mas, enquanto avaliava as próprias mesquinharias, sentia uma parte de si, a mais fria e racional, emergir da treva como um réptil para tomar as rédeas da situação.

— Infelizmente — acrescentou com cautela —, sou obrigado a fazer-lhe outras perguntas importantes. Isso me desagrada, mas é necessário.

A curandeira balançou a cabeça, irônica.

— Se desagradasse a mim, você as faria do mesmo jeito. Portanto não seja hipócrita e pergunte.

Melindrado por essa crítica, o mercador se fingiu de impassível e continuou:

— Preciso saber que papel desempenha, nesse caso, o manto do Sagitário.

— Ele guarda os segredos do Caçador Etíope. É a *summa* do culto, por assim dizer, mas somente o *magister* de Toledo saberia decifrar seu enigma, pois foi ele que idealizou os símbolos nele bordados. O manto foi confeccionado em Bolonha por ordem do *magister*, mas concluído apenas depois que ele partiu.

— Os artífices do manto foram então os discípulos do *magister* — concluiu Uberto, que até o momento havia escutado em silêncio.

Remigarda assentiu. — Depois de abandonados pelo mestre, levaram adiante seus projetos. Queriam difundir e celebrar os esplendores da doutrina do Caçador Etíope graças ao manto.

— Missão difícil — ponderou o mercador. — Como esperavam pôr isso em prática?

— Não sei, senhor. Na época, eu estava ocupada demais com minha filha para investigar semelhantes questões.

— No entanto é a você que o manto deveria ser entregue.

— Não a mim, mas ao *magister* de Toledo. Trata-se de um presente de seus discípulos. Seu ato máximo de obediência. O destino dele é a Sicília, o castelo imperial de Palermo, onde o *magister* mora há anos.

— Palermo... — repetiu Uberto.

— Portanto — deduziu o mercador —, você era o último recurso de Gebeard von Querfurt... A última pessoa sobrevivente que sabia onde encontrar aquele homem.

— Gebeard, o idiota. — Remigarda deixou transparecer na voz um certo desprezo. — Chegou a Bolonha para estudar jurisprudência, mas acabou fascinado pelo culto do Caçador Etíope a ponto de tomar o lugar do *magister* quando este partiu. O manto ainda não estava pronto quando lhe revelei minha intenção de viajar a Salerno na esperança de encontrar cura para Adelísia. E ele, por sua vez, disse que pretendia voltar à Alemanha a fim de difundir os ensinamentos do *magister*. Foi sempre o mais fiel à causa. Não podia adivinhar, é claro, que eu, muito ao contrário, me afastaria do culto.

— Por que fez isso?

— Porque o Caçador Etíope traz consigo uma maldição. Uma maldição que atingiu as pupilas da minha filha! — Os olhos de Remigarda se comprimiram em duas estreitas fendas negras. — Percebem agora de onde vem todo o ódio que sinto pelo *magister* de Toledo?

Não por sua traição, mas pelo fato de ter me iniciado naquele culto satânico!

— Por que nunca me falou sobre meu pai? — proferiu uma vozinha vinda das sombras.

Todos se voltaram. Adelísia estava diante da porta de seu quarto, apertando as ataduras nas mãos pequeninas, os olhos reduzidos a duas úlceras avermelhadas — no fundo das quais pairava a indiferença de quem tinha aprendido a suportar a dor, física ou emocional, guardando-a nas trevas mais profundas.

— Porque é um homem mau — respondeu com doçura Remigarda, lançando um olhar ferino a Ignazio. — Um homem que só se preocupa consigo mesmo.

O mercador esboçou um gesto de consternação. — Lamento muito, não podia adivinhar que a menina estivesse ouvindo...

— Lamenta? — A curandeira se ajoelhou diante da filha como uma loba pronta a defender seu filhote. — Seja sincero: o senhor não se importa nem um pouco com isso, quer apenas saber a respeito do *magister* de Toledo, mesmo que isso signifique me interrogar sobre coisas que eu gostaria de esquecer. O pretexto de me advertir do perigo e até o problema da sua segurança... Meras desculpas! Acha que não percebi? O senhor é como ele! Todos são como ele! Tão presos aos próprios objetivos que não se importam com a desgraça dos outros! Mas eu castigarei seu egoísmo, não pronunciarei mais o nome do *magister* nem o do Caçador Etíope. — Mostrou a porta. — Encontrem-no vocês, se puderem!

Ferido e humilhado, Ignazio sentiu-se invadido pela dor. Remigarda de Aquanegra tinha razão. Ele a envolvera em seus negócios sem pensar nas consequências. Desejaria se desculpar, dizer-lhe mil coisas; mas, pela primeira vez na vida, faltaram-lhe palavras. Observou, com um nó na garganta, a dor muda de Adelísia e foi dominado por um pesar profundo. Uberto passou-lhe à frente com expressão triste e, tocando-o no ombro, dirigiu-se à porta. Vamos embora, dizia aquele gesto, não criemos mais problemas.

O mercador não discutiu. No entanto, antes de sair, teve um último escrúpulo. Aproximou-se Benvenuto Grafeo e sussurrou-lhe ao ouvido:

— Aquele que virá depois de mim não será tão compreensivo. Proteja a mulher e a menina. Assegure-se de que fiquem bem escondidas.

O oculista estremeceu, mas concordou sem abrir a boca.

Então Ignazio de Toledo deixou aquela casa cheia de sofrimento, levando consigo uma parte dele. Do lado de fora, o céu estava coberto de nuvens, perfis recortados em cores metálicas.

— E agora? — indagou Uberto, caminhando devagar pela rua que se afastava da Alfândega Real. — Sabemos o suficiente para retomar nossas investigações em Palermo, mas não conhecemos ainda o nome do *magister* de Toledo.

Antes de responder, o mercador precisava sair do estado de abatimento em que estava mergulhado. Sempre viveu apenas para si mesmo. Aquela não era, certamente, a primeira vez que ouvia acusações do gênero, mas ainda se sentia abalado pelas palavras de Remigarda. Contudo, devia se recuperar por causa de Uberto. Tinha uma dívida para com ele, pensou. Havia envolvido o filho numa situação arriscada e precisava urgentemente encontrar uma maneira de devolvê-lo ao lar são e salvo.

— Não conhecemos sequer o nome verdadeiro do Caçador Etíope — disse de repente.

— Isso tem importância? — duvidou Uberto.

— Sim — respondeu Ignazio. — Se quisermos prever o que teremos de enfrentar.

— E como descobriremos o nome dele?

— Penso que já o vi, mas não consigo decifrá-lo.

— O que quer dizer?

— Lembra-se das tatuagens nas mãos dos sequazes do *magister* de Toledo? Não trazem apenas símbolos, mas também uma inscrição de sete caracteres colocada sob a imagem do cavaleiro. Creio que seja o nome do Caçador Etíope. Remigarda pensa a mesma coisa, conforme concluí depois de observá-la com muita atenção.

— Mas não podemos bater de novo à sua porta para lhe pedir explicações...

— Não, não podemos. Contudo, encontrei uma pista em seu livro.

— No volume de Ildegarda de Bingen?

— Sim. — À medida que falava, Ignazio ia recobrando o pleno domínio de si. A amargura se dissolvia como barro sob a chuva. — O livro que o *magister* de Toledo lhe deu.

— E então?

— Notei, em suas páginas, algumas anotações feitas num código estranho.

Uberto fez sinal de que não estava entendendo.

— Talvez eu me engane — prosseguiu o mercador —, mas acredito que seja o mesmo código usado nas inscrições das tatuagens.

— Como é possível?

— Não é tão improvável assim, se pensarmos bem. Pode ser que o *magister* de Toledo tenha escondido seus segredos valendo-se de um código já existente. Um código que encontrou em um dos livros que possuía.

— E agora você conseguiu decifrá-lo?

— Não, mas acho que descobri do que se trata. Já ouviu falar da *Lingua Ignota*?

— Já — respondeu Uberto. — É o manual que descreve uma língua cifrada inventada por Ildegarda de Bingen há cerca de um século. Diz-se que a usam ainda em certas comunidades monásticas... Você acredita então que o tal código seja a *Lingua Ignota*?

— Vale a pena verificar, não?

— Acho que sim. Mas, para encontrar alguém capaz de decifrá-lo, precisaremos bater à porta de todos os mosteiros, em busca de um beneditino suficientemente erudito e disposto a ajudar-nos...

Ignazio assentiu e, de repente, estacou como se uma ideia o houvesse iluminado. — Pode ser que haja um método mais rápido — murmurou, ainda inseguro quanto à própria intuição, mas desejoso de se deixar seduzir por ela. — Lembra-se do que Benvenuto Grafeo nos contou sobre os livros de Remigarda?

— Sim, eu me lembro. Acabaram todos na igreja de Santa Maria de Domno...

Com um sorriso esperançoso, o mercador virou à esquerda. — Se entre eles houver mais alguns de Ildegarda de Bingen, talvez possamos encontrar o *Lingua Ignota*.

— Hipótese que não se deve descartar — disse Uberto, seguindo-o. — E, como jamais teremos permissão de examinar pessoalmente esses livros, imagino que você esteja planejando...

— Entrar na igreja de Santa Maria de Domno ainda esta noite.

33

O nome Ulfus não era de origem trácia. Não provinha de Tikili Taš nem tampouco dos povos do Danúbio, mas sim de mais longe. Seu pai o ouvira, quando jovem, no canto de um bardo islandês e ficara fascinado pelas façanhas de Ulf, o Noturno, um gigantesco guerreiro nórdico que à noite, em batalha, era tomado por um furor tão indomável que se transformava em fera. Ulfus sempre se orgulhara desse nome, que com o tempo passou a espelhar sua paixão pela noite e pela violência. Amava a luta, o combate sem trégua e a proximidade do inimigo. Quem saía da batalha ainda mais brutal não adquiria a seus olhos apenas a honra, desenvolvia um instinto primitivo que o aproximava das bestas.

Mas nada disso importava para a missão que lhe havia sido confiada pelo Mago. Naquela sequência geométrica de homicídios, Ulfus precisara pôr de lado o *bersekir*, o licantropo, para envergar os trajes do sicário que mata a sangue-frio. Isso não estava em sua natureza, mas ele obedecia. Por outro lado, não tinha achado difícil exterminar homens dos quais já não lembrava os nomes e os rostos, atirando-os ao rio lodoso que corria em seu íntimo.

Matar uma mulher, porém, talvez criasse um problema, principalmente porque não era uma mulher qualquer. O Mago, a esse respeito, lhe dera ordens especiais. Ordens precisas, embora discordantes.

Isso o levava a refletir. Praticar um homicídio não era simples como tirar vidas numa multidão, vibrando a espada sem ter que ajustar contas com a consciência. O assassinato a sangue-frio não se parecia em nada com o ardor belicoso de Ulf, o Noturno.

Ao chegar à casa de Remigarda de Aquanegra, hesitou em desmontar. Tinha a impressão de que a própria noite o observava, censurando-o como uma mãe censura o filho. Até o vento começava a gemer com voz cavernosa e pairava no ar um cheiro de chuva.

Ainda assim, desceu do cavalo, empunhou a Lança de Fogo e caminhou para a porta, ignorando todos os escrúpulos. Não podia agir de outra maneira. O Mago não tolerava fracassos. Para o último servidor que tinha ousado desobedecer, havia oferecido vinho misturado com ácido — o qual, descendo ao estômago, corroera os tecidos internos até aflorar à pele.

Ulfus estava decidido a evitar esse fim. Arrombou a porta com um pontapé. Ouviu um ruído seco e o baque de um corpo que se estatelava no chão. Entrou. Um velho judeu havia sido arremessado longe pelo batente e o choque imprevisto o deixou sem sentidos.

Passou por cima dele, sem mesmo olhá-lo, e enveredou pela casa.

Mas logo parou desconcertado. No centro do cômodo estava uma menina pálida, com algo de estranho nos olhos. Ulfus fitou-a e lhe bastou um instante para entender que jamais a esqueceria. Não, pensou: aquela imagem de dor não desapareceria da sua mente. Permaneceu parado, quase aterrado, e a fim de se libertar daquela visão voltou-se para a mulher ao lado da menina. Também ela, a seu modo, o abalou. Era muito bonita e mostrava-se indignada, quase imperiosa, apesar do susto. Viu-a postar-se diante da filha e não pôde deixar de observá-la bem, com cupidez. Mas conteve-se. Tinha permissão de matá-la, não de violentá-la.

— Você é Remigarda de Aquanegra? — perguntou, sentindo um grande mal-estar ao ouvir a própria voz. Rude e gutural. Fazia semanas que não articulava uma palavra sequer.

Ela se limitou a desafiá-lo com o olhar.

— O Mago a quer de novo. — Ele estendeu-lhe a mão. — Você deve seguir-me, do contrário...

Emoções desencontradas perpassaram rapidamente pelo rosto da mulher. Mais rápidos ainda deviam ser seus pensamentos, pois todas as emoções refluíram como sombras para trás de uma máscara de compreensão e por fim de ódio puro.

— Não voltarei para *ele* — sibilou Remigarda, dando um passo à frente. — Nunca!

Ulfus hesitou um instante, mas logo as ordens lhe voltaram à mente e seus dedos se comprimiram em torno da Lança de Fogo. Apontou-a para o ventre da mulher.

Remigarda fitou-o intrigada, sem compreender. Teve tempo apenas para dirigir um último olhar à filha.

Pelas janelas da casa escapou um clarão avermelhado e um grito atravessou a noite.

34

Horas depois, os dois soldados recrutados no Castelo Marino irromperam pela casa de Remigarda de Aquanegra, mas, ao atravessar a porta arrombada, perceberam que tinham sido precedidos. Konrad von Marburg juntou-se a eles lá dentro um segundo depois, perguntando-se por que haviam parado de repente. Logo sentiu o cheiro de enxofre e carne queimada.

No meio do cômodo, via-se o cadáver de uma mulher com o ventre ainda fumegante. Uma menina estava agachada a seu lado, de cabeça baixa. Parecia ignorar a presença dos intrusos. Tinha as mãos enegrecidas e chamuscadas, como se houvesse tentado extinguir o fogo que havia dilacerado o corpo da infeliz.

Konrad decidiu ignorá-la e ocupar-se do velho que jazia no chão, junto à porta. De início, julgou-o morto, depois percebeu que estava apenas sem sentidos. Inclinou-se sobre ele, mas, ao notar o disco amarelo que lhe pendia do pescoço, teve um movimento de repulsa. Obedecendo a um gesto seu, um dos dois soldados agarrou o judeu pela gola e obrigou-o a recuperar a consciência à custa de bofetadas.

Benvenuto Grafeo emitiu um gemido e, voltando a si, tentou protestar; mas, à vista do corpo de Remigarda, emudeceu.

Indiferente às suas reações, Konrad, nervoso, olhou em volta. — Galvano, onde você se meteu?

O clavígero entrou trazendo uma tocha. — Encontrei pegadas lá fora. As mais recentes são de um cavalo de grande porte e do homem que o montava. — Apontou para o cadáver da curandeira. — O responsável por isto, eu suponho.

— Foi aquele maldito cavaleiro! — exclamou Suger, entrando atrás de Pungilupo com expressão assustada e abatida. — Só ele provoca ferimentos assim.

— Sei muito bem quem é o responsável — interrompeu o alemão. E, voltando-se para Grafeo:

— Diga-me, judeu, o que aconteceu aqui?

O oculista hesitou em responder, mas o soldado que o imobilizava golpeou-o de novo, para lhe soltar a língua.

— Não vi nada... — balbuciou o interrogado. — Perdi os sentidos...

— Cão mentiroso! — rugiu Konrad von Marburg, observando o cadáver. — Temos aqui uma mulher com o ventre queimado. Uma mulher que exibe os sinais do Maligno na mão direita... E você, miserável, afirma não saber de coisa alguma?

— Não sei de nada, juro! — insistiu Grafeo. — Apenas ouvi alguém chegar à porta... O relincho de um cavalo... Corri para ver quem era, mas o batente me golpeou o rosto... Aconteceu pouco depois da saída do espanhol e...

— O espanhol? — O padre trespassou-o com o olhar. — Qual espanhol?

— Ignazio de Toledo.

— Ah, ele! — Konrad lançou ao redor um olhar que petrificava. — Onde está ele? Diga-me!

Antes, porém, que Grafeo pudesse responder, a atenção de todos foi desviada por um grito agudo que vinha do meio do recinto. Adelísia despertara do choque e, com as mãos nos olhos, ululava como uma possessa. Atirou-se sobre o corpo da mãe, tomada por uma aflição que se traduzia em dor física.

Grafeo percebeu o que estava acontecendo. Aproveitando-se da perplexidade geral, livrou-se das garras do soldado e correu para a menina. Afastou-lhe as mãos do rosto, descobrindo as pupilas aver-melhadas. Não podia recorrer a seus instrumentos, aqueles homens não lhe permitiriam usá-los. Muitas coisas estranhas a explicar, mui-tos obstáculos a vencer. Cuidou apenas de extirpar a causa do mal no menor tempo possível. Determinou o local da intervenção, enfiou os dedos no olho direito da menina e extraiu um grande cristal raiado de sangue...

Konrad arrancou-o brutalmente de sua mão e, com a aberração no rosto e o anátema nos lábios, mostrou-o aos presentes.

— Eis a prova do mal que emana de Ignazio de Toledo! — ponti-ficou, tomado de um furor místico. Em seguida, indicando o oculista com um gesto de desprezo, disse:

— E eis o seu novo discípulo!

Grafeo agarrou-se às suas vestes e implorou que o deixasse expli-car, mas Galvano Pungilupo derrubou-o com um soco.

— Deixe-o em paz! — gritou Adelísia, pondo-se em pé.

O clavígero fulminou-a com o olhar. — Ousa desafiar-me, bru-xinha? — Avançou na direção dela, ameaçando agredi-la com um pontapé, mas, para sua surpresa, Suger interveio e colocou-se diante da menina para protegê-la.

O lobo faminto riu satisfeito: não poderia esperar coisa melhor. Finalmente tinha a oportunidade de dar uma lição naquele francês e, sem mais, aplicou-lhe uma violenta joelhada nos rins, derrubando-o.

Suger vomitou sangue sobre o pavimento, sentindo como se uma lasca de madeira lhe houvesse sido enfiada entre as costelas. Tentou se levantar, mas recebeu um pontapé no mesmo local. Sem lhe dar trégua, o clavígero caiu sobre ele aos socos.

— Já chega! — interveio Konrad von Marburg, não tão interessa-do em proteger Suger quanto em encerrar logo aquele caso. Seu rosto era uma máscara de ferro. Agarrou Adelísia pelo pulso e caminhou para a porta.

— Tragam também o judeu — ordenou. — Todos devem vir conosco!

Arrastou a menina para fora de casa. No céu, nuvens negras começavam a despejar chuva.

Sob as bátegas, o rosto de Adelísia parecia banhado de lágrimas.

Ignazio aguardava sob uma galeria a fim de se proteger da chuva, o olhar fixo na fachada de Santa Maria de Domno. Uberto havia insistido em entrar sozinho, pois se moveria com mais rapidez sem correr o risco de ser descoberto. O mercador não queria contrariá-lo. Sabia que o filho era ágil e capaz de levar a bom termo a tarefa, mas ainda assim se sentia culpado por não estar em condições de auxiliá-lo. Reconheceria mais depressa o livro que procuravam; porém não tinha escolha. Para entrar na igreja, Uberto precisou escalar parte da fachada e entrar por uma janela aberta no lado direito do edifício. Aventura nada fácil e bastante perigosa.

Já havia se passado muito tempo e Ignazio começava a se inquietar, apesar de aquela demora ser inteiramente plausível. Seu filho teria de se orientar no escuro, em busca de um arquivo ou de uma biblioteca, e examinar a maior parte dos livros na esperança de achar o que procurava. Uma boa coleção possuía em média uma centena de volumes, de modo que a espera poderia se prolongar até o amanhecer.

De repente, pensou ter notado um movimento no lado esquerdo da fachada. Um vulto escuro saiu da janela mais alta, segurou-se com cuidado numa gárgula embaixo e ali ficou dependurado, arriscando-se a escorregar por causa da chuva. Em seguida, readquiriu estabilidade, balançou as pernas e saltou para um pequeno arco, o que lhe permitiu prosseguir, agachado, ao longo de um beiral até o capitel de uma coluna no ângulo da fachada. Por fim, Uberto se deixou cair no chão.

Ignazio acenou para ele e viu-o aproximar-se correndo.

263

— Conseguiu encontrar? — perguntou-lhe, após se certificar de que estava bem.

— No depósito da igreja havia pelo menos dez livros de Ildegarda de Bingen — respondeu o filho —, mas nenhum com o título de *Lingua Ignota*. Todavia — acrescentou, ao ver o pai franzir o cenho, decepcionado —, dentro do último, achei isto. — E tirou, das dobras do hábito, um fólio de papiro.

Ignazio examinou-o impaciente, notando que continha duas colunas, uma de hieróglifos e a outra de letras do alfabeto latino, dispostas em correspondência perfeita. Leu várias vezes, quase incrédulo, enquanto uma onda de entusiasmo começava a se apoderar dele.

— E então? — quis saber Uberto.

— É o mesmo código — disse o mercador. — Graças a esta chave de leitura, poderei decifrar a inscrição das tatuagens.

— Se é assim, não percamos tempo. Vamos sair de Salerno.

35

Encontraram Cola Peixe dormindo em seu barco, deitado sobre um monte de redes de pesca, nas quais tinha se enroscado todo depois de virar e revirar durante o sono naquele leito improvisado. Perto dele, estava a bolsa vazia.

— Sem dúvida, gastou tudo com mulheres e vinho — observou Uberto, afastando-se com nojo depois de sentir-lhe o hálito.

Ignazio evitou comentários e sacudiu-o com o pé.

— Estou indo... — grunhiu Cola Peixe, virando-se de lado. Foi trabalhoso, meio entorpecido que estava, livrá-lo do emaranhado em que havia se metido.

Zarparam para a Sicília naquela mesma noite, apesar da chuva e do mar revolto. A falta de coberta os expôs à água e ao vento, enquanto uma corrente veloz e impetuosa impelia o barco para o sul. As ondas, de repente, se enfunaram e a costa se perdeu na escuridão, como as estrelas e a lua. Os raios iluminavam intermitentemente a superfície das ondas, ora brilhante como metal, ora negra como a morte. Ao longe, entre um clarão e outro, Ignazio julgou distinguir a brancura de uma vela templária sobre a maré. Seu pesadelo.

A *menaica* não tinha sido construída para enfrentar mares tempestuosos e, várias vezes, esteve a ponto de emborcar; mas Cola Peixe, embora ainda um pouco embriagado, conseguiu controlá-la com corajosa maestria. Ao mesmo tempo, gritava a plenos pulmões o nome de São Nicolau, suplicando por ajuda.

O embate com o mar durou a noite inteira. Às primeiras luzes da manhã, as águas serenaram e a navegação prosseguiu sem tropeços.

Ignazio pôde até dormir um pouco, após o que se dedicou a examinar o enigma que o desafiava.

— Empreste-me sua faca — pediu ao filho.

Uberto vasculhou sob o hábito e passou-lhe a faca.

Com ela, o mercador gravou na amurada da proa a inscrição que tinha visto tatuada na mão de Remigarda.

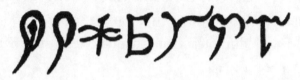

Estudou-a atentamente, para se certificar de sua relação com aquela de que se lembrava. Em seguida, consultou o fascículo do *Lingua Ignota*. Identificou com facilidade a equivalência entre os hieróglifos e as letras latinas e, por fim, transcreveu:

NEMBROT

Ele estremeceu.

— Nembrot. — Uberto franziu a testa. — Acha que é *aquele* mesmo Nembrot?

Ignazio não respondeu, incapaz de afastar os olhos dos hieróglifos gravados na amurada. A palavra "Lucífero" o teria intimidado menos.

Quinta Parte
NEMBROT, O ASTRÔNOMO

Diz-se que Nembrot era etíope. Ora, a cor dos etíopes simboliza as trevas e a sordidez da alma, pois se contrapõe à luz. Privado de clareza e envolto pela obscuridade, parece-se mais com a noite do que com o dia. Nembrot, porém, costumava caçar nas selvas e apreciar a companhia das bestas ferozes.
— Ambrogio di Milano, *Liber de Noe et Arca*, I, 34

Conta-se que o gigante Nembrot foi um grande astrólogo e um cultor da astronomia.
Ugo di San Vittore, *Didascalicon*, III, 2

36

Levar uma surra por proteger alguém — embora fosse uma menina — era contra seus princípios, mas Suger não se arrependia do que havia feito. Não tinha se arrependido nem quando havia caído no chão, humilhado sob os golpes de Pungilupo. Ver Adelísia inclinada sobre o corpo da mãe tinha despertado nele uma lembrança de si próprio, com pouco mais de 20 anos, à cabeceira do pai. Este contraíra uma doença respiratória que foi se agravando até degenerar numa inflamação dos pulmões. Suger apelara para todos os seus conhecimentos a fim de salvá-lo, passando noites inteiras sobre livros de medicina e preparando poções caríssimas na esperança de ao menos lhe dar alívio. Depois estava conformado. Nem o melhor médico de Paris poderia curá-lo. Contudo o pai parecia não reconhecer seus esforços e, moribundo, virara-se para ele com uma expressão de desapontamento. Nenhuma palavra, apenas uma censura muda, como se o tivessem deixado morrer como um cão. Suger havia procurado sepultar aquela lembrança, mas, depois da desgraça de Bernard e das desventuras dos últimos meses, ela ressurgira com prepotência, a ponto de sufocar até seu cinismo.

Um balanço repentino trouxe-o de volta à realidade, a bordo de um navio. Estava machucado e dolorido, mas evitou lamentar-se. Perto dele, havia quem sofresse mais.

O judeu e a menina, sentados à sua frente, consolavam-se num abraço de silencioso desespero. Grafeo tinha o rosto inchado, consequência de um escrupuloso interrogatório aos cuidados de Von

Marburg, mas foi Adelísia quem chamou sua atenção. Estava com as mãos cobertas de queimaduras por ter tentado extrair o projétil incandescente do ventre da mãe, suportando a dor até se ferir seriamente. Uma tentativa inútil. Tinha sido mesmo um milagre aquele projétil não explodir entre seus dedos.

Adelísia, porém, despertava sua curiosidade por outros motivos. Suger tinha visto claramente a pedrinha que tirada de seu olho. Num misto de horror e deslumbramento, haiva observado a intervenção de Grafeo e agora se perguntava repetidamente sobre a natureza daquelas lágrimas. Se a draconita retirada da cabeça de uma serpente continha propriedades miraculosas, de que não seriam capazes cristais expelidos pelos olhos de um ser humano?

Porém outros pensamentos agravavam sua inquietação. Sabia ter perdido a confiança de Von Marburg: apesar de mantê-lo em seu séquito, o alemão o relegara ao espaço destinado a prisioneiros. Além disso, deixando Salerno, Suger temia não estar mais em segurança.

Se quisesse sobreviver, precisava fugir.

Acariciado por um vento de calmaria, Konrad von Marburg segurava-se à amurada do castelo de proa maldizendo a lentidão dos remadores. Só por um golpe de sorte tinha conseguido zarpar sem demora de Salerno e agora lá estava naquela embarcação genovesa de um só mastro e bojo fino como a casca de um ovo. Impaciente por chegar ao destino, invejava o voo célere das aves marinhas, que volteavam em torno de sua cabeça como por zombaria. Seu nervosismo havia contagiado todos os membros da tripulação, obrigando o capitão a abandonar o castelo de popa para ficar longe dele. O padre agora dividia aquele espaço apenas com Galvano Pungilupo e os dois soldados trazidos de Nápoles.

A ânsia de pôr as mãos na presa o estimulava mais que nunca, pois sabia onde procurar. Após uma reticência inicial, Benvenuto

Grafeo acabou lhe revelando a conversa entre Ignazio de Toledo e Remigarda de Aquanegra. Uma conversa em parte obscura e, aqui e ali, contrastante com a evidência dos fatos. Konrad justificava essas incongruências pela natureza velhaca da raça judaica, supondo que o velho havia confundido as coisas para defender o espanhol. O mais importante, porém, era saber onde encontrá-lo. Na corte de Palermo.

Além disso, se Benvenuto Grafeo tivesse ousado mentir, Konrad o perceberia instantaneamente.

Como se um demônio do ar houvesse adivinhado seus propósitos, o religioso viu de repente as cores do céu, do mar e da costa se dissiparem num nevoeiro denso e esbranquiçado que envolveu o barco, dando a impressão de que agora ele singrava no nada. O barco diminuiu a velocidade e quase parou, para não correr o risco de bater contra os escolhos.

Naquela cega impotência, a ira de Von Marburg não conheceu limites.

37

Nembrot, ou Nimrod, foi um antigo soberano etíope — explicou Ignazio, olhando para a costa siciliana já próxima. — Atribuem-lhe a fundação da Babilônia após o grande dilúvio.

— Salvo engano — completou Uberto —, ele construiu também a torre de Babel.

— Sim, mas a Bíblia o descreve, sobretudo, como um hábil caçador.

— Um rei caçador...

— Um rei caçador tal como aquele que se vê no centro do bordado. — Ignazio expôs o manto do Sagitário à luz do sol e observou o cavaleiro no meio do círculo astral, com o indicador pousado nos lábios. Agora aquele gesto assumia um significado preciso: a advertência para não se pronunciar nunca seu nome.

— Por que representar Nembrot no centro do zodíaco? — perguntou o filho, passando o dedo em volta do bordado. — Por que motivo fundar uma seita em sua honra?

— Só saberemos quando descobrirmos o vínculo entre o rei etíope e o *magister* de Toledo — respondeu Ignazio. — E não nego que isso me inquieta.

Uberto fitou-o perplexo. Raramente tinha visto o pai amedrontado diante de um mistério.

— Há séculos, Nembrot é mencionado com receio pelos sábios — explicou o mercador. — É uma criatura tão tenebrosa quanto o oceano insondável da noite.

— Não sabe mais nada sobre ele?

— Nada, exceto que desposou a própria mãe, uma mulher libertina e cruel chamada Semíramis. Dela teve um filho, Tamuz. — Ele ergueu os olhos do manto e, de repente, se deu conta de que não conseguia ver mais nada. Uma névoa espectral havia se erguido sobre a água, ofuscando até a luz do sol.

— De onde vem essa neblina? — perguntou, virando-se instintivamente para Cola Peixe.

A voz do marinheiro soou entre o véu esbranquiçado:

— Não é neblina, é a Fata Morgana.

— Superstição — comentou Uberto.

— É a Fata Morgana — insistiu o marinheiro, contrariado. — Um dos espíritos que infestam estas paragens. Por que você se espanta? Estamos indo para a ilha do Etna, a porta do inferno, onde há mais de cem anos repousa o rei Artur.

Ninguém teve tempo de responder: o vento voltou a soprar de repente, dispersando a névoa. E então os navegantes assistiram a um prodígio inexplicável. Avistaram no horizonte uma paisagem fantástica levitando nos ares, como se um castelo evanescente houvesse subido das águas.

Ignazio e Uberto ficaram estupefatos, mas a reação mais surpreendente foi a de Cola Peixe. Ele abandonou o leme, ajoelhou-se na extremidade da proa e, juntando as mãos, dirigiu uma prece à Madona e a São Nicolau. Permaneceu naquela posição até a miragem desaparecer no nada, como antes a névoa. Só então, sem dar explicações, retomou o leme para governar a *menaica*.

Velejaram ao longo da costa setentrional da Sicília, fazendo rápidas escalas nos centros litorâneos para se reabastecer de água e comida. Aqueles lugares eram uma autêntica Babel de raças e culturas, animada por um fermento que fascinava e espantava ao mesmo tempo. Corriam inúmeros boatos sobre revoltas dos súditos sarracenos, sobre rebeldes deportados para Lucera e sobre o agravamento das desordens por causa da ausência de Frederico II. As notícias que preocupavam Ignazio, todavia, não eram as que diziam respeito aos sarracenos, mas sim às milícias clavígeras e aos agentes do papa Gregório IX desembarcadas na ilha.

Uma vez em Palermo, o mercador fez com Cola Peixe os mesmos acordos que lhe propusera em Salerno. Pagou-o por seus serviços e pediu-lhe que ficasse à disposição durante alguns dias, para a eventualidade de uma fuga precipitada. O homem embolsou o dinheiro com um sorriso ganancioso, enquanto Uberto calculava que, no dia seguinte, não lhe sobraria sequer uma moeda.

Antes mesmo de atravessarem as muralhas de Palermo, Ignazio pediu ao filho que o esperasse nas portas da cidade e aproximou-se de um grupo de desocupados para perguntar se algum deles estaria disposto a servir-lhe de guia. Viu adiantar-se um africano de corpo alto e magro, em nítido contraste com o turbante volumoso que lhe cobria a cabeça. Disse chamar-se Muhammad ad-Idrisi e ofereceu seus préstimos por um quarto de dinar. Falava num tom nasalado e cantante, misturando o árabe com os dialetos sicilianos.

Uberto lançou um olhar de desaprovação ao pai. Não achava necessário desperdiçar dinheiro, pois podiam muito bem se orientar sozinhos. Porém, quando se viu caminhando por Palermo, compreendeu que Muhammad era útil não somente para guiar, mas também para romper a impressionante multidão que atravancava as ruas. Perto daquilo, o vaivém de Nápoles e Salerno não era nada. E, mesmo com a ajuda do africano, tinham de se mover aos empurrões, para não ficar para trás.

— Não me disse ainda como pretende agir — falou ao pai, levantando a voz para se fazer ouvir em meio ao barulho.

— Antes de tudo, devemos arranjar trajes novos — respondeu Ignazio, sem se virar.

— Acha que é o momento de gastar com roupas?

— Quer se apresentar à corte siciliana vestido como um mendigo? — rebateu o mercador.

— Então, pretende ir direto ao objetivo... Não pensa em obter mais informações antes de se expor a tal ponto?

— Com isso, só perderíamos um tempo precioso. Sabemos que o *magister* de Toledo se esconde no círculo do imperador. É o que basta. Vamos obrigá-lo a se mostrar.

— Mas como? — perguntou Uberto. Supunha que, apesar da ausência de Frederico II, a *curia regis*, a corte real, fosse um ambiente muito frequentado. Achar ali a pessoa certa não seria tarefa simples.

No entanto o mercador parecia bastante seguro de si: — Tão logo se espalhe a notícia de que estamos com o manto do Sagitário, ele próprio se dará a conhecer. Esteja certo disso! O homem não tardará a nos procurar. — Então pediu ao africano que os conduzisse à rua dos alfaiates.

Pouco depois, mudavam de roupa. Ignazio escolheu uma túnica vermelha que ia até os joelhos, sobre calças da mesma cor, além de sapatos de couro e um manto negro para acentuar seu porte esguio. Uberto, de gostos menos pretensiosos, contentou-se com um casaco verde e calças amarelas e pretas. Dispensou o manto para não se ver embaraçado em seus movimentos.

Assim trajados, perguntaram ao guia onde estava agora instalada a corte siciliana.

— No Castelo da Fawwarah, no bairro de Cassarorum — informou Muhammad, referindo-se a uma zona exterior às muralhas. Para chegar lá no menor tempo possível, o africano levou-os a um estacionamento de carros situado na parte sul da cidade. Pediu-lhes que esperassem, entrou num galpão e saiu acompanhado por um homem de pele escura e barba em ponta. O sujeito esquadrinhou os forasteiros e precedeu-os na direção de um carro atrelado a uma junta de bois, dando a entender que podia iniciar logo a viagem.

O mercador, desconfiado, chamou o africano à parte e apontou para o carreteiro. — Por que ele iria até lá?

— Por causa da água — respondeu o guia. Calógero (assim se chamava o homem) ganhava a vida distribuindo água pelo interior e frequentemente ia àquela zona para se abastecer. Por isso, transportava no banco do carro um enorme barril de madeira.

O homem convidou-os a subir à boleia e fustigou os bois ao longo de uma estrada que avançava para sudeste, seguindo um canal ladeado de fazendas onde apontavam castelos e *qasr*.* A leste, o caminho oferecia amplos panoramas do golfo de Palermo.

Após um trajeto dos mais incômodos, Calógero apontou para uma cordilheira já próxima, encimada por um pico coberto de vegetação.

— O monte Grifão — disse, convidando os passageiros a admirar as torrentes que desciam pelas encostas até o vale. — A Favara.

— Fawwarah — corrigiu-o Muhammad.

— A fonte — traduziu o mercador, que conhecia a língua árabe. — Mas, diga-me — perguntou em seguida —, sobre aquele monte só há bosques e torrentes?

— Também criações de cavalos — respondeu o carreteiro. — Animais irrequietos, que é preciso acalmar com sangrias.

Uberto lançou-lhe um olhar incrédulo.

— Os criadores fazem um corte sob as orelhas — explicou Calógero, rindo. Depois calou-se até chegar bem perto para poder apontar com precisão o palácio que se erguia ao pé do monte. Rodeava-o, quase por inteiro, um lago alimentado pelas águas das torrentes. — O Castelo da Favara — anunciou com um gesto amplo, que abarcava

---

* Em árabe, também ksar. Castelo ou fortificação.

todo o território circundante delimitado por um fosso. — A casa do rei.

— É aqui que reside a corte siciliana? — perguntou o mercador.

— Nesta época do ano, sim — respondeu Muhammad. — Porém a maioria dos nobres seguiu o imperador ao Oriente.

Bem melhor assim, pensou Ignazio. Se, de fato, se encontrava no Castelo da Favara, o *magister* de Toledo não poderia se esconder entre os moradores da *curia regis*. Essa era sua esperança, mas também seu maior temor.

38

A residência da corte era cercada por um fosso e uma paliçada alta, além da qual se viam as copas de um bosque exuberante. Ignazio e Uberto, após despedir Calógero e Muhammad, encaminhavam-se para o único acesso quando, de repente, viram erguer-se por cima da cerca, fitando-os com curiosidade, um animal de pescoço extremamente longo. Era amarelo, com manchas, tinha chifres parecidos a protuberâncias e ruminava como uma vaca. Ficaram tão surpresos que quase não perceberam as sentinelas postadas na entrada.

Ignazio se recompôs às pressas e saudou obsequiosamente os soldados. No caminho, elaborara um plano de ação meticuloso. — Sou um mercador de relíquias da Espanha — anunciou. — Trago um valioso presente para sua majestade.

— Que presente? — indagou o chefe da ronda, indo ao seu encontro.

— Um manto mágico, bordado com destreza sem igual no mundo.

O guarda olhou-o de soslaio e pediu:

— Deixe-me ver isso.

— Mostrarei apenas um pedaço — disse o mercador, abrindo relutantemente o alforje. — Não quero que, exposto ao sol, perca seus poderes. — E, baixando a voz num tom cúmplice:

— Diz-se que pode realizar *mirabilia*, maravilhas, quando vestido por um soberano.

Aguardando o fim da comédia, Uberto observou a girafa que ainda mostrava o pescoço acima da cerca. Ignazio era tão loquaz que podia dobrar até o mais renitente dos energúmenos. E, com efeito, logo se viu cercado por vários guardas curiosos.

Não tardou e estavam atravessando o terreno em companhia de dois soldados, enquanto um homem a cavalo trotava adiante para anunciar sua chegada à corte. Para alcançar o palácio, era necessário cruzar um vasto jardim adornado com árvores e refúgios de animais embelezados por trepadeiras, dentro dos quais havia bichos de todos os tipos. Alguns guardas, em sua maioria à vontade e sentados à sombra de tamareiras, comiam frutas tranquilamente.

— É meu dever informar-lhes, senhores — disse um dos acompanhantes para justificar a descontração de seus camaradas —, que o imperador no momento está ausente.

— Ficaremos então satisfeitos em falar com os principais de seu séquito — suspirou Ignazio, fingindo-se decepcionado.

Chegaram enfim a seu destino.

O Castelo da Favara tinha o formato de um palácio árabe com base retangular, uma estrutura maciça erigida com blocos de tufo e adornada com janelas estreitas, de arco agudo. O grande lago que o separava do monte Grifão cercava-o por todos os lados, exceto a fachada, que se abria em quatro portões encimados por arcos em forma de ferradura. Ignazio teve sua atenção atraída subitamente para a sacada do andar superior, onde havia um homem vestido de preto. Parecia esperar e, por alguma razão obscura, trazia a cabeça protegida por um elmo.

— Pois bem, quem são vocês? — perguntou o homem em latim.

— Um cavaleiro me anunciou há pouco sua chegada.

O mercador respondeu na mesma língua:

— Meu nome é Ignazio de Toledo e vendo relíquias — apresentou-se, fazendo uma mesura. — Trago um presente para sua majestade.

— Já sei — disse o homem da sacada.' — E seu companheiro? Também tem nome?

— Meu filho Uberto — respondeu Ignazio, incapaz de interpretar a atitude do estranho. Seus modos transmitiam ao mesmo tempo gentileza e prudência.

— Para lhe servir — acrescentou Uberto, dobrando um joelho.

O homem assentiu. — Eu sou Michele Scoto, astrólogo e filósofo da corte. — Abriu os braços para dar mais ênfase às suas palavras. — Juntamente com alguns membros da *curia regis*, administro esta casa até que Frederico II retorne. Mas digam-me, sem mais delongas, o que trazem de presente? Falaram-me de um manto.

— Um manto zodiacal com a imagem de um cavaleiro. Quer vê-lo?

— Aqui, não — disse Scoto enquanto descia a escada. — Não agora. — Ao chegar embaixo, ordenou aos guardas que se fossem. Pura ostentação de autoridade, que traía soberba e nervosismo. Além disso, o astrólogo certamente não precisava de escolta, pois todos os pontos do palácio deviam ser bem vigiados. O mercador contou pelo menos dois arqueiros postados numa torrezinha semioculta pelas tamareiras.

Em vez de ir ao encontro dos hóspedes, Scoto convidou-os a segui-lo por uma segunda porta à esquerda da fachada.

— Vou lhes dar a devida atenção em meu escritório — disse.

Antes de acompanhá-lo, Ignazio recomendou ao filho que ficasse alerta.

Já no interior do palácio, Scoto observou atentamente as abóbadas de berço do teto e tirou o elmo, descobrindo uma farta cabeleira negra e lisa. Continuou andando na frente dos hóspedes, ocultando o rosto aos seus olhares. Uberto chegou a achar que ele estivesse procurando disfarçar alguma deformidade, mas, ao olhar para o homem, ocorreram-lhe hipóteses bem mais sérias. Ignazio perscrutava o astrólogo com uma intensidade de arrepiar. "Fique atento", havia lhe sussurrado pouco antes. Refletindo sobre aquelas palavras, o jovem hesitou em concluir se a recomendação do pai se referia a qualquer coisa estranha ou especificamente àquele indivíduo. Estariam acaso em presença do Homo Niger? Impossível dizê-lo. No entanto, assaltou-o de repente uma dúvida: o astrólogo caminhava à frente para ocultar o rosto ou a expressão? E estremeceu.

Justamente naquele momento, ouviu o pai perguntar:

— Uma palavrinha, senhor: seu segundo nome, Scoto, indica origem?

— Adivinhou — respondeu o interpelado, sem se virar.

— Como *scotus*, venho da Escócia. Naquela terra bárbara, porém, vivi apenas quando menino. Conservo poucas lembranças de lá.

— E há outros *scoti* a serviço do imperador? — perguntou Ignazio.

— Que eu saiba, não.

Assim dizendo, o astrólogo enveredou por um corredor cheio de curvas e prosseguiu sob um pórtico que ladeava o pátio interno. Uberto, seguindo-o sempre, procurava esquecer a súbita preocupação. Um filho da Escócia! Era o que havia dito Remigarda ao mencionar o *magister* de Toledo! Esteve a ponto de parar para retomar a conversa, mas sentiu a mão de Ignazio em seu ombro, como a sugerir que aquele não era o momento propício.

Caminhando, passaram por um grupo de damas reunidas no centro do pátio. Mal as viu, Scoto deixou escapar uma exclamação de contrariedade e, sem mais, avançou na direção delas. Antes de sair para o ar livre, lançou um olhar rápido ao céu. Os dois visitantes ficaram esperando sob o pórtico e viram-no se aproximar da dama mais bonita. Loura e de pele rósea, dispunha no colo cartas de tarô para fazer predições, despertando o riso e o espanto das companheiras. Percebendo a aproximação do homem, recolheu apressadamente as cartas e observou-o com seus olhos azuis e glaciais.

O astrólogo arrancou o baralho das mãos da jovem.

— Senhora Brunhilde, quantas vezes lhe pedi para não mexer nas minhas coisas? — censurou-a.

— Não se irrite, Michael — disse ela, em tom de cumplicidade. — Eu ia devolvê-lo esta noite.

— Os mistérios não são passatempo para senhoras. — Scoto guardou o baralho no bolso do hábito. — Além disso, você sabe muito bem que não deve me chamar assim.

— Mas Michael... — teimou Brunhilde. — É o seu nome...

— Ele deve ser pronunciado na língua italiana — cortou o homem, afastando-se.

— Cuidado com a cabeça! — gritou ela.

O astrólogo deu um pulo de susto e depois se deu conta de que tinha sido vítima de uma brincadeira. Lançou um olhar irritado à mulher, que não parava de rir.

Sempre de mau humor, Scoto girou nos calcanhares e caminhou para uma porta que se abria no fundo do pórtico. Antes de segui-lo, Uberto observou pela última vez Brunhilde, que ainda se contorcia de riso.

A mulher, em vez de demonstrar sinais de embaraço, lançou-lhe um sorriso cheio de malícia.

39

O escritório de Michele Scoto situava-se na ala sul do palácio; era amplo e repleto de objetos estranhos. Ignazio contou pelo menos cinco estantes e reconheceu vários textos em árabe, grego e latim. Ao fundo, viam-se uma escrivaninha, um grande astrolábio de ouro e um estranho aparelho da altura de um homem que, segundo o astrólogo, provinha de Damasco e podia medir o tempo. Agora, ele já não escondia o rosto. Tinha traços finos, olhos azuis e pele muito branca salpicada de sardas que a barbicha à maneira árabe punha em destaque. Nenhuma cicatriz, nenhum defeito que justificasse o uso do elmo. Ao contrário, as feições de Scoto eram até mesmo atraentes.

Uberto também parecia ter baixado a guarda. Contagiado pela curiosidade do pai, percorreu aquele recinto cheio de coisas bizarras até se deparar com um enorme crânio dependurado na parede. Devia ser duas vezes maior que o normal, com uma única cavidade ocular sob a testa. Scoto mostrou-o com orgulho.

— O crânio de um etíope — explicou, colocando o elmo sobre um banco. — Alguns aldeões o encontraram numa caverna aqui perto.

Ignazio postou-se curioso diante do achado.

— Um ciclope? — perguntou com ar cético. — Tem certeza de que não pertence a outro gênero de criatura?

— Conhece outro de um olho só? — riu o astrólogo, apoiando-se na escrivaninha. Em seguida, mudando de expressão, ficou sério. — Agora os senhores vão me desculpar, mas já esperei muito. Está na hora de me mostrarem esse famoso manto. — Apontou um manequim de aparência humana sobre o qual estavam pintados os signos do zodíaco em correspondência com os órgãos principais. — Podem colocá-lo ali.

Ignazio não esperava outra coisa. Assentiu com uma breve mesura, tirou do alforje o manto do Sagitário e, com um gesto estudado, desdobrou-o para pendurá-lo nos ombros do manequim. Scoto se aproximou, acariciando a barbicha.

— Não o considera digno de um rei? — perguntou o mercador, atento ao mínimo gesto do astrólogo.

Scoto não demonstrou nenhuma emoção. — Notável — disse apenas. — Onde o encontrou?

— É uma história longa e complicada. Antes de narrá-la, seria bom convocar o círculo do imperador.

Scoto dirigiu-lhe um sorriso sarcástico.

— Minha pessoa é mais que suficiente.

Ignazio fingiu-se confuso.

— Não há outros sábios no castelo?

— Dentro destas paredes mora a fina flor dos poetas, matemáticos e filósofos... Eu, porém, sou o melhor, o maior de todos.

Tamanha soberba não era a vanglória de um tolo, mas, ao que parecia, a defesa de uma alma frágil. Contudo o mercador percebeu nela, também, um pouco de receio. — Essa grandeza deve se apoiar numa sabedoria admirável — secundou-o. — De onde provém?

O astrólogo empertigou-se.

— Você faz muitas perguntas, senhor, quando eu é que deveria fazê-las.

— Tenha um pouco de paciência. Não consigo conter o interesse por quem, como eu, sem dúvida frequentou o *Studium* de Toledo.

— Você, um sábio de Toledo? — Scoto examinou-o com expressão irônica. — Ora, vamos!

— Admite então ter estudado lá?

— Eu estudei, mas você não, certamente. Se tivesse pertencido à Escola de Toledo, não se veria obrigado a andar pelo mundo atrás de relíquias e velharias. Ocuparia, isso sim, uma cátedra em Paris, Bolonha ou Nápoles.

Lançando-lhe um olhar de desafio, Ignazio se aproximou de uma estante repleta de pergaminhos e códices abertos ao meio.

— Aqui — disse, apanhando um deles —, reconheço o *De Animalibus* de Avicena, que, segundo parece, o senhor está traduzindo do árabe. Trata-se de um comentário às obras de Aristóteles ainda desconhecido na cristandade. Só pode vir de Toledo... E isso vale também para o apocalipse moçárabe que vejo ali. — Mostrou o códice. — Um *Commentarius in Apocalypsin* do monge Beatus de Liébana, pura e simplesmente. Cópia valiosíssima.

O astrólogo fitou-o impressionado. Porém o mercador, não contente, aproximou-se com ar seguro e passeou o olhar pelos volumes dispostos sobre a escrivaninha. — Já aqui observo desenhos de figuras astrológicas. Maravilhoso! Tirou-as, sem dúvida, das obras de Al-Bitrûgi, que morou na Espanha. Ali, porém, há alguns bastante atípicos, provavelmente de inspiração persa.

— Você me convenceu — confessou Scoto, passando a falar em castelhano. — Não é sempre que encontro alguém capaz de entender meu trabalho. — Esfregou a testa. — Ah, agora me lembro! É isto! Gherardo de Cremona me falou a seu respeito. E mais de uma vez!

Ignazio sorriu orgulhoso.

— Conheci Gherardo na Escola de Toledo. Foi meu professor.

— Meu também. Recordo que amaldiçoou você por ter abandonado o *Studium* antes de ser promovido a *magister*. Nunca o perdoou, fique sabendo!

O mercador sorriu à lembrança daquele velho intratável, atacado por todas as fúrias.

— O preço seria tornar-me monge — explicou — e obedecer a muitas... regras.

O astrólogo suspirou, deixando entrever que partilhava seu ponto de vista. — Mas em outras ocasiões o ouvi elogiá-lo como ao melhor de seus discípulos — acrescentou. — Você merece, portanto, o meu respeito.

Aproveitando-se daquela inesperada cumplicidade, o mercador debruçou-se sobre a mesa e apanhou um pergaminho que mostrava figuras zodiacais em forma antropomórfica, entre as quais a de um cavaleiro.

— Esta constelação representa um guerreiro a cavalo... — disse, apontando para o bordado central do manto astrológico. — A semelhança é grande demais para ser mera coincidência.

Tornando-se subitamente cauteloso, Scoto correu para ele e arrebatou-lhe o pergaminho das mãos. — Seja mais explícito.

— Farei isso, senhor. — Ignazio sabia que, com as próximas palavras, jogaria com sua vida e a de Uberto. No entanto já tinha dado um passo sem volta ao entrar no Castelo da Favara, portanto era inútil protelar. — A meu ver, um confronto entre seus desenhos e o bordado do manto revelará outras similaridades.

— E isso provará o quê?

— Que você está implicado em uma série de homicídios e pratica um culto suspeito de heresia.

O astrólogo atirou o pergaminho sobre a mesa, mais curioso que irritado.

— Pode-se saber o que o trouxe aqui?

— A necessidade de me livrar de uma acusação injusta.

— E se eu lhe disser que veio atrás da pessoa errada?

— Responderei que está mentindo. — Não havia sinal de hesitação na voz do mercador. Agora que tinha passado ao confronto direto, não podia se permitir titubear.

— Você se denunciou ao me acolher em pessoa, talvez alarmado pela notícia de que dois viandantes traziam, para presente, um manto zodiacal. Não pôde evitar isso e acho que sei por quê. Não queria que outros sábios do palácio vissem nada.

— Então você, desde o início, fez de tudo para me desmascarar?

— Um pequeno estratagema, baseado unicamente em suposições — respondeu Ignazio. — Suposições que agora são mais que isso. Seu vínculo com a Escola de Toledo, seus conhecimentos astrológicos e seus desenhos zodiacais confirmam totalmente minhas suspeitas. Senhor, eu não tenho mais dúvidas! Você é o *magister* de Toledo, o homem que muitos procuram. É o destinatário do manto.

— Cuidado, Ignazio de Toledo. — O astrólogo fulminou-o com o olhar. — Está abusando da minha paciência.

— Longe de mim querer desafiá-lo — apressou-se a replicar o mercador. Não pretendia, de fato, enfrentar um inimigo tão mais poderoso que ele, mas sim obter *alguma coisa*. — Se estou aqui, não é para formular acusações, mas para compreender.

A essas palavras, Scoto pareceu acalmar-se.

— Sua chegada me alarmou, confesso — disse, em tom conciliador. — Não podia deixá-lo vaguear pelo palácio mostrando a qualquer um o manto zodiacal, mesmo que não fosse o autêntico... Precisei intervir pessoalmente para evitar esse risco.

Uberto olhou-o intrigado. — Não pensou sequer em mentir?

— Para quê? — ponderou o astrólogo. — Não estou falando com camponeses ignorantes. Vocês já sabiam a verdade. Negá-la seria inútil, além de uma confissão de estupidez.

— Só uma coisa me escapa — disse Ignazio, premido por uma dúvida cruel.

— Se você já suspeitava, por que não nos mandou matar?

Scoto desviou o olhar e se aproximou do astrolábio.

— Porque logo aparecerá um homem interessado em vocês. Um padre desembarcado em Palermo pouco antes de sua chegada. Se viessem uma hora mais cedo, cruzariam com o mensageiro dele, um soldado estranho, sem uma orelha.

O mercador teve um sobressalto.

— Konrad von Marburg!

O astrólogo assentiu.

— Para que eliminar vocês — explicou — se posso, simplesmente, entregá-los a ele?

Ignazio, é claro, não havia imaginado poder entrar na toca do leão sem sofrer danos, mas não tinha previsto o surgimento, na mesma toca, de um segundo leão. Agora tudo dependia da inteligência do homem postado à sua frente.

— Não receia que eu lhe conte a verdade?

— Todo condenado atribui a outros sua culpa. — Scoto, sempre impassível, acariciou a superfície dourada do astrolábio. — Além disso, vocês não dispõem de nenhuma prova. Agora que me entregaram o manto, o que mais podem apresentar em defesa de suas conclusões? — Mostrou-lhes a mão direita. — Como veem, não trago tatuagens que me associem à sociedade definida por Von Marburg, de maneira fantasiosa, como os Luciferianos.

O mercador percebeu que Uberto estava a ponto de tomar uma atitude extrema e fez-lhe sinal para que se controlasse. Ainda havia uma escapatória, concluiu. E começou a rir.

— Provas existem, e quantas! Quem as guarda é uma pessoa confiável e bem nascida. — Pensava em Remigarda de Aquanegra, que ele achava que estivesse a salvo juntamente com a filha e Benvenuto Grafeo.

O astrólogo deu de ombros.

— Está mentindo.

— Você acha? Essa pessoa sabe tudo sobre suas reuniões secretas em Bolonha. Sabe dos estudantes ultramontanos reunidos nos subterrâneos de São Próculo para ouvir seus ensinamentos. Ensinamentos que foram postos em prática depois de sua partida no séquito do imperador.

Essas palavras sem dúvida abalaram o ânimo de Scoto, pois seus olhos se afastaram do astrolábio para fitar ameaçadoramente o mercador.

— Admiro sua astúcia, meu caro. Mas deve confessar-me uma coisa — intimou. — Gozo de autoridade suficiente para submeter vocês dois a torturas que nem imaginam.

O rosto de Ignazio era uma máscara de frieza. — Se Von Marburg descobrisse sinais de tortura em nossos corpos, ficaria desconfiado. Ele é um homem sagaz e vai querer saber primeiro por que viemos aqui.

— Não exagere. Afinal de contas, ele é apenas um padre.

O mercador meneou a cabeça.

— Um padre munido de uma licença inquisitorial com o selo de Sua Santidade, o papa Gregório IX em pessoa — observou —, deve gozar de autoridade maior que a sua.

Pela primeira vez, Scoto deu sinais de preocupação. Afastou-se do astrolábio e andou pelo escritório até decidir sentar-se.

— Ao que parece, quer se livrar de um problema — disse ele, como se estivesse disposto a fazer um acordo.

— Quais são as suas condições?

Ignazio lançou um olhar esperançoso a Uberto.

— Peço-lhe, antes de tudo, que deixe meu filho livre. Quanto a mim, adie em pelo menos um dia meu encontro com Konrad von Marburg.

O astrólogo levantou as mãos para o céu.

— Diga-me o que devo fazer.

— Considero-o bastante sagaz para enfrentar a situação.

Uberto examinou os dois, confuso. Não percebia se haviam chegado a um acordo ou a uma declaração de guerra. Em qualquer caso, o conflito havia terminado. E ia intervir quando Scoto o deteve com um gesto.

— Não interprete minha atitude como ingenuidade ou benevolência — afirmou o astrólogo. — Não sou inclinado à piedade e, se decidir aceitar a proposta, será unicamente pelo respeito que merece. Porém terá de me revelar onde estão as provas de que falou.

Ignazio lançou-lhe um olhar imperscrutável.

— Dou-lhe minha palavra, senhor.

Uberto sentia um aperto no coração. Depois daquela conversa extenuante, teve de ficar à espera enquanto Scoto confiava Ignazio aos guardas para que o escoltassem a um cubículo onde passaria a noite. Aquilo era mais cativeiro que hospitalidade. O jovem obteve permissão para segui-lo e despedir-se rapidamente; em seguida, os guardas o levariam para fora do palácio.

— Que loucura! — repreendeu o pai, assim que se viu a sós com ele. — Por que não me pôs a par do seu plano?

— Porque você não concordaria — respondeu Ignazio, estendendo o manto sobre o colchão. O cubículo tinha um aspecto razoavelmente acolhedor, com uma mesa, um banco e até um candelabro. Mas ainda assim era uma prisão.

— Poderia ao menos dizer que suspeitava do astrólogo.

— Você também não suspeitava?

— A princípio, sim, para dizer a verdade; mas depois ele me pareceu um homem de bem... Até eu achar isto. — Assim dizendo, Uberto tirou do bolso uma esfera de cerâmica que se afilava como a ponta de uma lança, tendo do outro lado um orifício de encaixe. — Lembra-lhe alguma coisa?

Ignazio pegou o objeto e examinou-o com atenção. Depois, sacudiu a cabeça.

— É um dos projéteis disparados pela lança do cavaleiro misterioso — disse Uberto.

O mercador girou a esfera nas mãos. — Não sei...

— Isso porque não teve a oportunidade de vê-lo inteiro. Mas eu vi — garantiu Uberto, convicto. — Quando Alfano Imperato foi assassinado, o objeto cravado em seu peito não explodiu logo... e garanto-lhe que era idêntico a este.

— E onde o encontrou?

— No escritório de Scoto. O astrólogo estava ocupado demais em discutir com você para prestar atenção em mim. E digo mais: esta esfera não era a única, havia muitas outras guardadas num canto...

Ignazio arregalou os olhos. — Incrível... — murmurou. — Você percebe o que isso significa?

O filho anuiu. — Michele Scoto é quem manda o cavaleiro assassinar seus próprios discípulos.

— Esse homem é uma surpresa contínua — disse o mercador, crispando a testa. — Por que ele faz isso? Do que tem medo? — Em seguida, voltou a examinar a esfera de cerâmica, revirando-a entre os dedos. — Muito curioso. Do orifício posterior sai um cheiro de enxofre e salitre.

— Como acha que funciona?

— Difícil dizer. Não pude distinguir claramente como o cavaleiro manejou a arma. Só vi que fugia com a lança ainda fumegante.

O olhar de Uberto se tornou profundo.

— Eu, porém, percebi uma faísca.

— Explique-se.

— Antes que Alfano fosse atingido, saiu da lança uma faísca. Disso eu tenho certeza.

— Uma faísca... Como a produzida por uma pederneira?

— Sim.

— Fascinante. — Depois de examinar pela última vez a esfera de cerâmica, Ignazio escondeu-a sob o colchão.

— Agora você deve ir.

Uberto cruzou os braços.

— Não quero deixá-lo sozinho.

— Mas deixará. — O mercador fitou-o com um olhar amargo. — Se eu não sair daqui vivo, você pelo menos voltará para casa.

— Seja sincero: acha que poderá se safar?

— Entrevejo uma possibilidade. — Ignazio pôs-se a andar pelo cubículo. — Scoto pensa estar segurando a faca pelo cabo, mas se engana. Notei uma coisa muito interessante em seu escritório, que não quis mencionar diante dele... Refiro-me a um livro. Um livro encadernado com o nome de *Nembrot* na lombada. Percebe? Se eu conseguir surrupiá-lo, poderei demonstrar a ligação entre esse homem, o manto zodiacal e o culto do Caçador Etíope.

— E acha que convencerá um fanático como Konrad von Marburg apenas lhe mostrando um livro?

— Esse padre é um fanático, concordo, mas nem de longe um imbecil.

— Ele não se contentará com tão pouco.

— Você tem razão — disse Ignazio. — Devo reunir outras provas a meu favor e é aqui que entra Scoto. Preciso descobrir por que o astrólogo teme o manto a ponto de ter ordenado o massacre daqueles que sabiam de sua existência... Se eu conseguir isso e puder demonstrá-lo, talvez escape.

Uberto concordou, procurando disfarçar a preocupação. Em poucas palavras, seu pai lhe descrevera uma missão quase impossível. E ele não estava em condições de ajudá-lo.

O mercador pareceu ler seus pensamentos e franziu o cenho.

— Devo dizer que esse problema também lhe diz respeito, — disse Ignazio.

— Como assim?

— Se Michele Scoto for traiçoeiro metade do que imagino, tão logo você saia do palácio, ele mandará alguém matá-lo.

40

— Não quero ser padre! — gritava Michael, procurando escapar do tio Daniel. Era apenas um menino; e, com risco de tropeçar, continuava desviando os olhos do caminho para observar duas cruzes fincadas no chão.

— Vou salvá-lo da miséria! — replicava o tio, arrastando-o à força sob um céu cor de chumbo. — Um dia você me agradecerá.

— Quero ficar aqui! — protestava Michael, caindo de joelhos pela enésima vez. Tentava se agarrar à erva úmida, mas o tio o puxava e o conduzia colina abaixo, rumo a um servo que segurava dois cavalos.

A charneca de Tife estava embaciada por um véu de lágrimas.

Michele Scoto reabriu os olhos. Não havia sido despertado por nenhum barulho, mas pela ansiedade crescente da espera. Tinha a impressão de estar num espaço vazio entre dois momentos cruciais, a vinda do mercador e a do padre alemão. Aguardava a visita de Konrad von Marburg de uma hora para outra e não fazia ideia do tipo de homem que iria enfrentar. As palavras de Ignazio de Toledo não prenunciavam nada de bom.

Um leve ressonar lembrou-lhe a presença de Brunhilde, estendida sob as cobertas na mais absoluta tranquilidade. Passou-lhe os dedos pelos cabelos, o colo e os seios provocantes, perguntando-se como era possível que, por trás daquele aspecto gentil, se ocultasse um coração de pedra. Brunhilde era a mulher mais formosa e mais insensível que ele já havia conhecido, mas tinha ficado fascinado por ela e a tolerava como se tolera a tirania dos astros. Tinha sido impossível não sucumbir àqueles olhos, àquele corpo, àquela luxúria... Mesmo agora, quando a atração começava a arrefecer, Michele não conseguia resistir-lhe e se deixava manobrar como um brinquedo na ilusão de possuí-la. Contudo alguma coisa estava mudando. Sentia vez ou outra a falta de uma mulher que havia conhecido muitos anos atrás, uma mulher que ele se arrependia de ter abandonado. Não era um capricho nem um desejo passageiro, mas sim a necessidade pura e simples de abraçar novamente Remigarda: a única de quem não amara apenas o corpo, mas também a alma. Uma das poucas mulheres capazes de cobiçar algo mais que ser belas e desejadas. Não que Brunhilde fosse uma mulherzinha qualquer. Sabia, hábil estrategista que era, fazer de sua graça um instrumento de conquista; todavia seus desejos não iam além da frivolidade das moças vulgares. Remigarda, ao contrário, tinha tamanha profundidade de intelecto que superava não apenas qualquer outra mulher, mas a maior parte dos homens.

Em que pese a tudo isso, aquele ressurgir da chama se devia à necessidade de ter uma companheira que soubesse apreciar o homem em si, sem se limitar, como Brunhilde, a conceder alguns prazeres cálidos na intimidade da alcova. Precisava de uma mulher que compreendesse sua grandeza e o quanto ele se esforçava para cultivá-la. As armadilhas na *curia regis* eram muitas e Scoto se arriscava, diariamente, a ser suplantado por sábios mais geniais e brilhantes. Não era fácil permanecer sempre o melhor na chamada "Corte dos Milagres", para onde afluía a nata da intelectualidade do Oriente e do Ocidente. Sem falar da obrigação constante de divertir Frederico II com novos prodígios e invenções. Inúmeros rivais já cobiçavam seu posto: Leonardo Fibonacci, o presunçoso matemático que se fingia de amigo; Pier delle Vigne, que ousava proclamar-se o filósofo do amor; e ainda Elia de Cremona, o qual, apesar de frade, se declarava proficiente no esoterismo árabe.

Michele, embora fosse de longe o melhor, temendo ser engolfado por aquela avalanche de postulantes, tinha de se destacar em todos os campos do conhecimento a fim de manter sua preeminência. Não podia se limitar ao papel de astrólogo, médico, alquimista e mago: precisava colher a essência do saber em todas as suas formas.

Como tinha progredido aquele órfão perdido no condado de Tife! Depois de passar a juventude nos *scriptoria* monásticos de meia Europa, conseguiu passar da condição de *clericus* para a de *magister*. Oxford, Paris, Bolonha, Toledo... essas foram apenas as principais etapas de um percurso longo, que lhe havia assegurado não apenas um saber, mas também uma autoridade cada vez maior. Todavia, nos últimos tempos, cada progresso lhe custava mais cansaço, cada aprendizado, mais esforço. Talvez porque, agora, já conhecia o que era humanamente possível conhecer. Mesmo assim, não se comprazia com o sucesso que tinha alcançado.

Além disso, há tempos havia previsto a própria morte.

Ele não sabia o momento exato, nem como aconteceria; mas, sem dúvida, a desgraça cairia sobre ele das alturas. Mesmo para um mestre da divinação de seu nível não era fácil interpretar esse vaticínio. Podia ser uma rocha desprendida de um despenhadeiro, um raio em plena tempestade ou um enorme bloco de granizo caído do céu. Mas talvez se tratasse dos astros, que cedo ou tarde se voltariam contra ele. A constelação do Caçador, por exemplo. Michele fazia de tudo para conjurar a catástrofe. A ponto de mandar matar todos que, outrora, o haviam amado.

Com efeito, se apenas um deles sobrevivesse e revelasse seu segredo, Scoto seria acusado da mais abominável das heresias. O mercador de Toledo sabia disso ou pelo menos suspeitava; de qualquer forma, exprimira-se com conhecimento de causa. Se Konrad von Marburg olhasse na direção certa, seria o fim.

Um roçar de cobertas anunciou que Brunhilde despertava. O astrólogo sentiu o olhar dela às suas costas e depois uma carícia voluptuosa. Esquivou-se aborrecido.

— Michael, como você é inconstante! — suspirou a mulher. — Não me deseja mais?

— Já lhe pedi mil vezes para não me chamar assim.

— E por que não, Michael? — riu ela.

Porque assim o chamavam seus pais, com uma pronúncia bem diferente da de Brunhilde. A dama, porém, se divertia distorcendo aquela recordação de infância para irritá-lo.

— Você usa as palavras como garras — sibilou ele, incapaz de conter-se. — Parece que quer me ver sangrar! — E, com um gesto brusco, puxou as cobertas, deixando-a completamente nua. — Se não tem nada melhor a fazer, poderia desaparecer da minha vista.

Brunhilde olhou-o sem nenhum receio.

Em seguida, Scoto ouviu a voz de um guarda ressoar à porta:

— Meu senhor, meu senhor! Um padre chegado da Mogúncia solicita audiência!

Vestiu-se apressadamente e saiu do escritório sem se esquecer de colocar o elmo. Pensava ter dormido até a tarde, mas mal passava do meio-dia. Konrad von Marburg não esperou. Scoto o encontrou na capela interna do palácio, no meio de um grupo de curiosos reunidos sob a cúpula que decorava o teto. Reconheceu-o ao primeiro olhar. Alto e corpulento, quase monolítico, com ombros robustos que mais pareciam obra de um carpinteiro. Acompanhavam-no cinco pessoas: dois soldados, um homem magro e desgrenhado, um velho e uma menina que, curiosamente, tinha o rosto coberto por um pano.

Com um leve sobressalto, Scoto notou que o padre já estava conversando com alguém. Apressou-se em direção aos recém-chegados e puxou pelo ombro o impertinente que ousara lhes dirigir a palavra.

— Mestre Fibonacci, queira me desculpar — disse num tom nada cordial —, mas estes senhores não devem ser molestados. Estão aqui para uma missão bastante delicada.

O interpelado dirigiu-lhe um olhar indefeso. O astrólogo conhecia aquela expressão e detestava-a, ciente da índole bajuladora de Leonardo Fibonacci, digno filho de um reles comerciante de Pisa.

— Vim aqui para rezar e me deparei com eles — justificou-se.

— Reze depois — fulminou-o Scoto, virando-se para o clérigo alemão. — Você deve ser o reverendo Konrad von Marburg. Saudações.

— Suponho estar diante do *magister* Michele Scoto — disse o religioso. — O homem de confiança do imperador.

O astrólogo percebeu na voz do padre uma nota de aborrecimento, mas concluiu que essa animosidade não tinha nada a ver com sua pessoa, mas sim com uma vaga desaprovação da arquitetura que embelezava a capela. Porém não concluiu seu pensamento, pois Von Marburg se apressou a mostrar-lhe um pergaminho. Michele examinou-o e sentiu suas preocupações se multiplicarem. O mercador de Toledo não havia exagerado. Aquele homem tinha em mãos um documento nunca visto até então. Sem ser presbítero nem bispo, Konrad von Marburg era um *magister* investido pelo próprio papa de poderes para investigar em todos os lugares e exigir a colaboração de qualquer pessoa para extirpar a heresia e a necromancia.

Mordeu o lábio para não começar a tremer.

— Sei de seu interesse por um fugitivo...

— Ele já está aqui? — perguntou Von Marburg.

— Ainda não — mentiu Michele. Ignorava se as investigações de Konrad visavam expressamente à captura do mercador de Toledo ou de outros suspeitos. — Tem certeza de que ele vem para cá?

— Sim, segui sua pista.

— Não entendo por que um herege viria para nossa residência imperial.

— Talvez para conseguir adeptos — aventou o padre alemão. — Afinal de contas, este lugar não prima pela dedicação à fé católica.

Scoto discordou:

— O imperador jurou fidelidade ao papa e é tão leal que tomou a cruz por ele.

— E você tem coragem de chamar essa ridícula expedição de "tomar a cruz"? — objetou Konrad. — A meu ver, não passa de um pretexto para estreitar relações com os infiéis. Mesmo esta corte, pelo que se diz, pulula de muçulmanos, judeus e torpezas de todos os tipos.

— Pense o que quiser, *magister*. O fato é que o imperador jurou combater a heresia e os infiéis. Já o papa procura demonstrar sua gratidão enviando tropas para ocupar suas terras.

Von Marburg esboçou um sorriso pesaroso, como se estivesse prestes a interromper o sonho de uma criança.

— O imperador está morto.

— Mentiras — replicou o astrólogo. — Pelo que me consta, suas galeras estão agora velejando para o Reino da Sicília. Frederico II volta à sua terra após ser coroado rei de Jerusalém.

Konrad absorveu o golpe sem se abalar.

— Seja como for, a vontade da Igreja não se discute.

— Quanto a isso estamos de acordo, reverendo. — Scoto abriu os braços, como se lhe oferecesse de presente o palácio. — E pretendo colaborar com o senhor.

— Ótimo. Então, enquanto aguardo Ignazio de Toledo, serei seu hóspede.

41

Brunhilde queria um vestido novo. Sabia da chegada, ao mercado de Palermo, de um carregamento de tecidos orientais com estampas de tigres, dragões e demônios providos de asas de morcego. Ansiava por correr à cidade e escolher uma peça fina e cara, própria para o objetivo que tinha em mente, mas devia apressar-se se não quisesse perder os artigos melhores. Não que lhe faltassem vestidos novos. Tinha-os em quantidade, mas precisava combater o mau humor causado pela reação de Michael. Como ele ousara proferir aquelas palavras? Lembrava-se bem de seu olhar... De um modo ou de outro, ele pagaria caro! O tolo acaso se imaginava o único homem na face da Terra? Iria traí-lo sem hesitação — já sabia com quem —, despertar seus ciúmes e voltar para seus braços só depois de tê-lo humilhado diante de todos. Seria divertido dar-lhe uma lição! Michael não mais ousaria dizer aqueles impropérios nem fitá-la com tanta fúria no olhar. Mas essa era apenas uma parte da verdade. Desejava vingar-se não apenas por causa daquele incidente em particular, mas pelas palavras de desdém que havia lido em seu rosto muitas outras vezes. Sabia que Michael a considerava uma mulher fútil e sem cérebro. Não raro percebia seus olhares de comiseração, como se estivesse avaliando uma criadinha qualquer. Por isso, depois de tantos anos, ainda não a desposara.

Brunhilde, ao contrário, não se julgava nada estúpida. Nunca havia aprendido a ler e escrever, é verdade, mas apenas porque não via utilidade nisso. Quando cobiçava alguma coisa, sempre conseguia obtê-la. Para que consumir os olhos em livros se alguém poderia fazer isso em seu lugar?

— Eis a flor mais delicada do nosso jardim — disse alguém às suas costas.

A dama se voltou lentamente, respondendo ao cumprimento com um sorriso tímido.

— *Magister* Fibonacci, você, sim, sabe falar com uma senhora.

O homem fez uma reverência.

— Oh, não, madame — retrucou com ar modesto —, só sei falar sobre números. Scoto deve ser sem dúvida um galanteador melhor.

Brunhilde franziu as sobrancelhas.

— Por favor, não mencione esse grosseirão.

— Não seja dura com ele. — Fibonacci arregalou os olhos infantis, adestrados para insinuar exatamente o contrário daquilo que dizia. — É um homem sobrecarregado de trabalhos.

— Chama de trabalhos aquela papelada? — desabafou a mulher. — Como se alguém se importasse com as tolices que ele escreve!

Fibonacci anuiu, estendendo-lhe o braço.

— Fui descortês interrompendo seu passeio. — Esperou que ela aceitasse o convite e prosseguiu:

— Eu me referia a outra coisa, madame. Segundo comentam por aí, Scoto mantém no palácio hóspedes misteriosos que ninguém viu, exceto alguns guardas.

Brunhilde dirigiu-lhe um sorriso cúmplice.

— Eu os vi — confidenciou. Não costumava revelar os segredos de Michael, mas sentia-se dominada pelo desejo de vingança.

Os olhos do matemático brilharam.

— Então é verdade!

— E sei também onde os escondeu — ela completou.

— Poderia me dar essa informação, senhora? — A voz de Fibonacci se adoçou num murmúrio. — Eu lhe ficaria imensamente grato.

301

— Imensamente... Quanto?

— Quanto for de seu agrado.

— Pois bem. — Brunhilde apertou-lhe o braço com mais entusiasmo. — Eu estava pensando num vestido novo...

42

gnazio desviou o olhar para a janela, atraído por um bando de aves de rapina que voavam entre as cristas do monte. Acompanhou o velejar daquelas asas majestosas contra o céu que escurecia e voltou novamente a atenção para os peões de marfim dispostos à sua frente. Scoto havia se inclinado para o lado oposto do tabuleiro para movimentar uma peça. A jogada era para intimidar, não tinha intenções ofensivas. O mercador estremeceu. O astrólogo dava a impressão de se importar mais com o xadrez do que com vidas humanas. Parecia querer conservar todas as peças do tabuleiro, as suas e as alheias, como se não almejasse a vitória, mas sim o equilíbrio perfeito.

Scoto concluiu o movimento e observou a expressão do adversário.

— Você estava certo — disse de repente. — Konrad von Marburg é um inimigo terrível.

— Por que não manda matá-lo? — sugeriu o mercador, comendo o peão que o astrólogo havia movimentado.

Scoto fez uma careta de contrariedade.

— Não é o tipo de homem que se possa matar sem temer consequências — explicou, analisando o tabuleiro em busca de uma saída. — Deve ter informado ao papa. Se ele desaparecer, outro ocupará seu lugar.

— O que pensa fazer, então?

— Acharei um pretexto para afastá-lo.

Ignazio deu a entender que concordava com sua estratégia.

— Foi por isso que me chamou ao seu escritório? — Tinha aceitado o convite com entusiasmo, acreditando poder valer-se da ocasião para surrupiar o livro sobre Nembrot, mas, ao entrar, só encontrou estantes vazias. Para evitar novas surpresas, o astrólogo devia ter escondido seus códices e pergaminhos no armário grande colocado contra a parede, longe de todos os olhares.

— Por isso e por outros motivos — respondeu Scoto, reforçando a defesa com um deslocamento horizontal da torre.

O mercador viu naquela jogada uma confirmação de suas suspeitas. A tendência a proteger-se era um aspecto dominante do caráter do adversário. Como já tinha percebido no primeiro encontro, essa atitude revelava a necessidade de disfarçar uma fraqueza interior — mas também o esforço para conter uma agressividade latente.

— Você conserva muitas peças — observou Ignazio.

— Elas devem ser sacrificadas no momento oportuno.

O mercador pensou logo nas vítimas assassinadas pelo cavaleiro.

— E quais já sacrificou?

— Simples peões, como o que você acaba de comer.

Ignazio voltou a se concentrar no tabuleiro. Percebendo a ameaça da torre, deslocou seu rei para a esquerda.

— Deduzo então que não me considera uma peça pouco valiosa.

O astrólogo sorriu; um lampejo de excitação infantil. Devia ter vislumbrado algo de sedutor na disposição das peças.

— Você é uma daquelas peças que se deseja eliminar desde o começo, mas que é mais útil conservar no tabuleiro até o fim.

— Portanto, no momento, minha vida não corre risco.

— No momento, não — garantiu-lhe o astrólogo, sem apagar do rosto a expressão de contentamento sutil. — Decidi mantê-lo prisioneiro até esclarecer tudo. De resto, Von Marburg não sabe da sua presença no castelo. Ele acha que você ainda não chegou.

— Cedo ou tarde, ele descobrirá seu engano.

Scoto deu de ombros.

— Não me será útil por muito tempo. — E, com um movimento imprevisto, lançou seu cavalo contra a rainha inimiga. Um ato de puro aniquilamento, calculado com grande antecipação e levado a cabo com imenso prazer. Ignazio se retraiu, percebendo a criança exultante escondida dentro do homem sentado à sua frente.

— Está surpreso? — perguntou o astrólogo, tirando a rainha rival do tabuleiro. — Neste jogo, a potência viril reside na única figura feminina.

Ignazio fitou-o com sarcasmo. — Pois bem, agora que emasculou o meu rei, que pretende fazer?

— Contemporizar — respondeu Scoto, ainda incerto quanto ao jogo. — Quando eu estiver seguro de não correr mais perigo, você será levado para outro lugar no maior segredo, em custódia dos meus homens. Farei com que sua captura pareça um fato casual, ocorrido bem longe daqui. Depois informarei Konrad von Marburg, que cairá sobre você como um falcão sobre a presa. Ele não voltará mais a este castelo.

O mercador refreou um sobressalto.

— E onde Konrad me "descobrirá"?

— Na sede de uma autoridade competente para julgá-lo, a fim de acelerar o processo. Talvez em Monreale ou na própria Palermo. Ainda não decidi.

— Admirável — disse Ignazio, rilhando os dentes. O tempo urgia e ele ainda não tinha conseguido descobrir o segredo de Nembrot nem o motivo pelo qual o astrólogo temia tanto a presença do padre alemão. Mas nem tudo estava perdido, disse para si mesmo; e agarrou-se à única esperança que lhe restava:

— Contudo, você está contando com alguns riscos — ponderou —, do contrário, não me colocaria a par de seus planos.

*   *   *

Leonardo Fibonacci achou muito interessante o relato de Brunhilde. Não estava curioso por saber quem eram os dois homens acolhidos por Scoto em algum recinto do andar térreo nem por qual motivo ele havia ocultado a presença deles da corte inteira. O que o intrigava era a mentira. De que modo reagiria o eminente hóspede alemão, o padre chegado da Mogúncia, ao tomar conhecimento daquele fato? Pisano astuto que era, Leonardo não demorou a juntar as peças do quebra-cabeça. Ignorava o que Scoto planejava, mas adivinhava a gravidade da situação e supunha que talvez valesse a pena pôr a perder seu projeto. Sem dúvida, caso fosse informado da presença dos dois homens que procurava, Konrad von Marburg criaria o maior tumulto. Então o caso chegaria aos ouvidos do imperador. Frederico II não estava disposto a tolerar mais motivos de conflito com a Igreja e, quem sabe, resolveria livrar-se daquele escocês carrancudo para dar lugar a alguém mais merecedor.

Todavia Leonardo precisava agir com discrição. Não conviria apresentar-se em pessoa a Von Marburg para lhe contar a verdade. Tinha de pensar em outra coisa. Dirigiu-se, pois, ao andar superior do palácio, onde residiam os hóspedes importantes, a fim de esperar o criado que serviria a ceia ao padre alemão.

Não tardou e ele apareceu. Era um rapaz de cerca de 15 anos, um pouco lerdo e receoso até da própria sombra. Ia levar ao hóspede um prato de *lasagum*.* Leonardo deteve-o e, com ar confidencial, colocou um bilhetinho na bandeja. O jovem a princípio não compreendeu, mas, depois de uma breve troca de olhares, concordou em esconder o bilhete sob o prato.

O matemático dispensou-o com um gesto de recomendação e um sorriso de cumplicidade. Em seguida, recolheu-se satisfeito a seus aposentos.

---

* Macarrão fino servido, na época, na própria água do cozimento.

No meio da partida, Ignazio continuava em desvantagem, mas o sacrifício da rainha não tinha sido em vão. Finalmente começava a entender o pensamento do adversário, que após uma longa defesa revelava certa predileção pelo cavalo. O mercador achava os movimentos dessa peça furtivos e deselegantes, um saltitar abstrato segundo trajetórias angulares. E o astrólogo raciocinava exatamente daquela maneira, mostrando um talento indiscutível para contornar situações recorrendo a movimentos imprevistos. Ignazio havia sempre preferido os contra-ataques oblíquos dos bispos, que naquele esplêndido tabuleiro não tinham o aspecto clássico de elefantes, mas a forma esguia de prelados temíveis. Prelados bem diferentes de Konrad von Marburg, que era mais parecido com o porte pesado e inexorável das torres.

— Saiba, mestre Ignazio — sorriu Scoto, contente por estar vencendo —, que nasci sob a influência de Mercúrio e, como tal, sou versado na arte e no estudo dos astros, mas também perseguido pela ansiedade e pelo infortúnio. Isso me obriga a agir com cautela e a ser previdente.

— Todavia — objetou o mercador — você não pode prever os movimentos de Von Marburg.

— E você insiste em me intimidar para que eu o poupe.

— Só lhe disse a verdade. Konrad acha que sou o *magister* de Toledo, o Homo Niger responsável por uma série de homicídios e implicado num culto luciferiano...

— O problema é seu — cortou o astrólogo. — Ele sabe sobre o manto zodiacal?

— Não excluo essa hipótese.

— E sobre as tatuagens? Descobriu seu significado?

— Não sei dizer.

Scoto pousou as mãos nos braços da poltrona, indeciso quanto a se levantar ou não.

— Creio que você me intimidou por nada — disse de repente.
— Com sua encenação, conseguiu me desmascarar, não o nego, mas acredito que eu não esteja correndo algum risco. Suspeito que Von Marburg o seguiu até aqui porque não conseguiu desvendar os segredos do manto e das tatuagens... Nem você.

Ignazio tomou coragem e respondeu:

— Ao contrário, o segredo do Caçador Etíope me foi revelado.

Scoto se levantou de um salto, lançando-lhe um olhar fulminante.
— Pela testemunha que mencionou, suponho...

— Por minhas próprias conjecturas.

— Nunca conseguiria isso sozinho! — exclamou o astrólogo, caminhando à sua volta. — Mas quem poderia tê-lo ajudado? Quem... se estão todos mortos...? — murmurou baixinho, olhando para todos os lados como se temesse uma armadilha. Depois, parou atrás do mercador. — Foi *ela*, não? — sibilou, agarrando-se ao espaldar da cadeira. — Foi *ela* que o encaminhou até aqui!

Sim, gostaria de responder o mercador. Remigarda de Aquanegra, a mulher que você amava, a mãe da sua filha. A mulher abandonada, que vive no ódio e no sacrifício. Gostaria de lançar-lhe na cara toda a verdade, palavra por palavra, mas conservou-se impassível.

— Não sei o que quer dizer, senhor.

— Só *ela* teria a coragem de falar! — prosseguiu o astrólogo, quase fora de si.

Ignazio ia replicar quando se ouviram passos no recinto contíguo. Um soldado apareceu à porta.

— *Magister*, o padre alemão insiste em vê-lo.

— Pode-se saber o que deseja a estas horas? — vociferou Scoto. — Já é noite.

— Ele está furioso, *magister*. Alega ter sido enganado e exige explicações.

— Onde ele está neste momento?

— Na capela do palácio.

O astrólogo ficou parado, refletindo, e depois apontou para o mercador.

— Alguém vigie este homem — avisou, dirigindo-se para a saída. — Vou falar com aquele maldito padre.

Ignazio compreendeu que a rede de mentiras tecida por Scoto começava a se romper. E aquilo, para ele, talvez significasse o fim.

43

"Vá a Palermo e embarque para a Espanha" tinham sido as últimas palavras de seu pai.

Uberto chegou à cidade quando a luz do crepúsculo caía sobre as ondas, sempre cauteloso e farejando o ar como uma ave de rapina. O cavalariço do castelo lhe havia dado uma velha égua impossível de controlar e com a qual jamais conseguiria fugir de uma emboscada. Essa certeza aumentava sua apreensão. Scoto não era homem que se desprezasse. Uberto não estranharia se ele tivesse enviado alguém pra matá-lo, talvez mesmo o cavaleiro da lança com projéteis inflamados. Por isso tinha resolvido ir pelos campos, afastando-se das estradas principais, o que implicava alongar o caminho e esgotar a pobre égua ou até matá-la de cansaço.

Somente quando entrou na cidade é que começou a se sentir seguro, mas não se dirigiu ao porto. Apesar da promessa feita ao pai, pressentia que aquele era o local mais indicado para ter encontros desagradáveis. Rondava por ali uma multidão de homens dispostos a ganhar alguma coisa a golpes de punhal. Mas não era só isso. Uberto não se sentia com coragem para abandonar Ignazio embarcando no primeiro barco com destino à Espanha. Contudo, devia haver uma maneira qualquer de ajudá-lo.

O melhor a fazer seria passar a noite num lugar tranquilo, pensou. Precisava dormir, recuperar as forças. Vendeu então a égua e, com o dinheiro, pagou uma cama de hospedaria.

O sono, porém, não lhe deu repouso. Só o que lhe proporcionou foi um desfile de pesadelos nos quais seu pai era queimado na fogueira ou sua mulher e filha lhe estendiam as mãos em desespero. Essas imagens se encaixavam em cenários angustiantes, onde todas as pessoas a quem amava se viam envoltas em chamas vomitadas por uma criatura de proporções aterradoras, mas com os traços de Konrad von Marburg.

44

—Espero-o em seu escritório? — tinha arriscado a perguntar o mercador.

— De modo algum — havia respondido Scoto.

Depois que o astrólogo correu para encontrar-se com Von Marburg, um guarda pegou Ignazio pelo braço a fim de reconduzi-lo a seu alojamento. Pouco depois, estava de novo trancafiado no cubículo, dentro de uma situação cada vez mais dramática. Embora não tivesse plena certeza, só podia explicar aquela convocação a uma hora tão tardia de um modo: Konrad von Marburg sabia da sua presença no palácio! Rápido demais, pensou. O livro de Nembrot estava sem dúvida no escritório, e só tendo-o em mãos o mercador poderia elaborar uma defesa digna de crédito ou pelo menos insinuar a dúvida na mente do alemão. Mas sem aquele livro a única prova de que dispunha era a esfera de cerâmica encontrada por Uberto. Prova das mais insignificantes! A tal engenhoca não bastaria para livrá-lo. Todavia, pensou de repente, talvez fosse de alguma utilidade.

A ideia era tão insensata que Ignazio quase se arrependeu de havê-la concebido. No fundo, refletiu, não tinha nada a perder. Na melhor das hipóteses, se não tentasse a fuga, seria agarrado pelos esbirros de Von Marburg e conduzido perante um tribunal espiritual para depois morrer na fogueira.

Devia agir depressa.

Escutou à porta e, seguro de que ninguém o vigiava do lado de fora, tirou do esconderijo a esfera de cerâmica, introduziu sua ponta afilada na fechadura e aproximou-lhe o candeeiro. Hesitou por um instante, lembrando-se do efeito devastador da explosão. Se não fosse cauteloso, correria o risco de sucumbir na tentativa. Pousou então o candeeiro e arrastou a mesa, posicionando-a entre si e a porta à maneira de barricada; em seguida, envolveu-se nas cobertas para se proteger de eventuais estilhaços incandescentes. Assim resguardado, pegou de novo o candeeiro e encostou a chama na esfera.

Por alguns segundos, não aconteceu nada e Ignazio se sentiu um perfeito idiota. Mas logo percebeu uma centelha e finalmente a irrupção de uma chama vermelha. Depois, um assobio agudo e uma emissão sulfurosa. O mercador se agachou atrás da mesa, esperando que o ruído não atraísse ninguém. Porém aquilo não foi nada perto do que se seguiu. Um estrondo violento abalou o ar, invadindo cada canto do cubículo. Ignazio permaneceu imóvel, por precaução, e depois ergueu os olhos, inalando a atmosfera seca e fétida. Tinha feito bem em abrigar-se! A parte da mesa voltada para a porta estava pegando fogo. As chamas, depois de subirem pelo batente, agora chegavam às traves do teto. Da fechadura não havia mais sinal.

Não hesitou mais. Livrou-se das cobertas, saltou por cima da mesa e escancarou a porta com um pontapé. Nenhum guarda à vista. Antes de correr para o escritório de Scoto, voltou ao cubículo e apanhou o candeeiro. Em seguida, enveredou pelos corredores do palácio, tomados pelo escuro da noite.

Vozes alarmadas se aproximavam cada vez mais.

Embora já fosse noite, o ar estava quente e parado. Lá fora não soprava sequer uma brisa e a terra continuava a transpirar o calor do dia. Konrad von Marburg detestava aquele clima já tórrido e sufocante no início da primavera. O calor induzia os homens à indolência e as mulheres à impudicícia. Melhor o frio, que conservava a mente e o corpo num estado de gélido decoro. E, como se aquilo não bastasse, achava-se numa igreja cristã deturpada pela arquitetura árabe. Todo o Castelo da Favara, de resto, fora edificado segundo os cânones muçulmanos. Os servos lhe haviam revelado que aquele lugar, antes de tornar-se fortaleza normanda, havia pertencido ao emir Jafar, não tendo sofrido desde então nenhuma grande reforma. A ideia de que entre aqueles muros existissem ainda uma sauna e um recinto para a exibição de dançarinas enchia-o de desgosto, a ponto de desejar ver o edifício inteiro demolido até a última pedra.

Uma figura alta e magra entrou na capela com passos rápidos, quase petulantes. Konrad se curvou numa mesura respeitosa, mas, ao ver que não era correspondido, endireitou-se em toda a sua estatura, encarando o recém-chegado.

— Você mentiu para mim, *magister.*

Scoto mal conteve um palavrão.

— Não tive escolha — declarou em tom glacial.

— O que o faz defender aquele cão herege?

— Ele ameaçou lançar-me um *maleficium* caso eu revelasse sua presença.

Von Marburg fitou-o incrédulo.

— E isso bastou para amedrontá-lo?

O astrólogo não respondeu. Limitou-se a devolver-lhe o olhar hostil e esquivo. Pegue o que quiser e suma daqui, parecia querer dizer.

Konrad suavizou a expressão do rosto. Gostava de brincar com o interlocutor antes de agarrá-lo pelo pescoço. Era uma maneira eficaz de fazer principalmente um mentiroso baixar a guarda.

— Já ouvi falar de você, *astrologus*, e nem sempre em tom lisonjeiro — insinuou, comprazendo-se ao ver os lábios do homem se contraindo num esgar mortificado. — Alguns até dizem que você é defensor das ideias de Averróis. Ideias contrárias à doutrina da Igreja.

— Se alguma vez divulguei alguns aspectos do averroísmo — defendeu-se Scoto —, não eram decerto os que contrariavam a fé cristã.

— Isso vale também para aquela singular teoria sobre a transmigração das almas, que em seu entender deslocam-se através do fogo e da água de um corpo para outro?

— Está bem informado, pelo que vejo. — O astrólogo não se abalou. — Pois saiba que, após examinar seus aspectos mais notórios, eu a rejeitei como blasfêmia.

Konrad deixou entrever uma leve irritação ao perceber que seu interlocutor de vez em quando olhava para o teto, como se temesse vê-lo desabar. No entanto a estrutura parecia bastante sólida.

Scoto prosseguiu, em tom suave:

— Reverendo padre, muitas vezes me atribuem teorias de pensadores que traduzi, mas das quais discordo. — Baixou o olhar e, depois, aparentemente exasperado pela obrigação de assumir uma atitude subalterna, levantou a voz com altivez. — De qualquer modo, suas insinuações não me atingem. O papa me estima, como seu antecessor me estimava, e sou amigo de inúmeros prelados. Não há motivo para que me justifique diante de você.

Konrad sabia do enorme prestígio de Michele Scoto nas esferas do poder, tanto espirituais quanto temporais, e dos laços de estima, se não de simpatia, que o haviam ligado a Honório III e Gregório IX, os quais lhe concederam diversos benefícios eclesiásticos, como, por exemplo, uma propriedade na Ânglia. A esses benefícios, dizia-se, Scoto havia renunciado para acompanhar Frederico II em troca de autoridade e riquezas ainda maiores. Mesmo assim, Konrad tinha certeza de que poderia dobrá-lo.

— Perdoe-me o zelo — insistiu —, mas minhas últimas investigações me levam a suspeitar de todos os moradores deste castelo.

— Últimas investigações? A que se refere?

— Ao depoimento do judeu que veio em meu séquito.

Scoto dirigiu-lhe um olhar desdenhoso.

— Não me diga que acredita nas palavras de um judeu.

— Judeu ou não, é sempre uma testemunha.

— Não pensou que ele pode estar de conluio com o homem que você persegue?

— É uma possibilidade, reconheço. Mas não devo ignorar a hipótese de que esteja dizendo a verdade.

— A ponto de pôr em dúvida minha palavra e a boa-fé da *curia regis*?

Scoto se fazia de indignado, mas continuava na defensiva. Após centenas de interrogatórios, Konrad tinha aprendido a detectar o medo por trás da máscara dos mais hábeis mentirosos.

— Toda história, mesmo falsa, tem um fundo de verdade — disse, quase com desgosto. — Portanto, *magister*, você desculpará meu excesso de zelo se eu resolver prolongar minha permanência neste castelo para interrogar, um por um, seus moradores. Poderei até aguardar o retorno de Frederico II, o qual, contra todas as expectativas, você me garantiu que chegará logo.

— Acredite-me, padre, não haverá necessidade disso. — O astrólogo, muito pálido, esboçou uma reverência. — Vou conduzi-lo ao homem que procura.

Konrad, satisfeito, empertigou-se.

— Exijo que faça isso agora.

Ignazio entrou no escritório do astrólogo com tanta pressa que quase tropeçou. Antes de cruzar a soleira, olhou para trás pela última vez, a fim de se certificar de que não estava sendo seguido. A explosão da esfera de cerâmica e a propagação das chamas sem dúvida haviam alertado os guardas. Mas o que ele pretendia era justamente ser surpreendido ao encontrar a prova capaz de incriminar Scoto. O efeito cênico seria fundamental para o sucesso do plano. Sabia muito bem que um livro não bastaria para esclarecer os fatos. Precisaria do astrólogo. Ignazio o conhecia suficientemente para esperar atraí-lo juntamente com os guardas e induzir nele uma reação emotiva que o levasse a confessar. E se Konrad von Marburg, que naquele momento estava em sua companhia, o seguisse até ali...

Cada vez mais tenso, movimentou o candeeiro no escuro em busca do armário onde imaginava que Scoto guardava os livros. Avistou-o, aproximou-se, abriu-o e... conteve uma imprecação. Estava vazio!

Caiu de joelhos, invadido por uma fraqueza súbita. Como era possível? Acabara de descobrir que os livros não estavam mais ali. Sem dúvida, o astrólogo os havia escondido em algum lugar para ocultar todas as provas do culto astral de Nembrot. E, embora o maldito armário fosse um esconderijo óbvio, *forçosamente* deveria ter posto os livros nele! O escritório não oferecia alternativa. Contudo, não havia nada nas prateleiras! Ignazio estava em maus lençóis. Não vislumbrava outra via de escape. Todas as esperanças morriam naquele lugar. Os guardas cairiam sobre ele de um momento para outro. Depois, chegaria Von Marburg. E então não lhe restaria outra coisa a não ser o desespero e o castigo.

Uma repentina variação da luz bloqueou o grito que se avolumava em sua garganta. Ergueu os olhos e percebeu que um leve sopro agitava a chama do candeeiro. A princípio não deu importância ao fato, mas a insistência do fenômeno chamou sua atenção o bastante para convencê-lo a descobrir a origem daquela corrente de ar. Não vinha certamente da janela, muito distante, nem da porta. Embora improvável, só restava uma explicação. Tomara que eu não esteja enganado, pensou; e, aproximando o candeeiro do armário, moveu-o na vertical e na horizontal até ver o tremor da chama se acentuar. Sim, tinha razão. Passou o dedo pela tábua e encontrou uma fresta no ponto em que o móvel se apoiava na parede. Tomado de curiosidade, levantou-se e bateu no fundo do armário até ver confirmadas suas suspeitas.

Do outro lado havia um espaço vazio.

Animado pela descoberta, continuou a investigação e notou que as três prateleiras do móvel estavam fixadas por um jogo de encaixes que as fazia deslizar para cima. Ao erguê-las, ouviu o ruído de um mecanismo oculto e viu o fundo do armário oscilar de leve, como se já não tivesse mais apoio. Empurrou-o, fazendo-o girar como o batente de uma porta.

Diante de seus olhos, abria-se uma passagem para baixo. De novo nas trevas, pensou.

E, sem hesitar, enfiou-se pelo buraco escuro.

Adelísia acordou gritando.

Enquanto Benvenuto Grafeo verificava seu estado, Suger continuou com a orelha encostada à porta para descobrir o que estava acontecendo fora do quarto. Tinha sido atirado naquele cubículo com o velho e a menina logo depois do encontro de Von Marburg com Scoto. E agora, pondo de lado planos de fuga, aguardava impotente o desfecho do caso. A todo instante, porém, ardia de curiosidade ao ouvir os gritos de alarme e os passos apressados que ressoavam pelos corredores do palácio.

— Não é nada grave, minha pequena — disse Grafeo. — Seus olhos estão bem.

Mas Adelísia continuava a agitar-se. — De novo aquele sonho! — gemia. — O sonho com os cavalos!

— Mande essa menina ficar quieta — exigiu Suger, interessado apenas no que acontecia do outro lado da porta. De repente, ouviu passos apressados que se aproximavam e mal teve tempo de recuar para não ser atingido pelo batente.

Entrou um dos esbirros de Von Marburg.

— Temos de sair — disse ofegante. — Houve um incêndio nos andares inferiores.

O médico interrogou-o com o olhar.

— Parece que um dos quartos pegou fogo — explicou o homem, pedindo que os três o seguissem.

Um instante depois, estavam se acotovelando em meio a dezenas de pessoas nos corredores invadidos por uma cortina cada vez mais espessa de fumaça. Pela maior parte eram serviçais, mas entre eles havia também soldados e gente de elevada condição. Dirigiram-se em massa para os fundos do castelo, contíguos à margem do lago.

45

Uma vez no interior do túnel, Ignazio já não podia voltar. A porta tinha se fechado com um ruído seco às suas costas. Devia haver algum mecanismo para abri-la, mas no momento isso era o que menos lhe importava.

A luz do candeeiro revelou a presença de uma galeria, talvez escavada já no tempo dos normandos para garantir a fuga do palácio. Ignazio avançou com cautela para não cair em algum alçapão. Estava prestes a descobrir os segredos de um homem cuja argúcia chegava a causar espanto. Era desconcertante: contudo, por mais que se esforçasse, não conseguia considerá-lo um inimigo. Via em Scoto uma espécie de confrade que observava o mundo por sua própria perspectiva. Um confrade que não hesitaria em matá-lo para salvar a pele. Exatamente como ele próprio.

De repente, avistou a saída e, apressando-se naquela direção, emergiu de uma cavidade na rocha, oculta por uma cortina de hera. Em volta, sob as estrelas, só o mato. Olhou em torno. Devia estar sobre o monte Grifone ou uma elevação vizinha, mas não conseguia distinguir as luzes do Castelo da Favara nem de outros edifícios. Continuou então por um caminho tortuoso em aclive, sem saber aonde ele o conduziria.

Dera poucos passos quando ouviu rumor entre as árvores. Temendo que alguém estivesse em seu encalço, apagou o candeeiro e escondeu-se atrás de um tronco, com o olhar fixo numa luz cada vez mais próxima. Logo distinguiu um cavaleiro com uma tocha. A forma do elmo e a peliça sobre a couraça tinham muito de familiar, mas foi a estranha lança presa à sela que lhe tirou todas as dúvidas. Deixou-o passar e saiu do esconderijo perplexo. Aquele cavaleiro era o assassino de Gebeard von Querfurt, de Alfano Imperato e de todos os que haviam tomado conhecimento do culto de Nembrot. Não teria hesitado em matá-lo também, se o surpreendesse ali.

No entanto o medo não era a única emoção que lhe ardia no peito. Em certo sentido, estava eufórico. A presença do cavaleiro provava, incontestavelmente, o envolvimento de Scoto naquele caso escabroso.

Cujo fim se aproximava.

Continuou caminhando até chegar diante de uma caverna, mas logo percebeu que aquela não era a entrada de uma cavidade natural, mas sim uma abertura em arco talhada na pedra. Ao fundo, percebeu um débil clarão. Entrou cautelosamente, consciente de já não poder usar os esconderijos oferecidos pela vegetação e pela noite. Estava violando um espaço fechado, talvez vigiado. A luz provinha de um ambiente em forma de cúpula, inteiramente esculpido na rocha e com duas tochas fixadas na parede. O teto era decorado com uma série de pictogramas que representavam o firmamento. Muito antigos, calculou o mercador, e provavelmente desenhados por artistas orientais.

Sua atenção foi logo atraída por estantes repletas de livros que cobriam as paredes e por algo colocado no centro do ambiente. Avançou naquela direção, já esquecido do perigo. Sob a cúpula viam-se uma escrivaninha e um tripé da altura de um homem, em cima do qual pousava um fino cilindro metálico.

Sobre a escrivaninha, apenas um livro. Ignazio abriu-o na primeira página e, num entusiasmo crescente, reconheceu o manuscrito que ele tinha visto no escritório de Scoto. O texto começava com uma fórmula obscura: *Mercurii Trismegisti liber de motu spherae coeli inclinati, qui intitulatur Nembrot ad Ioanton.* Se bem entendera, aquelas palavras associavam Nembrot a Mercúrio Trismegisto, o deus Hermes, e prometiam divulgar seus ensinamentos sobre o movimento das esferas celestes transmitidos a um discípulo chamado Ioanton.

À margem do texto, via-se uma anotação em caracteres minúsculos, talvez feita pelo próprio Scoto:

Como ensina Abu Masar, o grande Nembrot chegou à Pérsia após a dispersão das 72 línguas e aprendeu com os espíritos o culto do fogo. Segundo alguns, porém, foi seu bisneto, também chamado Nembrot, quem escreveu este livro, no qual se reúnem os segredos da astronomia.

Em seguida à anotação vinha o desenho de um homem ocupado em perscrutar os céus com o auxílio de um instrumento semelhante ao que estava perto da escrivaninha.

Atiçado pela curiosidade, Ignazio pôs-se a estudar aquele objeto que, segundo notou, estava apontado para uma fenda na cúpula, além da qual podia-se ver um trecho do céu estrelado. Postou-se em uma das extremidades do cilindro, imitando o homem do desenho, e não conteve uma exclamação de espanto. Era como se a acuidade de sua vista houvesse aumentado num grau inverossímil, permitindo-lhe admirar um firmamento desmesuradamente engrandecido. Num primeiro momento, ocorreu-lhe estender o braço para tocar os astros, persuadido pela ilusão de que estivessem muito perto, mas depois se acostumou àquele notável aguçamento dos sentidos e ficou observando, encantado como uma criança. Vidros encastoados dentro do cilindro, pensou, é que deveriam favorecer semelhante visão; contudo, não descartou a hipótese de estar sendo vítima de uma miragem. O deslumbramento foi tamanho que quase se transformou em comoção.

— É impossível desligar-se de semelhante espetáculo, não acha?

Ignazio virou-se rapidamente e viu Michele Scoto de pé na entrada. Parecia amistoso, nem um pouco hostil.

— É esplêndido — admitiu.

— Um labirinto de luzes perpétuas — o astrólogo apontou a abóbada estrelada — nos confins do *mundus*.* Lá onde está escrito o nosso destino.

— O destino do homem não depende dos astros — objetou o mercador —, mas de suas escolhas. E estas são determinadas pela sabedoria.

— Concordo, senhor. Mas observe que existem duas formas de sabedoria, *mathesis* e *manteia*, conhecimento e divinação. Eu só domino a segunda, a única verdadeiramente capaz de nos tornar donos do nosso destino. E não temo, é claro, as invectivas da Igreja! O pró-

---

* A palavra latina *mundus* significa aqui o universo inteiro e, mais propriamente, o conjunto dos corpos celestes.

prio Deus criou os astros como sinais dos eventos futuros; portanto a ciência que os interroga não é apenas lícita, mas também a mais nobre de todas. Mais nobre até que a teologia.

Ignazio colheu naquelas palavras os princípios de uma arte que ultrapassava em muito a astrologia supersticiosa desdenhada por Isidoro de Sevilha e Hugo de São Vítor. Scoto aludia a uma disciplina apta a ampliar o desígnio divino para além das relações de causa e efeito. O pulo inesperado do cavalo, pensou, olhando em torno.

— Suponho que este seja o seu verdadeiro escritório.

— Sim, é. — O astrólogo sorriu com orgulho. — Você violou o recanto para onde me retiro a fim de meditar e observar os astros, longe das distrações do palácio. Remonta à época do emir Jafar, mas só eu o conheço. — O sorriso se transformou numa expressão severa. — Após saber de sua fuga, examinei meu *armarium* e descobri facilmente aonde você tinha ido.

O mercador franziu o cenho.

— Trouxe também Von Marburg?

— Sem brincadeiras, senhor. Foi difícil me livrar daquele homem. E não pense ter obtido alguma vantagem. Amanhã, antes da aurora, o buraco atrás do armário estará murado. Você não poderá provar a ninguém a existência deste lugar nem, fique certo, chegar até aqui por outro caminho.

— Então não poderei escapar do alemão?

— Poderá tentar a fuga, se quiser. Mas não o aconselho a fazer isso. Parecerá ainda mais culpado aos olhos dele, sem falar que, cedo ou tarde, será preso.

— Concordo, estou em xeque — suspirou Ignazio, fingindo-se conformado. Não contestava a opinião de Scoto, mas tinha certeza de que a partida ainda não havia terminado. Por outro lado, tanto melhor que o inimigo o considerasse vencido. Assim, não lhe negaria respostas.

— Por que o culto de Nembrot? — perguntou, mostrando o manuscrito sobre a escrivaninha. — O que vem a ser tudo isso?

O astrólogo pareceu espantado.

— Então você sabe...

— O bastante para desvendar o enigma das tatuagens — revelou o mercador, dando um passo à frente. — Descobri o nome do antigo gigante graças a um código, o *Lingua Ignota*, de Ildegarda de Bingen, como também o nome do Caçador Etíope bordado no manto. E mais o que encontrei em seu escritório, naquele livro...

— Realmente espantoso. — O astrólogo bateu palmas, em tom de escárnio. — Todavia, se houvesse lido o *Liber Nembrot* posto sobre a escrivaninha, saberia que o Caçador não era etíope, mas caldeu. Também não era gigante. Diz-se isso por causa de um engano de Santo Agostinho, que traduziu os textos sagrados usando a palavra errada, *gigans*, gigante, em vez de *potens*, poderoso.

— Ao que parece, você se aprofundou nesse assunto.

— Para resgatar uma grande figura — explicou Scoto. — Nembrot foi um homem poderoso no reino da Babilônia, um soberano de verdade, e o primeiro a praticar a magia com base no conhecimento das estrelas.

Ignazio estava cada vez mais curioso.

— Um idólatra.

— O pai de todos os idólatras.

— É essa a doutrina que você escondeu de Konrad von Marburg?

O astrólogo sacudiu as mãos com desprezo.

— Se aquele alemão tomasse conhecimento dela, citaria prontamente os *Commentarii in Genesim* de Rabano Mauro, nos quais Nembrot é equiparado ao diabo por sua loucura em querer penetrar os segredos do céu... Isso lhe bastaria para enxovalhar minha reputação! O que não é nada perto do que faria se descobrisse a verdade sobre a *Tríade*.

Ignazio viu-o baixar os olhos e, de novo, ficou surpreso. Não havia se dado conta de estar no centro de um círculo traçado no pavimento, entre um alfa e um ômega. Movido por uma intuição, virou-se e distinguiu no escuro três cadeiras voltadas para a escrivaninha.

— A Tríade... — repetiu, sem saber do que se tratava. Desvendar aquele mistério não o ajudaria a livrar-se das acusações, mas explicaria o motivo de tanta gente ter sido morta.

— Talvez lhe escape um detalhe — disse Scoto, como se quisesse encorajá-lo. — Os círculos mágicos são sempre traçados perto de uma janela ou de uma abertura que permita perscrutar o firmamento.

O mercador refletiu sobre aquelas palavras e, erguendo os olhos para a fenda na cúpula, pediu licença e se aproximou de novo do cilindro metálico apontado para o céu. Foi então que a notou: a figura resplandecente e majestosa do caçador gigante. Sentiu-se idiota, pois o tempo todo a tivera diante dos olhos.

— Certo! — exclamou, lembrando-se dos preceitos dos sábios orientais. — Nembrot é um dos nomes da constelação de Órion. — Desviou o olhar do firmamento, perdido num labirinto de pensamentos. — Contudo, não sei de nenhuma tríade divina.

— Porque ela foi venerada em tempos muito remotos pelos babilônios. — Scoto deixou transparecer uma vez mais sua satisfação. Não eram por certo frequentes as ocasiões em que podia dialogar com homens à altura de seu intelecto e exibir sua sabedoria. — Nembrot encabeçava a tríade, representado com o símbolo do peixe ou da serpente. A segunda entidade, porém, era mulher.

Ignazio lembrou-se de repente da conversa que havia tido com Uberto enquanto navegavam para a Sicília.

— Refere-se por acaso a Semíramis?

Scoto concordou com um gesto de cabeça. — Ela mesma, a rainha representada pela pomba.

O mercador, a essa altura, já se sentia capaz de juntar as peças do mosaico. Embora conhecesse a história de Nembrot e Semíramis, até então tinha se deixado confundir por uma sucessão caótica de eventos. — O peixe e a pomba deixados junto aos círculos mágicos... Os símbolos nas tatuagens... Sim, são sempre dois... — murmurou para si mesmo. — Portanto a imagem da mulher com a criança não representa a Madona, mas Semíramis. E a criança é...

— O terceiro membro da Tríade — confirmou o astrólogo. — Tamuz, filho de Nembrot e Semíramis. Seu símbolo é a tocha.

— Ou a vela posta ao lado dos círculos mágicos, juntamente com a pomba e o peixe. — Ignazio já não tinha dúvidas, todos os elementos bizarros daquele caso faziam sentido nas palavras de Michele Scoto. No entanto, ainda lhe escapava o significado geral.

— Não nego estar fascinado pela figura de Nembrot — admitiu. — Mas para que dar fé a um culto tão antigo?

— No que me diz respeito, trata-se de uma homenagem — explicou o astrólogo, com uma ponta de exaltação. — E não apenas a Nembrot, o primeiro rebelde a interrogar os céus. Sou devoto principalmente do Caçador cósmico, símbolo do *impetus* que força os corpos celestes a descrever suas órbitas como outros tantos cavaleiros de fogo. Os vínculos do Caçador com a pomba e a tocha perduram desde a noite dos tempos, influenciando as religiões e excitando a mente dos sábios. Símbolos eternos, entende, senhor? Símbolos da ciência mais antiga, a única em que verdadeiramente confio. Até agora, a devoção a Nembrot, Semíramis e Tamuz sempre me protegeu.

— Não se pode dizer o mesmo de seus discípulos — atalhou Ignazio.

Scoto empalideceu. — Aqueles infelizes... — disse, virando-se para o outro lado.

Entretanto Ignazio não lhe daria trégua. As informações que acabava de receber eram insuficientes para inocentá-lo. Porém, se descobrisse a causa daquelas mortes, então, sim, talvez conseguisse escapar.

— É remorso o que percebo em seus olhos? — continuou, agarrando-o por um braço.

— O que quer dizer?

— Sei sobre seu cavaleiro! O misterioso assassino que mata com projéteis incendiários.

O astrólogo se desvencilhou, com o rosto transtornado.

— Então sabe também a respeito disso! — Pôs-se a andar em volta do mercador até controlar a raiva e em seguida se apoiou na escrivaninha. Estava exausto e consternado.

— Eu devia ter mandado matá-lo.

Ignazio compreendeu que finalmente havia abalado os sentimentos daquele homem.

— Por causa de um manto?

— O manto é a *chave*, compreende? — disse Scoto, como que para se desculpar. — Suas figuras celebram o mistério da Tríade, uma liturgia de símbolos astrais que gira em torno do Caçador. — Pousou a mão no livro, acariciando suas páginas. Já não olhava para o mercador, falava para si mesmo. — Num primeiro momento, o manto deveria ser um presente. Pensei iniciar Frederico II no culto de Nembrot quando cheguei a Bolonha e, com esse objetivo, pedi aos meus discípulos que o confeccionassem. Mas, inesperadamente, o imperador me ordenou que partisse com ele e, com o tempo, me esqueci do manto até receber uma mensagem da Renânia. Um de meus antigos discípulos me informava, orgulhoso, que o trabalho estava terminado e que logo eu o receberia... Porém tudo mudou. Frederico II entrou em conflito com o papa, atraindo sobre si a pecha de anticristo. Sua simpatia pela cultura árabe e pelos pactos que foram firmados no Oriente decerto não o colocava nas boas graças da Igreja. Imagine-

-se então se, por algum motivo, o associassem ao culto astrológico de Nembrot! Isso seria o seu fim e também o meu. Atualmente, por muito menos, os sábios acabam na fogueira.

— Por isso — concluiu Ignazio — você procurou seus discípulos e os fez matar um a um, a fim de afastar a ameaça que pairava sobre sua cabeça. Não bastaria destruir o manto e obrigá-los ao silêncio?

— Bastaria se não chegasse ao meu conhecimento que eles já estavam sendo investigados.

— Sabia então sobre Von Marburg?

— Pouca coisa escapa a um homem da minha envergadura. — O astrólogo esmurrou o tampo da escrivaninha. — Na época, porém, eu ignorava o nome daquele amaldiçoado! Assim, achei melhor cortar o mal pela raiz, eliminando todas as testemunhas.

Pela primeira vez, o mercador olhou-o com piedade.

— Indigno *magister*! Toda a sabedoria do mundo de nada lhe valeu se, para salvar a pele, você precisou matar seus próprios discípulos!

— E daí? — rebateu o astrólogo, irritado. — Você também devia ter morrido, e há muito tempo! Mas não agora. Não já, pelo menos. Acha mesmo que me enganou? Nada do que lhe revelei servirá para livrá-lo. Konrad von Marburg jamais dará crédito às suas palavras ou ficará convencido de que você é o homem a quem ele procura! Quer apenas carne para o fogo, e eu o ajudarei nisso. Xeque-mate, meu caro senhor.

De repente, de um salto, Ignazio empurrou o adversário, agarrou o *Liber Nembrot* e preparou-se para fugir. Ainda não era o fim, pensou. Mas, antes que pudesse fazê-lo, sentiu um deslocamento de ar às suas costas. Virou-se e viu um soldado saindo da entrada oculta pela hera. O que paralisou suas pernas não foi a imponência do homem, mas sim a arma prodigiosa que ele lhe apontava.

— Pare, Ulfus! — ordenou Scoto, decidido. — Este deve viver!

O soldado abaixou obedientemente a arma.

— Concluiu sua missão? — quis saber o astrólogo.

Ulfus assentiu.

— E *ela*?

Após um instante de hesitação, aquele homem enorme inclinou a cabeça.

— Não quis vir, senhor.

Ignazio entendeu logo do que estavam falando.

— E a menina? — deixou escapar, premido por um aperto no coração.

Michele Scoto voltou-se para ele incrédulo.

— Que menina?

Naquele exato momento Ulfus se adiantou de arma em punho. Ouviu-se um estrondo. O mercador e o astrólogo ficaram ofuscados por um clarão repentino. O projétil sibilou no ar, chamuscando-os com sua trilha incandescente, e atingiu um homem semioculto na entrada da gruta.

O infeliz caiu por terra, ferido no ombro.

Ignazio o reconheceu: era Galvano Pungilupo.

— Não deve sair vivo daqui! — ordenou Scoto.

Ulfus largou o cetro fumegante e partiu para o ataque de mãos nuas. Com um grito, o clavígero arrancou o projétil da carne e atirou-o contra o agressor. O soldado evitou a deflagração agachando-se sob uma chuva de fagulhas, depois avançou de um salto, atravessando a cortina de fumaça que cheirava o enxofre, seguido a distância por Ignazio e Scoto.

Pungilupo saiu correndo ao ar livre, tropeçou em meio aos arbustos e rolou até a margem de um regato. Tentou se levantar, mas era tarde. Ulfus estava de pé ao lado dele.

O grandalhão agarrou-o pelo pescoço e pela cintura, erguendo-o sem esforço aparente. Sua silhueta negra se desenhou por um momento contra a lua cheia, enquanto sacudia no ar a presa. Por fim, emitindo um urro bestial, arremessou o clavígero contra as pedras agudas que afloravam da torrente. Ressoou na noite o som de um baque excruciante e depois o corpo de Pungilupo deslizou rio abaixo por entre os borbotões de água.

Ignazio tinha ainda a morte diante dos olhos quando sentiu a mão de Scoto pousar em seu ombro.

— Agora mandarei Ulfus levá-lo de volta ao Castelo da Favara, onde você aguardará a decisão de Von Marburg — disse o astrólogo, impassível. — A menos que você não queira pôr um fim às investigações dele. — Fez ao soldado um sinal autoritário e em seguida se virou de novo para o mercador. — Antes, porém, fale-me sobre a menina.

46

Os moradores do palácio haviam se reunido na parte sul do edifício, onde uma majestosa arcada de pedra separava a sala de banquetes do grande lago que se estendia até o sopé do monte Grifone. Dizia-se que o incêndio tinha sido dominado, mas os guardas recomendavam cautela. Por isso ainda estavam todos lá, cortesãos, soldados e serviçais, diante da água escura que lambia os alicerces do Castelo da Favara.

Konrad von Marburg estava entre eles, nervoso e incomodado. Pouco antes havia estado entretido numa conversa delicadíssima com Scoto quando dois guardas se apresentaram para adverti-los do perigo. O astrólogo tinha reagido prontamente, ordenando que Konrad fosse escoltado até a margem do lago, longe das chamas, e depois havia desaparecido, misturando-se ao corre-corre geral. No entanto, o que mais tinha deixado enfurecico Von Marburg havia sido a segunda notícia trazida pelos guardas: o incêndio tinha começado justamente no lugar onde estava preso o espanhol, que, não bastasse isso, parecia ter se evaporado no nada. O mesmo acontecera a Pungilupo. Von Marburg o enviara à procura de quaisquer indícios que comprometessem Scoto, para desarmá-lo em caso de interrogatório, e desde a tarde não recebia mais notícias.

Era inútil irritar-se. Esforçou-se, pois, para refletir sobre os benefícios da paciência, tão exaltada por são Cipriano, e extinguir o incêndio que parecia ter brotado também dentro dele. Porém esse esforço seria vão se Konrad tivesse percebido uma barca que, afastando-se da margem do lago, dirigia-se furtiva na direção oeste até desaparecer de vista.

Naquele pequeno bote, com efeito, estavam sentadas três pessoas que ele conhecia muito bem.

Toda vez que perscrutava a noite, Suger sentia-se tomado de angústia, mas remar ajudava-o a conter os nervos. Jamais havia sonhado em iludir tão facilmente a vigilância. Graças à confusão do incêndio, tinha se afastado dos soldados, esgueirando-se sem ser visto até a margem do lago, porém permitindo a Grafeo e Adelísia que o seguissem, desde que não o atrapalhassem. No fundo, a presença deles o deixava mais tranquilo. Não sabia bem como agir nem o que fazer caso conseguisse mesmo fugir de Konrad von Marburg. O impulso de escapar na primeira oportunidade tinha sido uma necessidade a que não soubera resistir.

Depois da fuga do palácio, havia corrido para um ponto desguarnecido da margem e encontrado uma barca amarrada a um tronco, oculta pelos arbustos. A ideia lhe viera de repente; e, desamarrando a barca, havia entrado nela, convidando em seguida os companheiros a segui-lo rumo ao mar aberto.

Tudo correria bem se o lago não fosse grande demais. Suger era o único com forças suficientes para remar, mas, no escuro, via-se obrigado a navegar sem rumo. Não sabia absolutamente para onde ir e isso o aterrorizava.

Só quem não dava sinais de medo era Adelísia. Parecia insensível a tudo.

Esforçando-se para não pensar em nada, Suger continuou remando até ficar sem forças.

Até fechar os olhos.

47

Quando Uberto despertou, ainda não havia amanhecido. Ele estava banhado em suor, a mente perturbada por pesadelos, e perguntou-se o que o havia feito acordar. Esfregou o rosto e, mal readquiriu o controle dos sentidos, compreendeu que tinha acordado graças ao intenso vozerio vindo da rua. Desconfiado, olhou pela janela e percebeu que as vias públicas estavam apinhadas de gente. Os habitantes de Palermo pareciam ter saído de comum acordo de suas casas para festejar algum acontecimento misterioso antes do nascer do sol. Caminhavam quase todos à luz de tochas, dirigindo-se para a zona portuária. Sem saber do que se tratava, o jovem se vestiu às pressas, desceu as escadas e, mal se viu na rua, deteve o primeiro transeunte que lhe passou por perto.

— O que está acontecendo? — perguntou.

— Ainda não sabe? — respondeu o homem, cheio de entusiasmo. — O imperador vai desembarcar em Palermo!

Uberto deixou-o ir enquanto uma ideia louca se formava em seu cérebro. Frederico II então estava vivo, de volta do Oriente, e se encontrava ali mesmo, no porto da cidade.

Misturou-se ansioso à multidão e tomou o rumo do mar, praguejando e avançando aos empurrões para chegar o mais rápido possível. Tinha ouvido muita coisa sobre Frederico II. Talvez não fosse um governante dos mais magnânimos, mas descreviam-no como sábio e admirador dos intelectuais. Se essa última afirmação fosse verdadeira, talvez Uberto pudesse lhe implorar clemência para o pai. O problema era encontrá-lo a tempo e achar um meio de ser conduzido à sua presença. A possibilidade de sucesso parecia remota, mas Uberto não podia perder as esperanças.

Conseguiu chegar até o ancoradouro principal, no porto cheio de gente. À distância, flutuava uma embarcação de enormes dimensões. Escoltava-a uma dezena de galeras e barcos menores, com as velas recolhidas. O desembarque deveria ser demorado e complicado, pois aqueles navios não traziam apenas homens, mas também cavalos e mercadorias.

Uberto examinou bem a embarcação maior, a mais adequada a transportar um imperador, ladeada por uma chalupa que flutuava nas águas. A bordo havia um grupo de cavaleiros, entre os quais um homem alto e distinto, talvez o próprio Frederico. Olhava para o mar, fixando um ponto bem preciso, onde meia dúzia de homens mergulhava e voltava à superfície.

— O que é aquilo? — perguntou a um velho pescador que estava a seu lado.

— Frederico perdeu um anel quando descia para a chalupa — explicou o velho. — Uma joia caríssima, pelo que se diz. Caiu na água, e ele pagará cem tarins a quem a encontrar.

Uberto observou os nadadores. Mergulhavam, mas, antes de chegar ao fundo, subiam para tomar fôlego. A empreitada estava se revelando mais difícil do que haviam imaginado; no entanto aqueles homens não desistiam, correndo o risco de morrer afogados. Não era só a promessa de dinheiro que os motivava. O filho do mercador conhecia a natureza humana e não ignorava que, para muitos, o prêmio maior seria poder inclinar-se diante de um soberano. Já os mais espertos queriam mesmo eram os cem tarins.

De repente, ocorreu-lhe uma grande ideia. Talvez tivesse encontrado uma maneira de falar com sua majestade! Esperando que ainda houvesse tempo, desvencilhou-se da multidão e, tão logo se sentiu desimpedido, pôs-se a correr pelo ancoradouro. Precisava da ajuda de Cola Peixe. Não tinha se esquecido de sua capacidade de mergulhar e permanecer sob a água por um tempo bem maior que o normal.

Já perto da *menaica*, ainda atracada onde ele e o pai haviam desembarcado, olhou em volta em busca do homem. Encontrou-o sentado numa pedra, prestes a devorar um polvo ainda vivo.

— Quer ganhar cem tarins? — perguntou-lhe Uberto.

O marinheiro arrancou com os dentes um tentáculo do molusco.

— Quem devo matar? — perguntou.

— Ninguém. Deve apenas descer ao fundo do mar e recuperar um objeto, um anel do imperador. Está disposto a fazer isso?

— Hum! — Cola Peixe limpou a boca com o dorso da mão. — E você, amiguinho, o que espera ganhar com isso?

— Se você tiver êxito, me fará um favor.

— Um favor?

— Sim. Quando estiver diante do imperador, peça-lhe que me conceda audiência.

48

Suger abriu os olhos e viu um pássaro pousado na amurada da barca. Procurou desanuviar a memória, mas a presença da pequena ave o distraía. Com aquela plumagem colorida, devia ser um espécime exótico, talvez fugido de uma gaiola do palácio. Não cantava. Limitava-se a observá-lo com curiosidade, agitando a cabeça de um verde tão intenso que perturbava a vista. Instintivamente, o médico tentou pegá-lo, mas não conseguiu; e, quando um ruflar de asas roçou por sua face, recordou-se da noite anterior. Lembrou-se da emoção da fuga, do cansaço ao remar e da angústia ao se ver perdido no escuro. Estirou a espinha e os braços amortecidos, notando que a barca havia encostado na margem do lago. Não sabia quão distante estava do Castelo da Favara, mas a ideia de ter chegado à terra firme lhe dava um imenso alívio.

Agradeceu a Deus e, com cuidado, desembarcou. Diante de seus olhos, um prado se estendia até o sopé de um monte, no qual se refletiam as luzes da alvorada. Lavou o rosto e inspirou o ar fresco, no silêncio absoluto. Foi então que se deu conta de estar só. Para onde tinham ido o velho e a menina? Supôs que talvez tivessem caído na água durante a noite, mas repeliu esse pensamento. Os sacolejos da barca e o barulho o teriam acordado. O mais provável é que tivessem partido enquanto ele dormia. Notou então pegadas frescas na relva, que se dirigiam para o monte.

Não sabendo que direção tomar, decidiu segui-las.

Os cavalos tinham olhos doces e pelo brilhante. Suas feridas não eram as mesmas que Adelísia via em sonho; mal sangravam. Grafeo explicou-lhe que eram pequenos cortes embaixo das orelhas para suavizar o temperamento dos animais. Ainda assim os cavalos estavam mesmo lá, no sopé do monte com que a menina havia sonhado dezenas de vezes, numa pastagem dominada por um grande abeto. Embora a terra não estivesse crestada e enegrecida pelo fogo, cheirava a desgraça iminente.

O oculista se aproximou do cavalo mais manso da manada.

— Quer acariciar um deles, minha querida? — perguntou.

— Não — respondeu Adelísia. — Não quero. — Percebendo que o velho já não lhe dava atenção, puxou-o pela manga.

— Vamos voltar para o lago, por favor.

Grafeo continuou a ignorá-la.

Muito contrariada, a menina notou que ele tinha o rosto pálido e os olhos arregalados, fixos no vale. Com os joelhos dobrados e os ombros erguidos, parecia prestes a fugir. Incapaz de compreender, Adelísia olhou na mesma direção... e viu um cavaleiro a vinte passos de distância. Imponente como um gigante, ele apontava sua comprida lança para Grafeo.

Reconheceu-o imediatamente.

Ela lembrou-se da chama escarlate, do grito da mãe e das queimaduras nas mãos. Gostaria de se transformar numa fera para se atirar sobre ele, mas seu espanto era tamanho que não conseguia mover um dedo. O terror era grande e doloroso demais para que pudesse dominá-lo. Emitiu um grito que fez suas têmporas tremer, liberando todo o alento que tinha no corpo. E por um instante se sentiu quase feliz. Mas quando o grito cessou, sua garganta se encheu de uma treva densa e amarga. Uma treva que vinha de dentro. Então compreendeu que jamais conseguiria libertar-se do terror. Agora o terror fazia parte dela, como as lágrimas de cristal.

Gritou de novo, dessa vez para alertar o amigo.

Grafeo não se movia. Mantinha os olhos fixos na ponta da lança, que já começava a fumegar, ameaçadora... Antes que o projétil partisse, um homem apareceu do nada e agarrou as rédeas do cavalo, fazendo o atirador perder a mira. O projétil sibilou no ar e foi explodir contra o abeto, envolvendo-o em chamas.

A menina observou atônita o inesperado salvador. Era Suger de Petit-Pont. Viu-o cair por terra, atingido por um coice do cavalo.

Ouviu em seguida um estrépito de cascos e virou-se, dominada por um pavor instintivo. Os cavalos, assustados pelas chamas, avançavam contra ela numa invertida cega, descontrolada. Como no sonho.

Ela seria esmagada.

Foi então que uma dor lancinante atormentou-lhe os olhos. Uma dor imprevista e violenta. Estava cega e aterrada diante da morte. Depois, sentiu alguém atirá-la ao chão e deitar-se sobre ela para protegê-la, enquanto o estridor dos cavalos a submergia. Por um lapso de tempo que pareceu infinito, viu-se devastada por um oceano retumbante.

Mal o rumor cessou, tentou livrar-se do corpo que a resguardara, mas não conseguiu. Era pesado demais e sufocava-a a ponto de impedi-la até de gritar. E a dor nos olhos lacerava-lhe a carne, bloqueando seus pensamentos. Ansiou pelo esquecimento, pela descida ao seio das trevas; mas logo a pressão afrouxou e os raios do sol tocaram-lhe a pele.

Ouviu a voz trêmula de Suger:

— O judeu se foi.

— E a menina? — perguntou uma voz cavernosa. — Seus olhos estão sangrando.

— Eu a curarei, vi como se faz — garantiu o médico, em tom servil.

— Mas você não me matará.

Adelísia sentiu então dois braços vigorosos erguê-la do chão.

49

Cola Peixe já estava sob a água havia tanto tempo que Uberto começou a temer que ele tivesse se afogado. A essa ideia, sentiu--se triste pelo marinheiro, mas não o bastante para perdoar-lhe ter destruído sua única esperança de falar com o imperador. A chalupa de Frederico II continuava a balançar sobre as ondas, na expectativa, enquanto o povo assistia ao evento formulando as hipóteses mais bizarras. Alguns diziam que o anel caído no mar era um presente da imperatriz; outros, uma gema de poderes miraculosos. Uberto já ouvira mencionar anéis com pedras que mudavam de cor em contato com venenos. Anéis esses muito cobiçados pelos soberanos.

Interrompeu os pensamentos no instante em que avistou o barril de Cola Peixe voltar à tona. Do marinheiro, porém, nem sinal. Mas logo percebeu que ele havia emergido a certa distância e nadava em direção à chalupa. Continuou esperando.

Cola Peixe agarrou-se à amurada da embarcação e, sem subir a bordo, estendeu alguma coisa ao imperador. Uberto imaginou o ar de contentamento no rosto de Frederico II, que após hesitar por alguns instantes bateu palmas em sinal de admiração. Os homens de seu séquito o imitaram e o povo exultou.

Cola Peixe ganharia os cem tarins e ele, provavelmente, teria a oportunidade de resgatar seu pai.

Chegada ao ancoradouro, a delegação real desembarcou e postou--se sob um pálio armado para acolher sua majestade. Cola Peixe voltou à costa e correu para lá, de onde saiu com uma bolsa recheada e um sorriso satisfeito. Um guarda o escoltou por um bom trecho da rua, para impedir que alguém o roubasse.

Quando o guarda estava para deixá-lo, o marinheiro pediu-lhe que esperasse e procurou entre a multidão o rosto de Uberto, que a custo tinha conseguido passar pelos curiosos. Cola Peixe o avistou e fez-lhe sinal para que se aproximasse.

— Sua majestade consente em recebê-lo — disse o guarda, ordenando à multidão que o deixasse passar.

Uberto não se fez de rogado, mas antes de seguir o guarda aproximou-se do marinheiro e abraçou-o.

— Devo-lhe esta! — disse, comovido.

Cola Peixe retribuiu o gesto batendo-lhe no ombro.

Depois, cada qual seguiu o seu caminho.

Frederico II estava rodeado de serviçais e camareiros ocupados em tirar sua cota de malha inteiramente de ouro. A única personalidade de destaque ali era um assessor baixo e gordo que lhe expunha uma série de questões. Uberto observou a ambos com respeito e esperou que lhe dessem licença para falar. Embora estivesse concentrado na tarefa prosaica de despir a armadura, o imperador dava uma forte impressão de autoridade, mas também de uma natureza — ou antes, *humanidade* — raramente encontrada em fidalgos e prelados. Sob uma cascata de cabelos louros, brilhavam olhos atentos e vivazes, mais fáceis de encontrar nas praças e nos mercados do que numa sala aristocrática.

O assessor gordo encerrou sua exposição e voltou-se para Uberto, fazendo-lhe sinal para que se levantasse.

— Muito bem, senhor, sua majestade foi magnânima ao conceder-lhe audiência — informou. — Sou Tadeu de Sessa, jurista às ordens do imperador. Fale logo e sem rodeios, pois temos muito em que pensar.

Uberto se endireitou com elegância, agradecendo aos céus por estar vestido de modo a não passar por um simples camponês.

— Peço desculpas pela ousadia de me apresentar diante dos senhores — disse. — Mas tive de fazer da necessidade virtude. Estou aqui para suplicar não por mim, mas por meu pai.

O soberano olhou-o curioso.

— Um sotaque estrangeiro — observou, virando-se para o gordo. — É de duvidar que seja nosso súdito.

— Com efeito, não sou, majestade. Meu nome é Uberto Alvarez e venho de Castela. Ainda assim meu pai é mantido prisioneiro em Palermo, em um de seus castelos perto do monte Grifone.

— Por ordem de quem? — perguntou Tadeu de Sessa, prestando mais atenção ao jovem.

— De um padre alemão que se chama Konrad von Marburg e está a serviço de Sua Santidade.

— Nunca ouvi esse nome. — O monarca repeliu uma criada que lhe desatava a coifa da couraça e agarrou o gordo pelo colarinho. — Com que autoridade, diabos me levem, um padre ousa dar ordens em nossa casa?

O assessor, mostrando firmeza, olhou-o diretamente no rosto.

— Bem — ponderou, contrariado —, se o homem age mesmo em nome de Sua Santidade...

— Sua Santidade uma ova! — rugiu Frederico II, largando a presa. — O papa Gregório espalha seus clavígeros pelo Reino da Sicília em nossa ausência e temos de fingir que não aconteceu nada? Você não faz ideia de quantas milícias precisaremos mobilizar para expelir aqueles chacais daqui! E agora este espanhol vem nos contar que outro emissário do pontífice se instalou justamente na Favara... — Examinou Uberto, cada vez mais interessado. — Pois bem, senhor — continuou, mais calmo —, o que fez seu pai para merecer o castigo de um padre?

— Nada, majestade, eu juro. É vítima de um mal-entendido.

— E quem não é? — Frederico II sorriu. — Explique-se melhor e não minta.

— Foi acusado de heresia sem nenhum motivo — disse o jovem, esperando dar a devida ênfase às palavras. — Julgam-no um adorador do diabo, o que não é verdade, asseguro-lhe. Apenas estava no lugar errado...

Tadeu de Sessa calou-o com um gesto.

O monarca irritou-se.

— Por que o faz calar-se, Tadeu?

— É inútil ouvi-lo agora, majestade — explicou o nobre. — A questão não será solucionada aqui, na ausência de testemunhas e sem ouvirmos as razões daquele padre... do tal Von Marburg. Além disso, se me é permitido falar com franqueza, o senhor costuma mostrar muita simpatia por coisas estranhas... É minha obrigação lembrar seus deveres para com o papa no tocante aos crimes de heresia...

— Meu pai não é um herege! — bradou Uberto, tomado de desdém.

— Cale a boca, impertinente — censurou-o o jurista, fulminando--o com o olhar. — Como ousa interromper-me?

— Você está sempre pronto a me lembrar dos meus deveres, Tadeu — ponderou Frederico II em tom glacial, que o tornava mais temível do que se houvesse reagido com raiva.

— O papa não merece nossa lealdade.

— A situação é delicada demais para arranjarmos inimigos — ponderou o jurista, imperturbável.

O imperador meneou a cabeça.

— Você se esquece de que tomamos a cruz *por ele*! — As últimas palavras foram proferidas num tom cortante. — E ele... e ele, como nos paga?

— Tem razão — contemporizou Tadeu. — Mas vossa majestade deve olhar mais longe, se quiser um acordo com a Santa Igreja Romana. Bem sabe que não é conveniente desequilibrar a balança do poder.

O soberano fitou-o longamente, acariciando a barba loura e tentando recuperar o autocontrole.

— Você está certo — disse por fim, sentando-se numa cadeira.

— Quais são então suas ordens, majestade?

— Vamos ao castelo falar com aquele... padre. — Em seguida, apontando para Uberto com um ar aborrecido. — E ele?

— Não podemos deixá-lo aqui — respondeu o jurista com um sorriso perverso. — Aconselho vossa majestade a colocá-lo a ferros e levá-lo conosco ao palácio.

50

Ulfus temia aquela menina. Por um instante, tinha esperado mesmo que ela fosse esmagada pelo tropel dos cavalos ensandecidos, mas o velho judeu havia se sacrificado por Adelísia, protegendo-a com o próprio corpo. Até o médico francês, que de modo algum parecia ter um coração de leão, interviera em sua defesa, julgando que o fulgor do Cetro de Fogo se dirigia a ela. O Mago, porém, só exigira uma morte. Benvenuto Grafeo conhecia segredos demais, tinha dito, sem esclarecer quais fossem. Ulfus limitara-se a obedecer, embora nada compreendesse. A hipótese de uma ameaça era para ele tão impalpável que o deixava indiferente. O Mago, ao contrário, tinha sempre os olhos fixos nas brumas do futuro, a fim de esconjurar perigos que talvez jamais se concretizassem. Com seus atos, era de crer que ele próprio os produzisse.

Contudo o Mago parecia haver ignorado o problema principal. Isso, Ulfus de modo algum entendia. Aparentemente, todos estavam dispostos a defender Adelísia, com risco da própria segurança. A menina traria consigo alguma maldição?

Não era decerto uma criança comum, seus olhos o revelavam claramente. E por causa daqueles olhos é que Ulfus a temia, embora fosse obrigado a protegê-la. O Mago, depois de uma longa conversa com o mercador espanhol, havia mandado que ela fosse retirada do palácio. Ao chegar ao Castelo da Favara, Ulfus ficou sabendo da fuga de Suger, Grafeo e Adelísia. Devia encontrá-la antes dos guardas.

O Mago temia pela sorte da menina como nunca havia temido por ninguém. E, desde que soube da morte de Remigarda, não parecia mais o mesmo. Ao ouvir a notícia, seus olhos se encheram de lágrimas e seus lábios tremeram. Como uma pessoa qualquer. Mas, por trás daquela máscara de dor, Ulfus vislumbrava a chama de uma raiva diabólica. A mesma que se projetava às vezes dos olhos de Adelísia.

Apesar de ser um homem de pensamentos simples, Ulfus estava bem certo de uma coisa. Até o Mago, o homem mais temível que ele havia conhecido, faria de tudo para defender o sangue de seu sangue.

51

O astrólogo e a menina estavam sentados frente a frente.

Pela primeira vez depois de muito tempo, Scoto não sabia o que dizer nem como se comportar. Estava despreparado, quase assustado pela reviravolta dos acontecimentos. Tudo culpa de Ignazio de Toledo, que o havia envolvido numa magistral partida de xadrez para colocá-lo em posição difícil diante da filha. Impossível saber se aquilo tinha sido estratégia, improvisação ou mero acaso. Mas acabou sendo de uma eficácia devastadora. O astrólogo precisara sacrificar muitos peões para se defender. E agora, contemplando as sombras do crepúsculo a se insinuarem entre os fragmentos de luz, percebia quanto seu escritório lembrava um tabuleiro de xadrez. Um tabuleiro ampliado no tempo e no espaço como um manto zodiacal onde se dispusessem ideias, lembranças e corpos celestes. No meio daquele universo em claro-escuro estava ele, na frente de uma filha da qual até a véspera nem sequer imaginava a existência.

— Qual é seu nome? — perguntou a menina. Trazia ainda no rosto os sinais do medo e da dor, mas também de uma lenta recuperação.

— Michael — respondeu ele, pronunciando instintivamente o nome proibido, relíquia de uma infância sacrificada à *damnatio memoriae*.*

— Michael... como o arcanjo?

---

* Em latim, literalmente, "condenação da memória". Prática romana de apagar, em monumentos, moedas etc., todas as alusões a uma pessoa considerada inimiga do Estado. (N.T.)

O astrólogo concordou, sorrindo. Alguma coisa nela lhe lembrava Remigarda. Talvez a voz límpida. Ou talvez os traços delicados, que deixavam transparecer o temperamento orgulhoso da mãe. De repente, pareceu-lhe mesmo estar revendo-a tal qual a vira na última noite. Na noite em que a esbofeteara.

Estendeu a mão para acariciar Adelísia, em busca de outros detalhes capazes de lembrar-lhe a única mulher que havia amado, mas deteve-se antes de tocá-la. Um homem esperava na porta, Suger de Petit-Pont.

Scoto se endireitou imediatamente e saudou-o. Ulfus, meio oculto na soleira, mantinha o médico seguro por um braço. Medida supérflua, dado que Suger não parecia disposto a rebelar-se.

O astrólogo levantou-se, convidando Adelísia a fazer o mesmo.

— Desculpe-me, querida, mas tenho uma questão a solucionar.

A menina recuou.

— Não me deixe sozinha com ele! — protestou, vendo Ulfus avançar em sua direção.

— Ele não lhe fará mal — tranquilizou-a Scoto, sussurrando-lhe ao ouvido. — Ao contrário, vai mantê-la em segurança num lugar escondido até que eu volte.

Adelísia concordou relutante. O soldado tomou-a pela mão e despediu-se com um breve aceno. Trocou um olhar de cumplicidade com o astrólogo e depois saiu com a menina.

Adelísia parou por um instante, opondo resistência.

— Você prometeu — disse em tom de advertência, como fazia sua mãe. — Você prometeu, Michael.

Ele lhe sorriu de novo, depois endureceu a expressão e voltou-se para o médico, que esperava na porta.

— Acomode-se, senhor.

Suger entrou circunspecto, as mãos cruzadas sobre o ventre. Apesar do aspecto modesto, caminhava com passo altivo, demonstrando irritação.

Scoto achava que o modo de andar revelava o caráter das pessoas. O porte, a energia e o ritmo do passo punham imediatamente à mostra a desenvoltura ou a timidez, a segurança ou a fragilidade. O homem que agora estava à sua frente, por exemplo, parecia vacilar entre a arrogância e a covardia, mas era, acima de tudo, sofrido.

— Não tenciono puni-lo por sua tentativa de fuga — tranquilizou-o, aproximando-se disfarçadamente da porta a fim de trancá-la. — No entanto, temos algumas questões a discutir.

O médico encarou-o perplexo.

— Honestamente, senhor, não entendo o motivo deste encontro. Já o vi, mas ignoro qual seja sua função na corte.

— Saberá logo, não tenha pressa.

— Saberei também o que o liga ao misterioso soldado que me capturou e me trouxe a este lugar? — Uma sombra desceu sobre o rosto do francês. — Imagino que ele mata por ordem sua.

— Uma coisa de cada vez — disse o astrólogo, cauteloso. — Para começar, conte-me como se meteu nesta lamentável aventura.

— Um equívoco, é evidente.

— Você atenua o grau de suas desgraças. De Paris até aqui, deve ter visto o inferno, principalmente ao lado de um homem de ferro como Von Marburg.

— Não foi nada agradável, posso garantir-lhe.

Scoto acariciou a barbicha, concatenando os pensamentos. Tinha desejado aquele encontro por duas razões precisas. Agora que Ignazio de Toledo estava fora do jogo, o homem à sua frente era o último capaz de associá-lo aos crimes e, portanto, de atrair sobre ele as suspeitas de Von Marburg.

349

— Ignazio de Toledo me falou a seu respeito — disse, para pô-lo à prova. — E você parece não gozar muito da estima dele.

Suger se limitou a fazer um gesto irritado.

— Ele sustenta que recebeu o manto do Sagitário de suas mãos. — O astrólogo esperou uma resposta. Não a obtendo, prosseguiu:

— Pergunto-me que interesse você tem nesse precioso objeto e onde o encontrou.

As mãos do médico, ainda entrelaçadas sobre o ventre, se agitaram.

— Não vejo por que isso possa ser de sua conta.

Aquela atitude esquiva deixou Scoto nervoso, tanto mais que dispunha de pouquíssimo tempo.

— Mandei que o trouxessem aqui para avaliar seu grau de envolvimento, não para lhe dar explicações. — Caminhou à volta de Suger com passos de predador. — Aconselho-o a não se fazer de desentendido, meu caro.

A essas palavras, o médico teve uma repentina mudança de humor.

— Não sei por que você me interroga — replicou com maus modos, apontando o indicador para o nariz do astrólogo. — Mas esteja certo de que Konrad von Marburg será informado desta conversa.

Scoto não se deixou intimidar. Reconhecia em Suger de Petit-Pont o mesmo comportamento dos cães pequenos, que mordem ao mínimo sinal de perigo. Contudo aquele homem não era nada simplório, mas inteligente e altivo. Talvez mesmo ambicioso, portanto corruptível. Valia a pena tentar.

— Insisto em afirmar que não quero lhe fazer mal — repetiu. — Ao contrário, se me disser como se apossou do manto, provavelmente obterá de mim aquilo que lhe foi prometido.

O médico titubeou e, por um instante, pareceu disposto a fazer uma revelação. Depois, seu olhar adquiriu uma intensidade tal que beirava o assombro.

— A esta altura, senhor, dou-me por bem pago se conseguir salvar a minha vida.

O sorriso que se desenhou nos lábios de Scoto foi uma autêntica obra-prima, um misto de cumplicidade e condescendência. O francês devia ter tirado alguma lição de suas desventuras. Ou, melhor ainda, avaliava corretamente o alcance do risco que corria. O astrólogo ponderou a questão e decidiu passar ao segundo problema que o incomodava.

— Queira perdoar a minha insistência. Só agora percebo a que ponto os acontecimentos o perturbaram... Assim, se quiser, podemos tratar de outros assuntos. Fale-me da menina, por exemplo.

O novo rumo da conversa atiçou a loquacidade do médico.

— Não há muito a dizer — começou, já mais calmo. — Mas uma coisa eu sei, e é importante: ela sofre de um grave distúrbio.

— Explique-se.

— Reparou nos olhos dela, suponho.

— Eu a vi por pouco tempo... Sim, notei as pupilas inflamadas. E então?

— Ela derrama lágrimas de cristal.

Scoto levou a mão à boca para disfarçar o susto. A princípio, suspeitou que fosse uma mentira, mas logo mudou de ideia.

— Muito estranho — comentou.

— Para dizer tudo, um milagre.

— Deixemos os milagres aos padres e aos todos. Você é médico, deve ter uma opinião científica a respeito.

Suger apreciou visivelmente essas palavras.

— Por absurdo que pareça, os sintomas de Adelísia me lembram do mal da pedra. Conversei com Benvenuto Grafeo, o oculista, mas ele acha que não existem remédios para esse mal.

O astrólogo se esforçou para esconder a emoção, mas não conseguiu se controlar. Estava realmente perturbado porque se lembrou de memória um episódio da infância, a morte prematura de uma prima, afetada por uma misteriosa doença dos olhos. Ele nunca chegou a vê--la, pois os pais a mantinham isolada por causa de sua deformidade de nascença. Michael tinha ouvido falar dela muitas vezes. A suspeita de que o mal de Adelísia estivesse no sangue de sua família provocou--lhe uma repentina sensação de culpa.

A voz de Suger trouxe-o de volta à realidade.

— O único recurso é protegê-la da luz solar, acalmá-la e extrair os cristais quando as crises se manifestam.

A situação era grave. A perturbação de Scoto, no entanto, provinha também de outras razões.

— Imagino que Von Marburg saiba de tudo. O que pensa ele sobre o caso?

Um sorriso amargo se esboçou no rosto do médico.

— Pensa que é obra do demônio.

O astrólogo percebeu na expressão de Suger uma sombra de tristeza.

— Você gosta da menina — constatou.

— Você também, e não pouco — replicou Suger —, embora eu não saiba o motivo. Reparei na maneira como a olha e fiquei intrigado. Veja, o fato é que tive a oportunidade de conhecê-la, de ficar ao lado dela e lamentar sua desgraça. Mas você, por que se interessaria por essa criança?

Scoto captou a insinuação e o perigo que daí poderia advir. Não sabia dizer se o médico alimentava meras suspeitas ou se estava a par do caso todo. Porém isso não lhe importava. Não mais. Aquele homem não deveria ter falado com ninguém sobre o assunto, muito menos com Von Marburg. Pedindo licença, aproximou-se de uma estante onde estava disposto um serviço de vinhos e escolheu uma garrafa de vidro que continha um líquido vermelho.

— Meu caro senhor — disse —, não se apresse a julgar-me. — Encheu um segundo cálice, reservando o primeiro para si. — O amor e a autopreservação são forças que movem o universo inteiro, não apenas a vida dos homens. Cabe-nos aceitar sua tirania ou sucumbir.

O francês fez sinal de que não compreendia, depois levou o cálice aos lábios e bebeu. Michele Scoto, ao contrário, aproximou seu cálice intacto da chama de uma vela e estudou o líquido nele contido. Por fim, virou-se de costas.

Não queria que Suger visse seu rosto.

Foi como se o vinho, descendo para o estômago, deixasse um rastro incandescente. Suger levou uma das mãos à garganta e a outra ao ventre, caindo de joelhos num inferno de dores. Tentou gritar, mas de sua boca saiu apenas um gemido rouco. Começou a se arrastar pelo pavimento em direção ao homem que lhe virara o rosto, agarrando-lhe as vestes a fim de derrubá-lo. Mas o astrólogo se virou de repente e empurrou-o com o pé. O médico caiu de costas, enquanto uma golfada ácida subia por seu esôfago, provocando-lhe ânsias de vômito.

— Lamento que termine assim — sentenciou Scoto friamente. — Mas você poderia me causar muito dano.

Suger não podia olhá-lo de frente, mergulhado como estava nas lágrimas e na agonia. Era como se um fogo líquido lhe mordesse as vísceras e procurasse abrir caminho para fora. Rolou no chão, dominado por uma dor cada vez mais atroz. Os espasmos eram tão fortes que o impediam de sentir medo.

Havia espaço apenas para a raiva, uma raiva desesperada que nascia da consciência do ludíbrio e do senso de impotência. Mais uma vez alguém havia decidido por ele, usando-o como um peão e se arrogando o direito de tirar-lhe a vida, privando-o da possibilidade de concretizar suas ambições, seus sonhos.

Refugiou-se então dentro de uma miragem, quatro paredes em torno de um leito onde estava estendido um moribundo. Suger acariciava-o, consolando-o com palavras gentis. Era seu pai. Com mais um pouco de paciência, poderia curá-lo. Uma menina muito pálida saiu da sombra e ofereceu-se para ajudá-lo com suas lágrimas de cristal. Suger garantiu-lhe que não havia necessidade disso. Finalmente, sabia como agir. Precisava de coragem. Apenas de coragem. Da coragem que lhe faltara a vida inteira.

Alguma coisa turvou sua visão, um rumor de unhas que arranhavam o pavimento, uma contração espasmódica de vísceras. Depois tudo se aquietou, diluindo-se em torno do sorriso agradecido de seu pai.

Scoto ficou observando o corpo do médico até ouvir baterem à porta. Despertou então de uma espécie de torpor e experimentou uma sensação de repugnância. Girou a chave na fechadura e deixou entrar Ulfus, apontando-lhe o cadáver. O soldado arrastou-o pelos tornozelos e colocou-o sobre um tapete próximo, deixando no chão um rastro de sangue misturado a outros líquidos. Enquanto isso, o astrólogo se aproximava do armário e acionava o mecanismo que abria a passagem secreta.

Ulfus enrolou no tapete aquilo que restava de Suger de Petit-Pont, colocou-o às costas e, sem esforço, dirigiu-se para o túnel, desaparecendo na sombra.

Scoto fechou a abertura e lembrou a si mesmo a necessidade de murá-la o mais cedo possível, como tinha garantido a Ignazio de Toledo. Depois olhou para a mancha de sangue fresco no pavimento e resolveu chamar um criado para limpá-la antes que Ulfus, uma vez enterrado o cadáver, voltasse com a menina.

Enquanto esperava, sentou-se diante da lareira, onde, sob uma nuvem de fumaça escura, ardiam ainda as cinzas do manto.

O nome do Caçador ficaria envolto em silêncio. Para sempre.

52

gnazio ainda não tinha visto a fogueira, mas sabia que ela já estava pronta. Os criados a haviam erguido na frente do castelo, à margem do amplo espaço por onde transitavam carros e cavalos. Descobrir a verdade sobre o culto de Nembrot não o ajudara a livrar-se das acusações e muito menos a conquistar a aliança de Scoto. Havia sido entregue à guarda do palácio e trancafiado por ordem de Von Marburg *intra arctos muros*, entre paredes estreitas, numa cela bem menor e desconfortável que a anterior. Inútil continuar alegando inocência. A certeza da derrota tinha tomado corpo em sua consciência aos poucos, amadurecida no curso dos últimos dias. Além disso, reconhecia que lutava contra algo muito além de suas possibilidades e se alegrava por, ao menos, ter salvado Uberto. O que não tolerava, porém, era a ideia de morrer entre as chamas, em dor e humilhação. O terror, embora profundo demais para ser reprimido, não ofuscava, contudo, seu discernimento. O mercador conhecia aquela sensação desde criança. Limitou-se a acolhê-la dentro de si como uma bile negra. Pela última vez.

A porta da cela se abriu. Ele foi acorrentado e escoltado à presença da comissão de julgamento. Não se rebelou. Estava cansado de lutar, de procurar escapatórias. Agora percebia os limites do tabuleiro de xadrez, limites insuperáveis que sabia não poder ultrapassar. Seguiu os guardas por um emaranhado de corredores cada vez mais arejados e iluminados, até chegar a um amplo salão com uma comprida mesa retangular atrás da qual se sentavam várias personalidades. Konrad von Marburg ocupava o centro. Michele Scoto, a extremidade esquerda. E outros cinco homens, todos religiosos, os lugares restantes.

Ignazio os observava em pé, a cerca de dez passos da mesa, os braços pendidos ao longo do corpo por causa do peso das correntes presas aos pulsos. Não tinha ar de derrotado. Ciente do interesse que despertava, mantinha-se ereto, com uma expressão de frieza no rosto. Podiam tirar-lhe a vida, pensou, mas não o orgulho de encarar seus inimigos.

Konrad von Marburg examinou-o impassível e fez sinal ao escrivão, sentado à esquerda da mesa, para que iniciasse a redação da ata.

— Em nome de Sua Santidade, o papa Gregório IX, bispo da Igreja Católica e servo dos servos de Deus, o abaixo-assinado Konradus de Marburc, *predicator verbi Dei*,* investido da missão de dirimir o erro herético, dispõe-se a interrogar o principal suspeito de uma série de delitos perpetrados em nome de um culto blasfemo e necromântico votado a uma trindade luciferiana. — Esperou que a fórmula fosse transcrita e prosseguiu:

— Nesta cidade de Palermo, limite extremo do Sacro Império Romano, o supracitado conduzirá a *quaestio* valendo-se de todos os meios legais, para benefício único da verdade e da justiça. A fim de evitar negligências e erros processuais, esta questão será tratada em presença das testemunhas Michele Scoto, conselheiro imperial, e Berardo di Castagna, arcebispo de Palermo — fez um gesto de agradecimento ao velho religioso sentado a seu lado —, juntamente com quatro monges da catedral de Monreale, cujos nomes figurarão ao pé da página.

O mercador ouviu sem demonstrar emoções, engolindo em seco e acompanhando a escrita frenética do escrivão. Por um instante, o único rumor na sala era o ranger da pena sobre o pergaminho.

---

* "Pregador da palavra de Deus." Em latim no original. (N.T.)

Após uma breve pausa, o padre alemão passeou o olhar pelos presentes e disse:

— Antes de começar, resumirei os fatos para vossas graciosas senhorias se inteirarem do caso. Desse modo, evitaremos desentendimentos durante o interrogatório — e fitou Scoto, como que para obter sua anuência.

— Continue, reverendo, por favor — disse o astrólogo, impassível.

Havia um lampejo de inquietação nos olhos de Ulfus. Adelísia havia vislumbrado por um segundo, antes que ele desaparecesse por trás de suas íris opacas. Não conseguia imaginar o que pudesse assustar um homem tão imponente; mas, se fosse capaz, transformaria aquela inquietação num veneno mortal. Não lhe importava que o soldado estivesse tomando conta dela, mantendo-a escondida numa gruta e levando-lhe alimento. Era o assassino de sua mãe. Odiava-o e temia-o a ponto de experimentar uma forte repulsa por ele. No escritório do astrólogo, cheio de objetos misteriosos, a menina conseguia felizmente ficar longe dele. Tudo ali dentro lhe falava de Michael, fazendo-a sentir-se segura e tranquila. Não sabia por que, mas, de repente, tinha passado a se sentir à vontade em sua presença, como se o conhecesse há tempo. Ainda assim, alguma coisa a perturbava. O homem esquivo e solícito que trazia o nome do arcanjo estava ligado ao carrasco de sua mãe. Só de pensar nisso sentia o desejo de fugir para bem longe.

— Por que a matou? — perguntou de repente, reprimindo a custo o desdém.

Ulfus estava em pé, perto de uma janela. Olhou-a de lado, com receio de ver seus olhos.

— Ordens — respondeu com voz cavernosa.

— Ordens de quem?

O soldado apontou para a escrivaninha e o tabuleiro de xadrez. A escrivaninha da qual, pouco antes, havia se levantado Michael.

— Não é verdade! — gritou Adelísia, transtornada.

Ulfus voltou a espiar pela janela.

— Não é verdade! — repetiu a menina.

Ulfus já não a escutava, seu olhar estava perdido em outras esferas. Sua face era uma máscara inexpressiva, seu corpo era uma massa inerte. Mas, ao ranger de um gonzo, toda aquela imobilidade se desfez.

O soldado virou-se de súbito, olhando para a porta. Estava aberta... e Adelísia havia desparecido!

Amaldiçoando-se, ele correu em seu encalço.

Konrad von Marburg havia concluído a exposição dos fatos, enumerando os delitos cometidos em Seligenstadt, Paris, Nápoles e Salerno nos quatro meses anteriores. Além disso, tinha descrito sumariamente os ritos do culto inominável associado ao Homo Niger, mais conhecido como *magister* de Toledo, de que havia tomado conhecimento no curso de suas investigações. Michele Scoto observava sua expressão congestionada pelo furor sagrado, esforçando-se para disfarçar a irritação e o desprezo. Aquele padre amaldiçoado tinha diante dos olhos quase todos os elementos do culto de Nembrot, mas mesmo assim não conseguia captar sua beleza. O Caçador representava a herança mística da era dos gigantes, um legado da antiga Caldeia enriquecido pelo saber hermético egípcio, grego e oriental. Segundo aqueles ensinamentos, os astros não eram apenas corpos inanimados que giravam nos céus, mas um complexo sistema de símbolos e forças primordiais que definia as relações entre o homem, a natureza e Deus. Não existia verdade mais sólida nem culto mais venerável. E Nembrot havia sido seu primeiro sacerdote.

Apenas Ignazio de Toledo parecia ter compreendido o segredo, mostrando-se interessado por ele independentemente do desejo de salvar-se. Scoto ainda mantinha sua expressão de êxtase ao perscrutar os astros. Enfim um homem que sabe para onde olhar, pensava num assomo de contentamento. O mercador era um dos seus, sem dúvida. Por isso, não havia lhe negado nenhuma explicação. Mas era também um inimigo. Respirou fundo e viu-o postado corajosamente diante do alemão, num orgulhoso silêncio. Lamentável que semelhante homem devesse sucumbir por causa da obtusidade de um fanático.

De repente, Konrad von Marburg retomou a palavra:

— Não havendo objeção, passarei ao interrogatório.

Ninguém deu sinal de que se opusesse. A exposição tinha sido exaustiva e muito clara. Mas, antes que o alemão prosseguisse, para finalmente interpelar o réu, ouviu-se um vozerio excitado à entrada. Os monges de Monreale estremeceram assustados. Scoto, porém, levantou-se de um salto e ordenou que dois guardas abrissem a porta.

Entrou um mensageiro transfigurado por um estranho entusiasmo.

— E então? — interrogou-o o astrólogo, cortando com um gesto os protestos de Von Marburg.

— Sua majestade acaba de chegar a Favara! — anunciou o mensageiro, retomando o fôlego.

Adelísia corria como uma louca pelos corredores do palácio, sem se preocupar com o rumo que tomaria. "Não é verdade!", bradava no íntimo. Não podia crer que Michael houvesse ordenado a morte de sua mãe. Por que o faria? Era um homem bom, que desejava protegê-la.

Percebeu que estava sendo seguida e viu Ulfus em seu encalço. Não se deixaria agarrar. Correu ainda mais, sacudida por um torvelinho de emoções. Desejava sair dali, esquecer-se de tudo. Cruzou velozmente um arco de pedra e virou à esquerda, de cabeça baixa e punhos cerrados. Sentia apenas o som de sua respiração e, no cérebro, uma voragem de pensamentos cada vez mais frenéticos e desordenados. De repente, esbarrou em alguma coisa e caiu de costas no pavimento.

Confusa e atordoada, pôs-se rapidamente de joelhos para retomar a fuga. Mas diante dela estava um soldado.

Ignazio contraía espasmodicamente os músculos, sentindo o peito e o estômago abalados por ondas de emoções. O anúncio da chegada do imperador talvez mudasse sua sorte, mas ele não sabia se para melhor ou para pior. Na mesa, todos haviam perdido sua fria compostura. Scoto parecia o mais inquieto. O mercador o viu pedir a Von Marburg que suspendesse a sessão e precipitar-se para fora acompanhado do mensageiro.

Seguiu-se uma longa espera, durante a qual Ignazio permaneceu em pé, crivado pelos olhares ávidos do alemão. Na atitude de Konrad, tudo espelhava uma impecável disciplina marcial. Rígido e totalmente imóvel, Von Marburg parecia aguardar com paciência a retomada do exercício de suas funções, como se a interrupção se devesse a uma simples formalidade. Só suas íris negras deixavam escapar uma cólera contida a custo, uma ânsia selvagem de estraçalhar a presa. Ignazio fingiu ignorá-lo, alimentando a esperança de que a chegada de Frederico II pudesse ao menos adiar a sentença. Mas não se iludia. Quem desejava sua morte não era somente Von Marburg, mas também Scoto. O astrólogo faria de tudo para acelerar a execução, a fim de se ver livre do único homem capaz de desmascará-lo e da presença, na corte, do enviado do papa.

De repente, a porta se abriu novamente e Scoto entrou.

— Senhores — falou o astrólogo, imperscrutável —, é com imensa alegria que anuncio a chegada de sua majestade. Frederico II desembarcou em Palermo depois de uma escala em Bríndisi e agora está aqui, no Castelo da Favara. Fui ao seu encontro para informá-lo do processo em curso, mas aparentemente sua majestade já sabia de tudo e pediu para participar em companhia do insigne Tadeu de Sessa.

Konrad von Marburg sobressaltou-se.

— Como ele ficou sabendo? Quem lhe disse?

— Durante o desembarque, parece que encontrou um suspeito — explicou Scoto, olhando significativamente para o mercador.

Ignazio sentiu-se enregelar, enquanto ouvia o alemão tirar as palavras de sua própria boca:

— Que suspeito?

— Uberto Alvarez.

Foi conduzido, acorrentado, para junto do pai. Contemplou a comprida mesa que atravancava a sala e passeou os olhos pelas personalidades ali acomodadas, detendo-se em Konrad von Marburg. Não o via desde Nápoles, depois da morte de Alfano Imperato, mas ainda assim sentiu-se dominado pela cólera e pela ânsia de desafiá-lo, como se aquilo houvesse acontecido na noite anterior. Mal percebeu que atraíra o olhar do padre, Uberto encarou-o com um desdém que beirava a impudência. Não ouse!, pensou. Não ouse me fitar assim, pois sou homem de bem. Esteve a ponto de pronunciar essas palavras em voz alta, mas conteve-se e, consternado, murmurou ao ouvido do pai:

— Eu queria resgatá-lo.

— Insensato — repreendeu-o Ignazio. O mercador não tirava os olhos do alemão, como se esperasse uma cilada a qualquer momento. Tinha a fronte banhada em suor, contraída em sulcos de raiva e medo.

Raiva e medo agravados por minha causa, pensou Uberto. O pai havia feito de tudo para salvá-lo, enquanto ele, imprudentemente, tinha anulado aquele sacrifício.

— Ao que parece — o tom irônico de Von Marburg interrompeu suas reflexões —, precisaremos erguer outra fogueira.

— Talvez não, *magister* — interveio o bispo de Palermo, sem perceber a zombaria. — Bem amarrados, dois homens podem queimar numa estaca só.

Os monges de Monreale trocaram comentários à meia-voz, mas, ao ouvirem um rumor de passos, calaram-se imediatamente.

O rumor foi aumentando até que Frederico II entrou na sala, rodeado de uma vintena de cavaleiros. Trajava roupas elegantes, mas simples, que denunciavam nos detalhes o gosto pela moda árabe. A seu lado, Tadeu de Sessa.

Os cavaleiros intimaram os presentes a levantarem-se para render homenagem a sua majestade. Von Marburg foi o único a opor-se.

— Inadmissível! — rugiu, com olhos que pareciam a ponto de saltar das órbitas.

Tadeu de Sessa olhou-o com desdém.

— Ajoelhe-se, *frater*! — bradou, para chamá-lo à ordem. — Está diante de Frederico II Hohenstaufen, *Imperator Romanorum*.

— E eu sou um enviado de Sua Santidade, representante de Cristo na Terra. — Konrad pôs-se em pé com ar de desafio. — Estar em minha presença equivale a estar na presença do papa, portanto...

Frederico II passou adiante sem lhe dar a mínima atenção.

— O Papa Gregório deve ter perdido o juízo se mandou até seus presbíteros para nos molestar. — Deteve os cavaleiros com um gesto. — Que o padre volte a sentar-se, não fazemos nenhuma questão de suas homenagens. — Esperou que o bispo terminasse sua reverência e ocupou o centro da mesa, com o jurista à direita e o astrólogo à esquerda.

Remoendo a humilhação, Konrad sentou-se ao lado de Berardo di Castagna, enquanto os monges de Monreale foram obrigados a ficar em pé.

Sua majestade observou os dois acusados e depois Von Marburg.

— Reverendo — interrompeu-o —, esperamos que tenha sólidas razões para justificar essa intrusão. Você pode ser um prolongamento do braço do papa, mas este palácio não é lugar para um tribunal espiritual.

— Fui obrigado a fazer da necessidade virtude, senhor. — Readquirindo o autocontrole, Konrad apontou para Ignazio com um gesto agressivo. — Já uma vez este aí me escapou, e não pretendo, evidentemente, dar-lhe uma segunda oportunidade.

— Muito impulsivo e pouco sagaz — ironizou o imperador. — Sua Santidade vem escolhendo seus mastins cada vez com menor discernimento.

O alemão sacudiu a cabeça. — A fuga deste homem suspeito não deve ser imputada à precariedade de meus talentos. Ele é dotado de uma astúcia diabólica, capaz de enganar até o mais zeloso dos perseguidores.

Frederico II parecia cético.

— Fala sério? A nosso ver, ele é uma pessoa comum.

— Longe disso, senhor — interveio Scoto. — O reverendo Konrad von Marburg tem certeza do que afirma e poderá demonstrá-lo sem sombra de dúvida.

— Não antes de interrogar o acusado — pontificou o alemão. — É a praxe. Portanto, com licença de sua majestade...

— Está bem, mas seja breve — disse o soberano. — A fim de condescender com seus caprichos, tivemos de adiar assuntos importantes. Agradeça a Tadeu de Sessa por isso. Não fossem os conselhos dele, ficaríamos tentados a despachá-lo de volta para Roma montado num burro.

Konrad inclinou a cabeça em sinal de agradecimento, mas Uberto percebeu distintamente o sorriso perverso que começava a deformar-lhe o rosto.

Von Marburg ergueu-se em toda a sua estatura e, dando a volta à mesa, postou-se diante dos réus.

— Você é Ignazio Alvarez de Toledo, mercador de relíquias? — perguntou com voz metálica.

— Sim.

— E este é o seu filho, Uberto Alvarez?

— Sim.

— Confirma ter estado em Nápoles na sexta-feira, 13 de abril do corrente ano, para vender relíquias falsas a um homem da Igreja, o cônego Alfano Imperato, embora sabendo que esse comércio é proibido?

Antes que o mercador pudesse responder, Frederico II esmurrou a mesa, fazendo voar a pena do escrivão.

— Reverendo! Você não provocou uma tempestade por causa de uma simples venda de relíquias falsas!

— Isso é só o começo, majestade — assegurou-lhe o alemão, com altivez. — A acusação contra eles é dupla, heresia e necromancia. — Voltou-se de novo para o interrogado. — Espero sua resposta, senhor.

Ignazio conservou-se impassível.

— Confirmo ter estado em Nápoles e encontrado o reverendo Alfano na data que mencionou — disse, pesando cada palavra. — Mas, como já tive oportunidade de explicar-lhe, o caso não envolvia a venda de nenhuma relíquia. Tratava-se antes de um...

— Sei bem do que se tratava — interrompeu-o Konrad. — Obtive a informação do próprio Alfano, que sua alma descanse em paz, antes que ele tombasse vítima de uma de suas armadilhas. Não é verdade?

— A memória o engana, reverendo — defendeu-se o mercador. — Quando o cônego Alfano foi trucidado a poucos passos da catedral de Santa Restituita, eu ainda estava preso no Castelo Marino por ordem sua. Não posso, pois, ter cometido aquele homicídio.

Von Marburg mostrou-se quase agradecido por esse detalhe.

— Na verdade, quem o cometeu foi seu filho, a mando seu. — Cruzou os braços no peito. — Eu o vi com meus próprios olhos.

Ao ouvir isso, Uberto deu um passo à frente.

— Tudo o que viu — bradou indignado — foi minha tentativa de salvar a vida de Alfano. Não consegui e lamento muito, mas não o matei. Se chegasse um segundo antes, você teria surpreendido o verdadeiro assassino fugindo...

— Cale-se! — rugiu o alemão. — Ainda não foi interpelado.

— Contudo — atalhou Tadeu de Sessa —, não podemos ignorar essa objeção. A bem da verdade, eu convidarei o filho de Alvarez a prosseguir.

Uberto agradeceu ao jurista e falou para todos os presentes:

— Era minha intenção suplicar ao cônego Alfano que intercedesse por meu pai, aprisionado injustamente por Von Marburg. Dirigi-me com esse objetivo à catedral de Santa Restituita e falei-lhe após a missa das vésperas, fora do edifício. Surgiu então o verdadeiro responsável pelo homicídio. Um cavaleiro. — Examinou de relance a expressão de Ignazio e depois a de Scoto, que subitamente tinha ficado pálido. Não sabendo se o pacto com o astrólogo continuava válido, resolveu, na dúvida, não envolvê-lo. — Um cavaleiro de quem ignoro o nome e a origem, tanto quanto os motivos de seu ato — especificou. — Não obstante, é o mesmo homem que matou Gebeard von Querfurt nas catacumbas de Nápoles, diante do meu pai e do próprio Alfano.

— Admitindo-se que esteja dizendo a verdade — insistiu Tadeu —, pode invocar o testemunho de alguém capaz de confirmar a existência do tal cavaleiro?

— Suger de Petit-Pont — disse o jovem, esperançoso. — Afirmou-me que o viu em Paris.

— Suger de Petit-Pont desapareceu — apressou-se a intervir Scoto — depois do incêndio do palácio. — Fitou com desagrado o jurista e o padre alemão. — Talvez tenha perecido nas chamas, tentando fugir.

— Juntamente com a outra testemunha — acrescentou Konrad, irritado.

— O oculista judeu — precisou o astrólogo, em resposta ao olhar inquisitivo de Frederico II. O monarca anuiu, cada vez mais confuso.

— Uma verdadeira hecatombe — comentou o bispo de Palermo, arqueando as sobrancelhas brancas.

— Que, evidentemente, não ocorreu por acaso — disse Konrad, retomando a palavra. — O incêndio começou justamente no local de detenção deste homem. — E, apontando Ignazio, perguntou-lhe:

— Não teria sido você o artífice de tudo isso?

— Tentei a fuga, admito — respondeu o mercador —, mas não era minha intenção prejudicar ninguém.

— No entanto, pessoas morreram — insistiu Von Marburg. — E, coisa estranha, as únicas que poderiam testemunhar contra você.

— Meras conjecturas.

— Veremos — replicou o alemão. E, voltando-se para os presentes, prosseguiu em tom cortante:

— O que teriam Alfano Imperato, Suger de Petit-Pont e Benvenuto Grafeo em comum com as outras vítimas? Pois eu lhes digo, meus senhores: tinham tudo em comum com o *magister* de Toledo, mais conhecido como Homo Niger! E este é...

— Não pode prová-lo! — interveio Uberto, impedindo-o de completar a frase. — Nenhuma das três pessoas que você mencionou exibia as tatuagens!

Konrad conteve um assomo de fúria e abriu um sorriso de chacal.

— Ah, sim! As tatuagens! Ia me esquecendo. — E, com maior veemência ainda, continuou falando para o auditório:

— Vossas graciosas senhorias talvez ignorem que os sequazes do *magister* de Toledo trazem, como sinal de reconhecimento, tatuagens impressas na mão direita, tal como os frígios devotos de Sabázio. Ouçam bem! Não estou me referindo a uma congregação qualquer, mas a uma *Luciferianorum secta* que vem infestando cada canto do Sacro Império Romano. Seu culto é de tamanha abominação que não admite nenhuma indulgência. E tudo se originou dos preceitos de um único homem. De um *magister* que eu, sem sombra de dúvida, reconheço no mercador espanhol postado à nossa frente.

Ignazio evitou replicar, limitando-se a dirigir a Frederico II um olhar indignado.

— Conjecturas, majestade — disse. Mas não conseguiu subtrair-se ao ímpeto dialético do alemão, que avançou de um salto contra ele.

— Não reconheceu por acaso os símbolos necromânticos existentes nos aposentos de Gebeard von Querfurt? — perguntou Von Marburg.

— Formulei suposições sobre eles — respondeu o mercador. — Mas...

— E na ocasião não me falou de magia, evocações e filosofias ocultas?

— Você pediu minha opinião a respeito e eu a dei.

Konrad rilhou os dentes, como se armasse o bote para estraçalhá-lo.

— Você tentava corromper até a mim, não é verdade? Pretendia iniciar-me em suas torpes doutrinas! — Sem esperar resposta, abriu os braços, transformando o próprio corpo num crucifixo de obsessões flamejantes. — Mas eu sei identificar a torpeza onde quer que se aninhe! Agora me diga, mestre Ignazio... ou talvez devesse chamá-lo de *magister*? Diga-me, vai nos revelar quem é o tenebroso cavaleiro visto nos últimos meses em Nápoles, Salerno e também em Paris?

O rosto de Ignazio estava tenso e brilhante de suor. Seu olhar pousou por um instante em Scoto e voltou para Von Marburg. Esperava ainda poder salvar Uberto e, com esse objetivo, procurou aliciar a cumplicidade do astrólogo.

— Eu e meu filho não temos nada a ver com o tal cavaleiro, seja ele quem for. E isso basta, uma vez que você não está em condições de provar o contrário.

— Tem certeza? — O tom de Von Marburg era agora de zombaria.
— Eu, porém, estou convencido de que você e seu filho assistiram
à morte de pelo menos três adeptos do Homo Niger: Gebeard von
Querfurt, Alfano Imperato e Remigarda de Aquanegra. Todos atingidos por uma chama que dilacerou suas carnes... Ousa contradizer-me? — Voltou-se rapidamente para o imperador. — Quanto atrevimento, majestade! — Depois, dirigindo-se novamente a Ignazio, que
teimava em permanecer calado, continuou:

— Não é necessário responder! Fique com suas mentiras e fale-nos de preferência sobre aquelas chamas assassinas. Não são por
certo de natureza terrena, concorda? A meu ver, elas provêm de um
caçador infernal ou de outro espírito maligno qualquer. Você sem
dúvida o invocou graças a um daqueles círculos mágicos dos quais se
mostra tão profundo conhecedor!

O mercador sacudiu a cabeça, demonstrando desprezo por aquela
tagarelice absurda.

— Reverendo padre — disse —, se você antepusesse o intelecto
ao fanatismo, concluiria que as vítimas não morreram por causa de
nenhum sortilégio, mas sim de projéteis inflamados. Um mecanismo
muitíssimo engenhoso, eu reconheço, mas ainda assim obra de um
homem de carne e osso. — E, mal havia acabado de falar, deu-se conta de que tinha caído em mais uma cilada.

— De novo, mostra-se mais bem informado que qualquer outra
pessoa — rebateu Konrad. Em seguida, virando-se para Tadeu de Sessa, prosseguiu:

— Isso já não é uma admissão de culpa?

Chamado a opinar, o jurista deu de ombros.

— Não sei dizer, padre. O envolvimento dos acusados é notório, como também a escassez de provas contra eles. Peço desculpas,
portanto, se em matéria de heresia me conformo ao parecer de sua
excelência, o bispo.

Colhido de surpresa por essas palavras, Berardo di Castagna fez um gesto vago. A idade avançada parecia diminuir seu grau de atenção, o que, porém, não o impediu de prosseguir:

— Não posso me pronunciar *in spiritualibus** porque, até agora, quase nada se especificou sobre a aludida seita dos Luciferianos. Esse nome chega pela primeira vez aos meus ouvidos e a simples menção do Homo Niger não me basta para entender exatamente do que se está falando.

— Para seu governo, excelência — disse Konrad —, saiba que essa seita cultua uma trindade blasfema em lugar da reconhecida pela verdadeira fé. Uma entidade que se arvora em mais antiga, conspurcando o mistério do Pai, do Filho e do Espírito Santo! Nada mais sei além dos símbolos traçados no chão e da reverência a um estranho manto, do qual tomei conhecimento no curso dos meus interrogatórios.

O bispo de Palermo fez sinal de que havia compreendido, mas mostrou-se cético.

— Você surpreendeu algum dos acusados em flagrante delito, isto é, no cumprimento dos rituais que acaba de descrever?

— Não, eminência.

Berardo di Castagna virou-se para o mercador.

— E você, está de posse do manto mencionado pelo reverendo Von Marburg?

Ignazio esboçou um sorriso confuso.

— Não possuo outro manto a não ser este que estou vestindo. — E ergueu-lhe as abas, arrancando alguns risinhos dos que estavam sentados à sua frente.

— No entanto — interveio Konrad, sempre agressivo —, não se pode ignorar que este homem veio para cá... para o centro da *curia regis*. — Fitou o mercador. — Confesse! Tencionava difundir aqui as sementes da heresia?

---

* "Sobre questões espirituais." Em latim no original. (N.T.)

— De modo algum — respondeu candidamente o espanhol, despertando de novo a hilaridade geral. — Vim a Palermo para implorar a clemência do imperador e tentar pôr um fim a esse equívoco grotesco.

— Ou seja, como se diz por aí — interveio Frederico II, bem-humorado —, andamos, andamos e não saímos do lugar.

No entanto Von Marburg não parecia disposto a se dar por vencido.

— Cumpre acrescentar um detalhe, majestade. — Olhou para o mercador com um misto de raiva e excitação. — Ainda não se recorreu à tortura. — Voltou-se para os guardas postados à porta, procurando o carrasco, e avistou um homem que gesticulava para chamar sua atenção. Era um dos soldados que ele havia trazido consigo do Castelo Marino. Konrad percebeu *alguma coisa* atrás dele e, reconhecendo-a, teve uma ideia repentina. Agitou as mãos como para cancelar as últimas palavras proferidas e depois juntou-as em sinal de súplica.

— Solicito um curto intervalo — anunciou, antegozando o momento da próxima ofensiva. — Quero meditar a sós, a fim de pedir conselho ao Senhor.

E, sem esperar autorização, saiu da sala para falar com o soldado.

Quando Von Marburg voltou, Ignazio se viu diante de uma cena absolutamente inesperada. O padre trazia pela mão uma menina, a quem arrastou como um animal teimoso até chegar diante da comissão de julgamento.

— Mas... é Adelísia! — murmurou Uberto, preocupado. — Sabe o que ela está fazendo aqui?

O pai, igualmente surpreso, negou com um aceno de cabeça. Naquela noite, antes de ser entregue aos guardas do palácio, havia falado da menina a Scoto, pondo-o a par do triste segredo de Remigarda. Ao saber que tinha uma filha, o astrólogo tinha ficado comovido, deixando transparecer um profundo pesar por suas desgraças. Tomarei conta dela, dissera por fim. Ignazio não duvidara de suas palavras, pois de repente se via diante de um homem muito diferente do adversário astuto que tinha aprendido a temer. Michele Scoto, nascido sob a influência de Mercúrio, sabia ser tanto desapiedado quanto protetor. Por isso, Ignazio acreditara até agora que Adelísia estivesse segura, sob a custódia de Ulfus... O que fazia então nas garras de Von Marburg?

O astrólogo parecia fazer-se a mesma pergunta inquietante. Cada vez mais pálido, apertava nervosamente os braços da cadeira, lutando contra o impulso de levantar-se.

— Reverendo padre, por que traz uma menina à nossa presença? — perguntou em tom indignado. Embora tentasse escondê-lo, devia estar descontrolado de raiva e medo. O alemão o havia enganado, a ele e a todos.

Konrad ergueu as sobrancelhas, despreocupadamente.

— Um de meus soldados a encontrou vagando pelos corredores do palácio.

— E daí? — continuou o astrólogo. — Este não é um lugar para uma criança.

Adelísia dirigiu-lhe um olhar suplicante. Parecia assustada demais para conseguir falar, mas fitava-o como se ele fosse sua única possibilidade de salvação.

— Engana-se, senhor, esta não é uma menina comum — declarou o alemão em voz alta. — É filha de uma seguidora de Ignazio de Toledo, a bruxa Remigarda de Aquanegra, trucidada na mesma noite em que o espanhol fugiu de Salerno. — Encarou o mercador com ar de desafio. — Mestre Alvarez, também isso é um equívoco?

— Remigarda de Aquanegra não era nenhuma bruxa, mas sim uma curandeira — disse Ignazio, tentando adivinhar as verdadeiras intenções do padre. — Só a conheci há poucos dias e visitei-a apenas para adverti-la de um perigo iminente. Mas meus esforços de nada valeram. Ela foi assassinada pelo mesmo cavaleiro...

— Outra vez esse cavaleiro! — irritou-se o alemão.

— Você se esconde atrás de argumentos sem substância, mentiras e conversas de taberna... Eu, ao contrário, vou agora exibir uma prova concreta de seu poder demoníaco! — Ele puxou Adelísia com tal brutalidade que ela gritou de dor.

— Esta menina, embora de tenra idade, já foi infectada pelo mal que você dissemina. — Com a mão livre, mostrou aos presentes um pequeno objeto de reflexos esbranquiçados. — Veem esta pedrinha, senhores? Veem todos? Pois bem, não é da mesma origem que as outras pedras. Foi produzida por *stregamentum*, por feitiçaria: saiu dos olhos desta desventurada criatura!

— Por Deus! — exclamou o bispo de Palermo, fitando o interrogado com mal disfarçada hostilidade.

— Mestre Ignazio, como explica semelhante... aberração?

— Uma simples moléstia, excelência — respondeu o mercador, consciente de estar perdendo seu tempo. A ele próprio custava crer que o distúrbio de Adelísia se devesse a causas naturais; que dizer então de homens afeitos a ver o diabo em toda parte? — Uma moléstia rara e terrível — repetiu.

O velho prelado inclinou-se para a frente.

— Poderia ser mais claro?

Incapaz de encontrar palavras mais precisas, Ignazio resignou-se ao silêncio. Não era *medicus* e, embora culto, na verdade não sabia nada sobre doenças oculares. Se Benvenuto Grafeo estivesse entre os presentes...

— Um distúrbio parecido com o mal da pedra, eu suponho — interveio Scoto, tirando-o do embaraço. Temia por Adelísia, obviamente, e com aquela intervenção esperava livrá-la de suspeitas. Se o duelo entre o mercador e o padre não tivesse chamado a atenção de todos, qualquer um se aperceberia de seu esforço para ocultar as próprias emoções.

— *Magister*! — esbravejou Von Marburg. — Nega a obra do Maligno, embora ela esteja a tal ponto manifesta?

O astrólogo baixou a cabeça com ar pensativo, observando a menina que ainda tentava rebelar-se, olhando-o fixamente no rosto.

— Michael... — gemeu Adelísia, atraindo um olhar suspeitoso de seu verdugo.

Ignazio receou que o alemão pudesse adivinhar o laço entre os dois.

— Diga-me, reverendo — exclamou de repente, para não lhe dar tempo de tirar conclusões. — A seu juízo, que sorte espera a menina?

— O exorcismo — respondeu Konrad. — Para libertá-la da corrupção.

— E se depois ela continuar a expelir cristais?

— A fogueira.

O mercador anuiu, lançando um olhar significativo a Scoto. A sorte estava lançada, pensou. Se fosse um homem cínico e indiferente aos sofrimentos alheios, poderia inverter sua situação com poucas palavras. Bastaria revelar os vínculos entre o astrólogo e Adelísia, trazendo à luz o envolvimento sentimental de Remigarda e a obediência de Ulfus, para salvar a si próprio e a Uberto. Konrad era um fanático, mas seu instinto de sabujo não tardaria a deslindar a trama tecida em volta de Scoto. E o astrólogo, abalado, não sustentaria por muito tempo sua comédia. Seria então muito fácil fazê-lo confessar... Nesse caso, porém, o que aconteceria a Adelísia? À ideia de uma criatura tão frágil cair nas mãos do carrasco, Ignazio sentiu-se horrorizado.

— A menina é inocente — disse por instinto. — Deixem-na ir. Confessarei qualquer coisa.

Uberto lançou-lhe um olhar comovido. Compreendia e aprovava.

Konrad von Marburg foi sacudido por um tal frêmito de vitória que soltou imediatamente Adelísia, fazendo-a cair no chão.

— Confirma então minhas acusações?

— O único responsável sou eu — admitiu o mercador, invadido por um imenso cansaço físico e moral.

— Que isso seja consignado em ata! — ordenou prontamente o alemão, sem desviar os olhos do mercador.

— Admite então ser o *magister* de Toledo?

— Não me reconheço nesse nome — respondeu Ignazio —, mas, em honra da verdade, sei bem que represento aquilo que você odeia acima de tudo.

Von Marburg avançou contra ele a passos largos, aproximando-se a ponto de fazê-lo sentir seu hálito amargo.

— E seu filho?

Ignazio sustentou o olhar do inquisidor.

— Foi obrigado a obedecer-me. Não tem culpa, como a menina.

— Mas é seu filho... — observou o padre, desconfiado.

— Só eu! — gritou o mercador, forçando o padre a recuar. — Este assunto é entre nós dois, certo? Maldito seja, declaro-me o único culpado!

— Não posso permitir isso. — Konrad mostrou os dentes num espasmo de emoções violentas. — Uberto Alvarez não escapará ao justo suplício.

— Escapará se você lhe ordenar prostrar-se e beijar a cruz! — O mercador continuava firme em seu propósito, embora desejasse ardentemente retratar-se e acusar Scoto. Mas não podia abandonar Adelísia a um destino tão cruel. Como viveria com a culpa de ter mandado uma menina para a fogueira? Deixou-se cair de joelhos, dominado pelo terror mais profundo que jamais havia experimentado. Ainda assim, encontrou forças para implorar a seu acusador:

— Suplico-lhe, reverendo! Meu filho é um cristão fervoroso. Se lhe der a oportunidade, invocará o perdão do Cristo Salvador e da Santa Igreja Romana... e será salvo!

Von Marburg, diante dele, era uma figura negra e implacável.

— E você, está disposto a fazer o mesmo?

— Não, eu não. — Ignazio ergueu o rosto, marcado por uma expressão de sofrimento. — Você quer a todo custo uma vítima e não descansará enquanto não a encontrar. Eu sou o seu homem. Eu sou o culpado.

— Ao que parece — disse o bispo, refestelado atrás da mesa —, o réu recusa a última possibilidade de redenção.

— Assim seja — sentenciou Konrad. — Que suba à fogueira.

— Não tão depressa. — A voz de Michele Scoto fê-lo voltar-se surpreso. — Se os senhores me permitem uma palavra, a ética impõe um derradeiro escrúpulo. — Trocou um olhar com Frederico II e Tadeu de Sessa. — Em virtude da quase total ausência de provas, é patente que Ignazio de Toledo está se sacrificando para salvar a vida de dois inocentes, o jovem e a menina. Assim sendo, não se pode considerar seu comportamento como o de um necromante reincidente, mas sim como o de um homem de grande nobreza de alma.

— Ele confessou — grunhiu Von Marburg, temendo ver escapar sua presa. — Admitiu a própria culpa.

— Mas admitiu também não se reconhecer no *magister* de Toledo — observou o jurista, instando-o a acalmar-se.

— O que é isso? — O alemão interrogou com o olhar cada um dos homens sentados à mesa. — Existe algo de maior peso jurídico que uma confissão de culpa?

Os monges de Monreale se consultaram entre si enquanto a maioria dos presentes não tirava os olhos do astrólogo. E foi justamente este que encontrou a resposta.

— Proponho que Ignazio de Toledo seja submetido à prova do fogo — disse num tom que beirava a ingenuidade. — Que as chamas decidam sobre sua salvação ou condenação, conforme a vontade divina.

Ninguém se opôs.

O braseiro de pedra lembrava o escudo de uma divindade antiga saído das entranhas de um vulcão. Ostentava, nas bordas, estranhos baixos-relevos e apoiava-se num elegante tripé de metal. Provinha do escritório de Michele Scoto. Ignazio calculou que o astrólogo devia ter-se divertido muito pensando em acrescentar a zombaria ao dano. Ninguém esperava, decerto, que a graça divina o protegeria das chamas, como se supunha que fazia aos justos, mas o mercador não podia recuar. E, sentindo o terror morder-lhe as vísceras, descobriu o braço direito para aproximá-lo do fogo.

— Não faça isso! — implorou Uberto. — Retrate-se! — O rosto do jovem era um misto de lágrimas e raiva, mas Ignazio conseguia ver nele apenas um imenso amor. O amor de um filho que ele não conhecia ainda a fundo e sempre havia estado a seu lado, embora não partilhasse de suas escolhas. Orgulhava-se de Uberto mais que de qualquer outra coisa, não importando que fossem ambos muito diferentes. Era um homem de boa vontade. Correto. Que seria um pai melhor que ele.

Tentou dirigir-lhe um sorriso tranquilizador e, em seguida, lançou um olhar rancoroso a Scoto. Cerrou o punho e encostou-o à chama, sob o olhar das testemunhas.

As línguas de fogo lamberam seus dedos, as articulações e o dorso da mão.

O mercador não entendeu. Surpreso, estirou o braço, expondo o pulso, e depois o membro inteiro até o cotovelo.

Continuou não entendendo.

Notou o mesmo espanto nos rostos de todos que assistiam à cena.

Sentia um leve ardor e via os pelos do braço encresparem-se sobre a pele até se consumirem aos poucos... Mas não sentia dor.

Sua pele não estava queimando!

Permaneceu imóvel e incrédulo diante da perplexidade geral. Então, Frederico II levantou-se de sua cadeira e bateu palmas, fascinado pelo prodígio.

— A vontade divina falou por intermédio do fogo — disse excitado. — Este homem é inocente!

Konrad von Marburg fitava de boca aberta o braço de Ignazio de Toledo, atacado pelas chamas e ainda intacto.

— Não é possível... — balbuciou espantado. — Deus meu, não é possível...

Só saiu de seu estado de estupefação ao ouvir a voz do astrólogo:

— Pode se afastar do braseiro, senhor.

Ignazio retirou o braço, sempre com os olhos fixos naquela chama que ardia, mas não queimava. Seria mesmo a vontade divina? De novo, se sentiu exausto e vacilante. Antes de cair por terra, dois braços fortes o ampararam. Era Uberto.

Percebeu que pessoas se apinhavam à sua volta. Pareciam mais numerosas que os dez membros do tribunal. Ouviu em seguida a voz de Von Marburg, que abriu caminho até se postar à sua frente, com uma expressão benévola. Ele havia banido do rosto todos os traços de hostilidade.

— Para que a acusação seja definitivamente retirada — explicou o padre alemão —, o réu deve beijar a cruz. — Assim dizendo, segurou o crucifixo que trazia dependurado do pescoço e aproximou-o dos lábios do mercador.

Ignazio estava para obedecer quando notou um brilho repentino e compreendeu que aquele não era um crucifixo comum: escondia uma lâmina! Recuou de um salto para evitar o golpe na garganta.

Konrad atirou-se contra ele, ainda brandindo o punhal em forma de cruz.

— Você não me escapará! — gritou com uma raiva entremeada de loucura e afastou com uma cotovelada um monge que tentava detê-lo. — Você não me escapará, maldito!

A lâmina sibilou no ar.

Um segundo antes que o golpe atingisse o mercador, o padre vindo do frio e das trevas foi agarrado pelos guardas e arrastado à força para fora da sala do tribunal.

Seus gritos coléricos ecoaram pelos corredores do palácio.

EPÍLOGO

O barco estava para levantar âncora, mas Uberto relutava em subir a bordo. Havia uma expressão indecifrável em seu rosto, uma expressão que só em parte se desfez em palavras.

— Ainda não consigo entender — suspirou comovido — como foi possível que aquelas chamas...

Ignazio esboçou um sorriso enigmático. Entre as muitas coisas que gostaria de explicar-lhe, as menos difíceis diziam respeito aos prodígios a que haviam assistido. Ocultar a tristeza, porém, era um fardo pesado.

— Não foi nenhum milagre, mas sim produto do gênio de Michele Scoto — revelou. — No curso de suas viagens, ele aprofundou seus estudos nos campos mais obscuros do conhecimento. A lança de Ulfus, por exemplo, é fruto de experiências com o polvorim. Confessou-me tê-la fabricado depois de aprender a técnica no Extremo Oriente... Mas isso não é nada perto do braseiro! — Ergueu os braços para dar maior ênfase às palavras.

— Já ouviu falar do lendário "Fogo Sagrado" de Jerusalém? Dizem que perto do Santo Sepulcro existem velas e tochas capazes de emitir chamas frias. Chamas que não queimam! Delas falaram, por séculos, os padres da Igreja e mesmo os cruzados... Pois bem, Scoto descobriu seu segredo e conseguiu reproduzi-las.

Uberto sacudiu a cabeça, ainda incrédulo.

— O astrólogo lhe contou também por que resolveu ajudá-lo?

— Não — respondeu o mercador. — Mas creio que agiu em defesa de Adelísia. Receava talvez que Konrad não se contentasse em justiçar somente a mim... Todavia, não excluo que duvidasse de minha boa-fé. Deve ter pensado que, diante do braseiro, eu me retrataria e o acusaria para salvar a pele. No fundo, acho que não estava muito seguro de se safar da enrascada. Sua situação era bem mais precária do que ele dava a entender.

— Sou da mesma opinião. De outro modo, não se explicaria uma atitude tão extrema como massacrar seus próprios discípulos antigos, um a um, inclusive Remigarda.

Ignazio não estava inteiramente de acordo. Havia escondido do filho suas suposições sobre o desaparecimento de Suger e Grafeo, já que não podia prová-las, e convencera-se de que a astúcia do astrólogo superava mesmo a de Konrad von Marburg.

— Scoto cultiva, sem dúvida, teses contrárias à Igreja, mas sabe bem que suas opiniões sobre a astrologia lhe custariam muito mais caro. Sem contar o envolvimento do imperador... Porém — prosseguiu, convidando o filho a dirigir-se para o local de embarque —, a meu ver, o culto de Nembrot está mais difundido do que imaginamos. Scoto deve ter deixado alguns traços dele durante suas viagens. É possível que o manto do Caçador não seja o único nem o mais evidente.

Uberto observou de passagem o encrespamento das ondas para além da costa e em seguida, amargurado, o pai.

— Como poderá conviver com um homem daquele tipo?

O mercador deu de ombros.

— Não tenho escolha, já lhe disse. Ele jamais nos deixaria ir embora juntos. — e indicou com um gesto eloquente o monolítico Ulfus, que esperava a uns vinte passos de distância.

— Em outras palavras, vai mantê-lo como refém para garantir que eu não divulgue seus segredos.

O mercador assentiu e tranquilizou-o:

— Não se preocupe, meu filho! Michele Scoto não tem interesse algum em matar-me. Ao contrário, precisa de um homem de inteligência igual à dele, para ajudá-lo a progredir nos estudos e defendê-lo das intrigas palacianas. A *curia regis* pode ser um lugar perigoso quando não se tem bons aliados. E a força de Ulfus não é decerto garantia suficiente de segurança.

— Portanto, Scoto o quer como *socius* — exclamou Uberto, visivelmente abalado. Meditou por um instante e depois aquiesceu. — Agora me lembro do modo como ele o observava durante nossa primeira conversa... E penso ter entendido a verdadeira razão pela qual decidiu salvá-lo de Von Marburg. Ele sempre o estimou!

Ao ouvir o nome de Konrad, o mercador estremeceu.

— Aquele alemão! Não desistiu até o fim, nem mesmo diante da prova do fogo! — exclamou. — A vista de seu punhal, por um instante, me fez voltar muitos anos no passado...

— O punhal em forma de cruz. — Uberto captou a alusão. — Como o usado pelos sicários da Saint-Vehme! Acredita que Konrad pertença àquele tribunal secreto?

— A Saint-Vehme é uma congregação de origem alemã, por isso é possível — respondeu Ignazio, lembrando-se de quanto havia sofrido, anos antes, por causa do Tribunal Secreto. — Mas não tenho provas do envolvimento de Von Marburg... Felizmente, aquele amaldiçoado já se foi para a Mogúncia, com o rabo entre as pernas...

— Depois do fiasco que amargou, imagino que parará em Roma a fim de protestar junto ao pontífice — disse Uberto, observando o navio que o levaria para a Espanha. Ao se recordar de Moira e de Sancha, sua expressão serenou. — Quanto a você... Continuará fazendo o que estava destinado a fazer desde os tempos da Escola de Toledo. Os tempos de Gherardo de Cremona. Será um dos sábios da Corte dos Milagres!

O pai tomou-lhe as mãos e, vencendo a hesitação, abraçou-o.

— Mas Toledo é longe... *Vocês* estarão longe!

A essas palavras, o jovem sentiu um aperto no coração.

— Minha mãe... O que devo dizer a ela? Como ela aceitará mais um de seus exílios?

Ignazio baixou a cabeça para esconder as lágrimas e entregou-lhe um pequeno rolo de pergaminho. Uberto sopesou-o, como se tentasse descobrir o que estava escrito ali.

O mercador adivinhou seus pensamentos e sorriu.

— Uma promessa — disse em voz baixa.

Acompanhou-o ao longo do cais até onde lhe era permitido, abraçou-o novamente e dirigiu-lhe uma derradeira saudação ao vê-lo subir a bordo da grande galera.

Depois, ficou a contemplá-la enquanto ela se dirigia ao alto-mar e desaparecia no horizonte, onde as ondas tocavam a maciez do céu. E por um instante iludiu a dor imaginando-se suspenso daquela abóbada azul-brilhante, que se estendia para além do fim do mundo.

NOTA DO AUTOR
(A história, o romance, o labirinto)

Ao organizar as notas que me ajudaram a escrever este romance, percebi a necessidade de esclarecer os elementos de maior destaque de *O Labirinto no Fim do Mundo*. E trata-se mesmo de um labirinto, ao menos no plano documental, pois nestas páginas pululam inúmeras noções singulares, embora perfeitamente explicáveis. A começar pelo título. A palavra latina *mundus*, com o significado de "universo", aparece em uma explicação de Santo Agostinho, *"firmamentum unde corporeus incipit mundus"* (*De Genesi ad Litteram*, V, 14), segundo a qual o firmamento é o início — ou o fim — do mundo material. A astronomia antiga, com efeito, via o firmamento como uma esfera de cristal nos limites extremos do sistema cosmológico, sustentáculo imóvel das estrelas fixas. Em suma, o zodíaco.

Se, dos corpos celestes, passarmos à *ville lumière*, à cidade-luz, não poderemos ignorar o conflito trágico entre o aristotelismo e a teologia, travado no *Studium* de Paris durante o século XIII. Em 1210, quando já circulavam em tradução latina nos círculos cultos, as obras de Aristóteles foram condenadas pelo sínodo provincial de Sens juntamente com a filosofia natural e todos os comentários a elas alusivos. Suger de Petit-Pont é apenas um exemplo dos muitos professores que tiveram de abandonar o ensino em razão dessa censura. Por outro lado, ele encarna o espírito dos *magistri* saídos da famosa escola de Petit-Pont que, segundo alguns estudiosos, dirigiram-se a Salerno em busca de novos textos para traduzir e comentar. Mas, como ocorre frequentemente, os personagens de ficção são sempre mais bem preparados que seus criadores. Além de ser um médico hábil, Suger exibe conhecimento dos princípios da *physiognomica* de Aristóteles, que permitem "ler" os traços somáticos das pessoas, e de boa parte do *corpus* dos lapidários medievais, de onde provêm os nomes e as propriedades terapêuticas das pedras citadas no romance.

Relativamente aos trágicos acontecimentos de Paris ocorridos na terça-feira gorda de 1229, a única fonte à nossa disposição é a *Historia Maior* de Mateus de Paris, na qual se relata o incidente na taberna do bairro periférico de Saint-Marcel. Menciona-se a esse respeito uma discussão entre alguns estudantes e o proprietário por causa do pagamento da conta, seguida um dia depois por distúrbios (entre os quais a depredação do local) que se estenderam ao centro da cidade. O pároco de Saint-Marcel notificou o bispo, este procurou o legado papal, que se achava então em Paris, e a notícia chegou aos ouvidos da rainha Branca de Castela. Foi por ordem dela que se deu a repressão armada responsável pela morte de alguns estudantes estranhos aos episódios supracitados.

Na época, Philippus de Noyon ostentava o título de chanceler do *Capitolo* e frei Rolando de Cremona trabalhava no *Studium* de Notre-Dame. Outro personagem real é o monge Ricardo de Saint-Germain. Graças à sua *Chronica*, consegui reconstituir os acontecimentos do ano de 1229 referentes à incursão dos Clavígeros (os *Clavesignati*, soldados do papa) no *Regnum Siciliae*, bem como os feitos do Grande Justiceiro, de Raone de Balbano e de Adenulfo de Aquino. E a propósito do parente deste, Tomás de Aquino, destinado a tornar-se santo e doutor da Igreja, não é inverossímil que se encontrasse no Cassinato já nesse período. Ele nasceu em data incerta, entre 1220 e 1227, e com cinco anos foi apresentado por seu pai como oblato na abadia de Montecassino.

Algumas palavras sobre Konrad von Marburg. Membro do clero secular da Mogúncia e *iudex sine misericordia* [juiz sem misericórdia] responsável por acender inúmeras fogueiras, foi certamente um dos primeiros a desempenhar o ofício de *inquisitor haereticae pravitatis* [investigador dos desvios heréticos], obtendo ainda em 1227 do papa Gregório IX licença para reunir auxiliares e perseguir hereges. Continua, porém, sendo um mistério sua obsessão pelo movimento dos Luciferianos (não confundir com os sequazes do bispo cismático Lucífero de Cagliari, que viveu no século IV). O monge Alberico delle Tre Fontane fala em seu *Chronicon* de uma *secta Luciferianorum* exterminada na Alemanha em 1233. *Facta est tanta hereticorum combustio* [Muitas foram as fogueiras de hereges], escreveu ele. Em 25 de julho do mesmo ano, reuniu-se na Mogúncia um grande concílio para fixar o procedimento a seguir contra a heresia. Dele participou também Konrad von Marburg, que depois de três dias foi assassinado por vingança, juntamente com dois frades inferiores (na hierarquia) de seu círculo, entre os quais Gerhard von Lützelkolb.

Podem-se extrair outras informações sobre a luta contra os Luciferianos das cartas de Gregório IX ao próprio Konrad, datadas de 10 e 13 de junho de 1231. Por meio desses documentos, o papa o autorizou — como também aos prelados da Mogúncia e de Hildesheim — a castigar e corrigir os hereges com o auxílio dos sufragâneos da província da Renânia e do imperador Frederico II. Depois da morte desse indômito inquisidor, o pontífice mandou compilar um texto em que se afirmava que os Luciferianos eram descritos como integrantes de uma seita perigosíssima, que considerava Lúcifer o verdadeiro criador do universo.

Voltemos agora a Alberico delle Tre Fontane, que também para o ano de 1233 fala de uma *villa* chamada Maestricht, entre o Brabante e Colônia, onde um certo *magister* de Toledo, *nigromanticus totus dyabolo deditus* [necromante inteiramente votado ao diabo], convence com hábeis palavras alguns clérigos a assistir a um rito de evocação. Esse homem misterioso *fecit maximum circulum cum caracteribus suis* [traçou um grande círculo com seus caracteres] e instalou ao lado três cadeiras, dando a entender que nelas se sentariam os três reis magos do Evangelho. Não é possível saber se ele era o tão temido Homo Niger; no entanto, à meia-noite, ele endereçou suas preces não aos três magos, mas a três demônios. O caso é emblemático porque naqueles anos começava a ser definido o conceito de *crimen magiae* [crime de magia], entendido pela Igreja como pecado contra a unidade de Deus, pois se baseava no culto de demônios.

Com muita frequência, porém, atribuímos ao diabo fenômenos que, simplesmente, não conseguimos explicar. A doença de Adelísia, por exemplo, não se devia a nenhum sortilégio. Era uma patologia crônica conhecida como cistinose, que ainda hoje afeta cerca de 2 mil pessoas em todo o mundo, sobretudo crianças. Bem pouco poderia ter feito, para curá-la, Benvenuto Grafeo, oculista judeu que realmente existiu, autor de um *Liber Sanitate Oculorum* [Livro da Saúde dos Olhos] e talvez o inventor das lentes corretivas. Igualmente documentada é a figura de Urso, insigne *magister* da Escola de Salerno a quem se atribuem diversas obras, entre as quais um tratado sobre a urina e outro sobre a anatomia do porco. Cola Peixe, ao contrário, nasceu do concurso de uma fábula, uma lenda e versos de Raimon Jordan. Porém o Castelo Marino, ao largo de Nápoles, existe mesmo, tal como todos os edifícios descritos neste romance. É o Castelo do Ovo, nome provavelmente ainda desconhecido na época.

Antes de mencionar aquela que é talvez a figura mais fascinante do livro, Michele Scoto, cumpre esclarecer que a bibliografia publicada sobre ele é imensa. Consultei inúmeros textos a respeito do tema, principalmente a biografia de Lynn Thorndike, *Michael Scot* (Londres, 1965), que traça um perfil minucioso e um tanto carismático desse formidável erudito. Não farei uma digressão sobre a astrologia na corte de Frederico II, mas, vale ressaltar, Scoto conhecia certamente o *Liber Nembrot*, que sobrevive em poucos exemplares, entre os quais um na Biblioteca Marciana de Veneza e outro na Biblioteca Nacional da França. Em seu *Liber Introductorius* (obra de astronomia baseada na semelhança entre alma e natureza, portanto potencialmente blasfema), Scoto alude ao gigante Nembrot (ou Nimrod), que "chegou à Pérsia após a dispersão das 72 línguas e aprendeu com os espíritos o culto do fogo". Depois, cita outro Nembrot, bisneto do primeiro, "que escreveu este livro no qual se reúnem os segredos da astronomia". Notável também era a paixão de Michele Scoto pelas imagens do zodíaco, a ponto de elaborar esquemas figurativos capazes de inovar a tradição iconográfica. Mas revolucionária mesmo é outra imagem! Refiro-me ao desenho de um homem ocupado em perscrutar o céu com um instrumento que podia aproximar as estrelas. Esse desenho existe de fato em alguns documentos medievais, entre eles um pertencente à Biblioteca Vaticana (códice Vat. Lat. 644, compilado no mosteiro de Saint-Gall no século X) e outro à Marciana de Veneza (Marc. Lat. VIII.22, que corresponde ao *Liber Nembrot*). Pois bem, ele demonstra que o primeiro protótipo do telescópio foi concebido pelo menos cinco séculos antes de Galileu!

Voltando a Michele Scoto, conta-se que ele conseguiu predizer a própria morte. Quem menciona isso é o cronista dominicano Francesco Pipino de Bolonha (século XIII ou XIV), esclarecendo que a morte sobreviria em consequência da queda de uma pedra e que, para evitá-la, o astrólogo contraiu o hábito de se proteger com um elmo de aço. No entanto, segundo uma antiga tradição escocesa, Scoto pereceu por causa da maldade de uma mulher. Uma mulher de quem nada sabemos, ao contrário de Ulfus.

Diz-se que o astrólogo mantinha sob suas ordens um cavaleiro com esse nome, nome que, entretanto, não deve ter sido tomado da figura de Ulf, o Noturno (Kveld-Ulf), o "guerreiro licantropo" evocado na saga do escaldo Egill Skalla-Grimsson (século X). É também provável que Ulfus não proviesse da Tikili Taš, a Floresta do Medo perto de Ruse (Bulgária), na margem esquerda do Danúbio. Nesse lugar, em 1931, foi descoberta numa parede rupestre a primeira representação do "Cavaleiro Trácio", figura divina venerada pelos antigos habitantes daquela terra. Não resisti ao impulso de associá-la a Órion e Nembrot, como também ao tema de Hellequin e da caça infernal. Afinal, a história, tanto quanto a ficção, é feita de sobreposições e labirintos.

A Scoto é atribuída também a invenção do polvorim. Daí a ideia de prover Ulfus com uma "lança de fogo" semelhante à (mais rudimentar) bordada num pedaço de seda do século X, oriunda de Dun-huang (China). É uma espécie de haste engastada num tubo cheio de pólvora negra onde se inseria o projétil. Experimentos desse tipo decerto foram feitos também nas terras conquistadas pelos cruzados.

Também o grande crânio com somente uma órbita encontra explicação. Parece que a lenda dos ciclopes, na Sicília, está ligada à descoberta de crânios fossilizados com mais de um metro de altura, mas nem por isso pertencentes a criaturas mitológicas. Podem ser atribuídos, isso sim, a uma espécie de mamute anão (*Deinotherium Gigantissimum*) que viveu nas ilhas do Mediterrâneo há cerca de 7 milhões de anos. O orifício no centro foi tomado pelos antigos como órbita de um olho único, quando na verdade era uma cavidade nasal.

Enfim, resta explicar a escolha de um manto como receptáculo de um terrível segredo. Eu simplesmente procurava alguma coisa que pudesse lembrar um tabuleiro feito de símbolos e corpos celestes... E encontrei-a! Além disso, a fantasia muitas vezes corre emparelhada com a verdade histórica: prova-o o fato de os mantos zodiacais terem realmente existido. Basta pensar nos pertencentes aos imperadores Otão III e Henrique II para reconhecer que os homens, desde sempre, insistem em ligar seu destino e sua dimensão moral a um labirinto de figuras grandiosas e inatingíveis. Um labirinto em que cada um de nós, ao menos uma vez na vida, adorou perder-se.

AGRADECIMENTOS

Escrever romances é um modo como qualquer outro — mas o meu preferido — de falarmos de nós mesmos. E também de nos escondermos atrás de um jogo de espelhos, pois creio que ninguém esteja à altura de aceitar-se inteiramente da forma como é. Contudo a parte de nós que mais nos deixa insatisfeitos, ou mesmo iludidos, não passa sem dúvida despercebida daqueles que insistem em permanecer constantemente ao nosso lado. A essas pessoas reservo minha gratidão. Obrigado, portanto, a Giorgia, minha companheira, e a Luigi e Rosaura, meus pais, por nunca deixarem de acreditar em meus sonhos e projetos. Obrigado às minhas agentes, Roberta Oliva e Silvia Arienti, por sua presença constante. Obrigado, finalmente, a Raffaello Avanzini, meu editor, e Alessandra Penna, minha editora, que juntamente com a equipe da Newton Compton dividem comigo o prazer de trabalhar duro e com paixão.

Próximos Lançamentos

Para receber informações sobre os lançamentos da
Editora Jangada, basta cadastrar-se
no site: www.editorajangada.com.br

Para enviar seus comentários sobre este livro,
visite o site www.editorajangada.com.br ou
mande um e-mail para atendimento@editorajangada.com.br